高等学校经济与工商管理系列教材

财务管理

（第3版）

陈昌龙　主编

清华大学出版社
北京交通大学出版社
·北京·

内 容 简 介

本书比较详尽地介绍了财务管理的基本理论与基本方法。全书共 9 章，包括总论、财务管理价值观念、财务预算、筹资管理、投资管理、营运资金管理、利润分配管理、财务控制和财务分析。

本书每章都精心设计了章前"本章内容提要"与章后"本章小结""复习思考题""计算分析题"等专栏。对于书中某些需要说明的问题，一般以脚注的形式注明。本书具有较强的可读性，适合在经济管理领域学习研究的师生及从业人员参考使用。

本书封面贴有清华大学出版社防伪标签，无标签者不得销售。
版权所有，侵权必究。侵权举报电话：010-62782989 13501256678 13801310933

图书在版编目（CIP）数据

财务管理 / 陈昌龙主编. —3 版. —北京：北京交通大学出版社：清华大学出版社，2022.3

高等学校经济与工商管理系列教材

ISBN 978-7-5121-4594-8

Ⅰ. ① 财… Ⅱ. ① 陈… Ⅲ. ① 财务管理–高等学校–教材 Ⅳ. ① F275

中国版本图书馆 CIP 数据核字（2022）第 006802 号

财务管理
CAIWU GUANLI

责任编辑：	黎 丹
出版发行：	清华大学出版社 邮编：100084 电话：010-62776969 http://www.tup.com.cn
	北京交通大学出版社 邮编：100044 电话：010-51686414 http://www.bjtup.com.cn
印 刷 者：	北京时代华都印刷有限公司
经　　销：	全国新华书店
开　　本：	185 mm×260 mm 印张：16.5 字数：412 千字
版 印 次：	2007 年 8 月第 1 版 2022 年 3 月第 3 版 2022 年 3 月第 1 次印刷
印　　数：	1～2 000 册 定价：49.00 元

本书如有质量问题，请向北京交通大学出版社质监组反映。对您的意见和批评，我们表示欢迎和感谢。
投诉电话：010-51686043，51686008；传真：010-62225406；E-mail：press@bjtu.edu.cn。

前　言

从宏观层面完善社会主义市场经济体制，推进财务体制创新；从微观层面与时俱进采用新的管理制度与方法组织企业财务活动和处理财务关系，是贯彻科学发展观的必然要求。

随着公司法、企业所得税法、企业会计准则、政府会计准则、企业财务通则、民法典等法律法规制度的陆续发布与修订，内部控制规范在企业、行政单位和事业单位已经逐步建立健全并有效实施，涉及企业单位的有关财务制度，尤其是国有资产管理制度等发生了一系列变化。面对管理实践与理财环境的变化，作为教育工作者，有义务对财务管理教材内容不断更新，以培养适应激烈市场竞争的人才需要。

本书具有实用性强、可读性高的特点。

（1）实用性强。本书以企业财务通则和企业内部控制基本规范为立足点，结合财务管理改革实践的最新成果，考虑注册会计师考试和中级会计职称考试的需求，重点阐明财务管理的基本理论、基本方法，可作为高等院校经济管理类专业财务管理的教材，也可作为在职人员财务管理的培训教材。

（2）可读性高。本书每章都精心设计了章前"本章内容提要"与章后"本章小结""复习思考题""计算分析题"等专栏。对于教材中某些需要说明的问题，一般以脚注的形式注明，便于从教与学的各个环节把握各章的重点和难点，适合在经济、管理领域学习研究的师生及从业人员参考使用。

本书由安徽工业大学陈昌龙担任主编，确定本教材提纲的拟定、总纂和编写。本书的出版凝聚了多方的支持与团队的良好合作。感谢北京交通大学出版社责任编辑黎丹对本书的大力支持，感谢同行的支持与帮助。

本书尚存在不足之处，请读者提出宝贵意见，以便今后修订。

编　著
2022 年 2 月

目 录

第 1 章 总论 ·· 1
   1.1 财务管理概述 ·· 1
   1.2 财务管理假设 ·· 7
   1.3 财务管理原则 ·· 10
   1.4 财务管理环节 ·· 12
   1.5 财务管理目标 ·· 14
   1.6 财务管理环境 ·· 18
   1.7 财务管理体制 ·· 24
   复习思考题 ·· 29
   计算分析题 ·· 29

第 2 章 财务管理价值观念 ································ 31
   2.1 货币时间价值 ·· 31
   2.2 投资风险价值 ·· 42
   复习思考题 ·· 46
   计算分析题 ·· 46

第 3 章 财务预算 ·· 48
   3.1 财务预算概述 ·· 48
   3.2 财务预算的编制方法 ··································· 49
   3.3 现金预算与预计财务报表的编制 ······················ 58
   复习思考题 ·· 67
   计算分析题 ·· 67

第 4 章 筹资管理 ·· 70
   4.1 筹资管理概述 ·· 70
   4.2 股权资本筹集 ·· 75
   4.3 债务资本筹集 ·· 84
   4.4 资本成本 ··· 99
   4.5 杠杆效应 ··· 108
   4.6 资本结构 ··· 115
   复习思考题 ·· 122
   计算分析题 ·· 123

第 5 章	投资管理	125
5.1	投资管理概述	125
5.2	固定资产投资管理	128
5.3	无形资产投资管理	142
5.4	证券投资管理	145
	复习思考题	158
	计算分析题	158
第 6 章	营运资金管理	160
6.1	营运资金管理概述	160
6.2	现金管理	165
6.3	应收账款管理	176
6.4	存货管理	185
	复习思考题	196
	计算分析题	196
第 7 章	利润分配管理	198
7.1	利润分配管理概述	198
7.2	股利政策	203
	复习思考题	211
	计算分析题	211
第 8 章	财务控制	212
8.1	财务控制概述	212
8.2	责任中心	216
8.3	内部转移价格	222
	复习思考题	228
	计算分析题	228
第 9 章	财务分析	229
9.1	财务分析概述	229
9.2	偿债能力分析	237
9.3	营运能力分析	243
9.4	盈利能力分析	246
9.5	财务状况综合分析	249
	复习思考题	252
	计算分析题	252
参考文献		256

第1章

总　论

本章内容提要
- 财务管理的产生和发展；
- 财务管理存在的客观基础；
- 财务管理的概念、特点、假设和原则；
- 财务管理的环节、目标、环境和体制。

企业是依法设立的，以营利为目的，运用各种生产要素（土地、劳动力、资本和技术等），向市场提供商品或服务，实行自主经营、自负盈亏、独立核算的法人或其他社会经济组织。企业的目标是创造财富（或价值）。企业在创造财富（或价值）过程中必须承担相应的社会责任。财务管理是企业组织生产和营销活动，确保企业生存和发展的理财活动。随着我国社会主义市场经济体制的逐步完善，企业理财面临着更多的不确定性，传统的理财思想和理财方法受到新的挑战。因此，有必要认真研究现代企业制度下财务管理理论与财务管理方法，以便适应现代企业制度的要求，促进国民经济的健康可持续发展。

1.1　财务管理概述

以营利为目的的企业，不论其组织形式如何、从事何种业务、几乎毫无例外地涉及财务管理问题。随着互联网技术和数据技术的不断创新、金融工具的不断完善，企业的融资和投资渠道日益多样化，但同时面临的融资和投资风险却更大。在这种机遇和挑战并存的现代社会中，企业经营成败与否，不仅取决于企业的生产技术和营销策略，更依赖于企业的理财工作是否科学有效。

1.1.1　财务管理的产生和发展

财务活动是商品经济的一项最基本、最重要的管理活动，它在经济活动中早已存在，但它作为一项独立的管理工作并成为一门独立的学科则形成较晚。

1. 西方财务管理的产生和发展

"财务管理"这一词汇应属于现代词汇，但财务管理理念却早就存在。16世纪中期，英国伦敦的资本家以每股 25 英镑的权益凭证形式筹资 6 000 英镑，用于所谓的"世界北部地区开发"。这种向公众筹资用于商业经营的活动实际上已经具有财务管理的性质，只不过此时的财务管理还没有作为一种独立职能从企业商业活动中分离出来。

西方财务管理的产生、发展是与股份公司的产生、发展相伴随的。17 世纪初至 18 世纪末，随着资本的原始积累、金融信贷业的兴起、生产规模的扩大，股份公司逐渐发展成为一种典型的企业组织形态。尤其是 19 世纪 50 年代以后，随着欧美国家产业革命的完成，制造业迅速崛起，企业生产经营发展所需要的资金越来越多，专业化的理财活动便应运而生。

近代西方财务管理的发展，在不同时期表现出不同的特征，其发展过程可以划分为以下 3 个主要阶段。

（1）筹资理财阶段（19 世纪末至 20 世纪初）

当时经济蓬勃发展，企业面临的主要问题是如何为日益扩大的规模获取生产经营所需的资金，于是筹集资金就成为财务管理的核心问题。财务管理工作研究的内容主要涉及：企业有哪些资金来源、采取什么方式筹集资金，以及与公司成立、兼并及证券发行等有关的法律问题。

（2）资金理财阶段（第一次世界大战至 20 世纪 50 年代）

随着资本主义世界经济危机的爆发，企业资金周转出现困难，支付能力下降，成千上万的企业相继破产。严酷的事实使人们认识到，只有重视资金的使用效益，保持合理的资本结构，严格控制财务收支，企业才能立于不败之地。财务管理工作由为企业扩张服务转变成为企业生存服务。如何合理运用资金，维持企业的偿债能力；如何处理与破产、重组有关的财务问题及政府对证券的管理等就成为理财关注的重点。

（3）投资理财阶段（20 世纪 60 年代至今）

第二次世界大战后，西方国家经济快速恢复，生产技术水平日益提高，产品产量迅猛增加。为寻找产品销路，企业逐渐向国外发展，跨国公司开始形成。世界市场日益繁荣，企业之间的竞争日益激烈。在此条件下，财务管理从方法到内容都发生了根本性变革，即财务管理已从单纯的筹资管理和资金理财管理，发展为涉及多方面经济利益的收益分配管理。资本预算日趋完善，货币时间价值引起广泛重视，随着投资项目评价方法的发展，资本在企业内部的有效配置问题及资产管理问题也受到重视。财务管理逐渐形成以提高资本利润率、提高股票价格为目标，以货币时间价值和投资风险价值为基础，以预算管理、资产分析、财务分析为内容的一整套方法体系。财务管理手段日趋先进，电子计算机开始运用并逐渐推广，各种数学模型也被运用于处理各种复杂的财务问题。

20 世纪 80 年代至今，财务管理对以下几个问题予以关注：第一，通货膨胀与金融市场利率对财务管理有何影响；第二，西方一些国家解除对金融机构的管制后，金融业开展多元化的混业金融服务，形成了多元化金融服务集团，而不是过去专业化金融机构发展的趋势，这种变化趋势对与金融有密切联系的财务管理的发展产生何种影响；第三，电子信息产业的迅速发展与现代管理的网络化对财务管理理论与实践有何影响；第四，企业集团尤其是跨国企业集团的出现对财务理论有何影响；第五，现代经济与管理理论，如代理理论、信息不对称理论、行为理论等对财务理论有何影响。这些问题，要求财务管理学的理论更加深化，内容不断扩展。于是通货膨胀财务、财务信息化或网络财务、企业集团财务、行为财务、国际财务应运而生。

2. 新中国财务管理的发展历程

新中国财务管理的发展，可以以 1978 年中国共产党十一届三中全会为界，划分为两个阶段。

新中国成立后的 20 世纪 50 年代至 70 年代，由于受到计划经济体制的影响，企业的财务制度是由政府制定的，企业没有经营自主权和理财自主权，当然也谈不上"属于企业真正的财务管理"。财务管理模式基本上是沿袭苏联的财务管理模式，虽然我国的财务管理学者结合我国的财务管理实践，对财务管理学有所创新、有所发展，但由于受外部经济环境的影响，财务管理模式仍然是适应计划经济的需要。

改革开放过程中，随着企业自主权的逐步扩大和投融资体制的转变，投资决策渐渐地进入财务管理领域。与此同时，企业投资所需的资金也不再简单地由国家财政无偿拨款，而是越来越多地按市场经济规则，由企业自主通过资本市场筹措。以往国家对国有企业投入的基本建设资金，自 1985 年起由"拨款"改为"贷款"。这种做法虽有不尽科学合理之处，但从历史的观点看，却有其经济实践意义。其明显的作用之一便是让企业感觉到，国家与企业之间的资金关系发生了变化，企业使用国家资金必须付出"代价"。因此，自 20 世纪 80 年代中期起，企业财务管理的重心就逐步转移到了筹资管理和投资管理方面。

1992 年 10 月，党的十四大确立了建立社会主义市场经济体制的改革目标，明确指出，转换国有企业特别是大中型企业的经营机制，是建立社会主义市场经济体制的中心环节。1993 年 11 月，党的第十四届三中全会通过了《中共中央关于建立社会主义市场经济体制若干问题的决定》，明确了建立社会主义市场经济需要解决的一些重大理论问题，强调以公有制为主体的现代企业制度是社会主义市场经济体制的基础，同时指出现代企业制度的基本特征主要体现在以下 5 个方面：一是产权关系明晰，企业拥有包括国家在内的出资者投资形成的全部法人财产权，成为享有民事权利、承担民事责任的法人实体；二是企业以其全部法人财产，依法自主经营、自负盈亏，对出资者承担资产保值增值的责任；三是出资者按投入企业的资本份额享有所有者的权益，即资产受益、重大决策和选择管理者等权利；四是企业按照市场需求组织生产经营，以提高劳动生产率和经济效益为目的，政府不直接干预企业的生产经营活动；五是建立科学的企业领导体制和组织管理制度，调节所有者、经营者和职工之间的关系，形成激励和约束相结合的经营机制。只有建立市场经济及现代企业制度，企业成为理财主体，才存在以企业为主体的财务管理，财务管理学才会有真正的发展。

财务管理产生和发展的历史表明：财务管理是市场经济条件下企业最基本的经济管理活动，市场经济越发达，财务管理越重要。发展社会主义市场经济，必须高度重视和大力加强企业的财务管理工作。

1.1.2 财务管理存在的客观基础

现代经济从形态上看是商品经济，从机制上看则是充分发挥市场作用的市场经济。在市场经济体制下，社会产品依然是使用价值和价值的统一体。企业再生产过程具有两重性，既是使用价值的生产和交换过程，又是价值的形成和实现过程。在这个过程中，劳动者将生产中消耗掉的生产资料价值转移到产品上去，并创造出新的价值。这样一切经劳动加工的物资都具有一定量的价值，这种价值是通过一定数额的货币表现出来的。在社会再生产过程中，物资价值的货币表现就是资金，资金的实质是社会再生产过程中运动着的价值。资金离不开物资，又不等同于物资，它是物资价值的货币表现，体现着抽象的人类劳动。随着社会经济的发展，某些物资虽然没有物质形态，但能以货币表现并具有价值的生产要素（如无形资产），也被列为资金。至于那些不在再生产过程中运营的个人财产、手持货币，则不属于财务管理学中所研究的资金。企业拥有一定数额的资金，是进行生产经营活动的必要条件。

在企业生产经营过程中，物资不断运动，物资的价值形态也不断地发生变化，由一种形态转化为另一种形态，周而复始、不断循环，形成了资金运动。物资价值的运动就是通过资金运动的形式表现出来的。企业的生产经营过程，一方面表现为物资运动（从实物形态来看），另一方面表现为资金运动[①]（从价值形态来看）。企业资金运动是企业生产经营过程的价值方面，它以价值形式综合地反映着企业的生产经营过程。企业的资金运动，构成企业经济活动的一个独立方面，具有自己的运动规律，这是企业财务管理存在的客观基础。

1.1.3 财务管理的概念

财务管理就是企业组织财务活动、处理财务关系的一项经济管理工作，是企业经济管理的重要组成部分。财务管理学是指人们在财务活动实践中的知识总结，是由感性认识上升至理性认识的理论知识体系，并用来指导财务实践的一门学科。

1. 财务活动

随着企业再生产过程的不断进行，企业资金总是处于不断的运动之中。在企业再生产过程中，企业资金从货币资金形态开始，依次通过购买、生产、销售三个阶段，分别表现为固定资金、储备资金、在产品资金、成品资金等各种不同形态，然后又回到货币资金形态。这种从货币资金形态开始，经过若干阶段，又回到货币资金形态的运动过程，称为资金循环。企业资金周而复始不断重复的循环，称为资金周转。资金循环与资金周转体现着资金运动的形态变化。

（1）筹资活动

投资是组织企业生产经营的基础，而筹资是企业进行投资的前提。从这一意义上讲，筹资管理是企业财务管理的首要环节。在企业发展过程中，筹资及筹资管理是贯穿始终的。无论是在企业创立之时还是在企业成长过程中，甚至日常经营周转过程之中，都存在筹措资金问题。

在资金筹措过程中，企业一方面要科学预测筹资总规模，以保证投资所需要的资金；另一方面通过筹资渠道和筹资方式的选择，确定合理的筹资结构，降低资本成本，增加公司的利益，控制相关的筹资风险。

企业筹集的资金可分为两类：一类是权益资金，通过吸收直接投资、发行股票、内部留存收益等方式取得；另一类是债务资金，通过向银行借款、发行债券、融资租赁等方式

---

① 在企业价值创造过程中，存在两种类型的资金运动，即实物商品资金运动和金融商品资金运动。

取得。

(2) 投资活动

投资是企业生存、发展及获取利润的基本前提。广义而言，投资包括长期投资和短期投资两个方面，但财务管理学中所指的投资，通常是指狭义概念，即长期投资，如长期股权投资等。如果投资决策不科学、投资结构不合理，那么投资项目往往不能达到预期效益，从而影响企业盈利水平和偿债能力。投资决策的正确与否，直接关系到企业的兴衰成败，所以要科学做好投资管理工作。

企业进行投资必须考虑投资规模，通过投资方向和投资方式的选择，确定合理的投资结构，提高投资效益，降低投资风险。

(3) 营运活动

企业在正常的生产经营过程中会发生一系列的资金收付。首先，企业要购买材料或商品，以便从事生产和销售活动，同时还要支付工资和其他营业费用；其次，当企业把产品或商品售出后，便可取得收入，收回资金；最后，如果企业资金不能满足经营需要，还要采取短期借款方式筹集所需资金。这种由企业日常经营引起的财务活动，称为营运活动。企业营运活动所占用的资金，称为营运资金。企业的营运资金在全部资金中占有较大的比重，是企业财务管理工作的一项重要内容。

企业营运资金主要是为满足企业日常经营活动的要求而垫支的资金，营运资金周转与经营周期具有一致性。在一定时期内资金周转速度越快，就可以利用相同数量的资金，生产出更多的产品，取得更多的收入，获得更多的报酬。如何加速资金周转，提高资金使用效率，是日常财务管理的主要内容。

(4) 分配活动

企业在经营过程中会创造利润，也可能因对外投资而分得利润。企业利润要按规定的程序进行分配：首先，依法纳税；其次，弥补亏损，提取公积金、公益金；最后，向投资者分配利润。这种因利润分配而产生的资金收支也是企业财务活动的一个重要方面。

上述财务活动的四个方面，不是相互割裂、互不相关的，而是相互联系、相互依存的，构成了完整的企业财务活动。筹资是基础，离开企业生产经营所需的资金筹措，企业就不能生存与发展；而且企业筹资数量还制约着企业投资的规模。企业所筹措的资金只有有效地投放出去，才能实现筹资的目的，并不断保值与增值；而且投资反过来又决定了企业需要筹资的规模和时间。投资和筹资的成果都需要依赖资金的营运才能实现，筹资和投资在一定程度上决定了公司日常经营活动的特点和方式；但企业日常活动还需要对营运资金进行合理的管理与控制，努力提高营运资金的使用效率与效果。分配影响着筹资、投资、营运活动的各个方面，分配的来源是企业上述各方面共同作用的结果，同时又会对上述各方面产生反作用。因此，筹资活动、投资活动、营运活动和分配活动都是企业价值创造的必要环节，是保障企业健康发展、实现可持续增长的重要内容。

自 2007 年 1 月 1 日起正式执行的《企业财务通则》将企业财务管理的内容进行了科学的界定和划分，规定了企业财务管理的六大要素，即资金筹集、资产运营、成本控制、收益分配、信息管理、财务监督。这六大要素的法律界定虽然不同于前面所叙述的财务管理学的理论观点，但是符合企业财务管理工作的实际情况，具有很强的操作性。

2. 财务关系

财务关系是指企业在组织财务活动过程中与其他利益主体发生的经济关系。财务管理的另一项重要内容是正确处理和协调财务关系。在处理财务关系的过程中,涉及相关的人、事、物的管理。其中,对人的管理,包括对管理者自我约束管理,是财务管理的核心。正确处理财务关系的准绳或依据是相关的法规,包括由企业制定的财务制度。企业的财务关系主要包括以下 7 个方面。

(1) 企业与投资者之间的财务关系

投资者投资企业总是期望得到回报的,如果企业通过经营后不能满足投资者的期望报酬,那么投资者就会采用"用脚投票"的方式行使其个人产权。需要指出的是,投资者作为财产责任最终承担者(即所谓剩余索取权的拥有者),在判断投资是否可行时,主要依据其期望的投资报酬率。在两权分离下,企业与出资者之间投资关系的处理是投资者与经营者之间利益博弈的结果。企业与投资者之间的财务关系体现了所有权性质的受资与投资的关系。

(2) 企业与受资者之间的财务关系

企业与受资者之间的财务关系是指企业将其闲置资金以购买股票或直接投资的形式向其他企业投资所形成的经济关系。随着经济体制改革的深化和横向经济联合的开展,这种关系将会越来越广泛。企业向其他单位投资,应按约定履行出资义务,参与受资者的利润分配。企业与受资者的财务关系体现了所有权性质的投资与受资的关系。

(3) 企业与债权人之间的财务关系

企业除利用权益资本进行经营活动外,还要借入一定数量的资金,以便降低企业资本成本,扩大企业经营规模。企业的债权人主要有债券持有人、贷款机构、商业信用提供者、其他出借资金给企业的单位或个人。企业利用债权人资金,要按约定的利率及时向债权人支付利息,债务到期时按时向债权人归还本金。企业与债权人的财务关系体现的是债务与债权关系。

(4) 企业与债务人之间的财务关系

企业与债务人之间的财务关系是指企业将其资金以购买债券、提供借款或商业信用等形式出借给其他单位所形成的经济关系。企业将资金借出后,有权要求债务人按约定条件支付利息和归还本金。企业与债务人的财务关系体现的是债权与债务关系。

(5) 企业与政府之间的财务关系

企业与政府之间的财务关系是指企业按税法规定依法纳税而与税务机关所形成的经济关系。任何企业都要按照税法规定缴纳各种税款,以保证国家财政收入的实现,满足国家提供公共产品的需要。及时、足额纳税是企业对国家的贡献,也是对社会应尽的义务。企业与税务机关之间的关系体现的是依法纳税和依法征税的权利义务关系。

(6) 企业内部各单位之间的财务关系

企业内部各单位之间的财务关系是指企业内部各单位之间相互提供产品或劳务所形成的经济关系。企业在实行内部经济核算制的条件下,企业供、产、销各部门及各生产单位之间,相互提供产品或劳务要进行计价结算。这种在企业内部形成的资金结算关系,体现了企业内部各单位之间的利益关系。

（7）企业与职工之间的财务关系

企业与职工之间的财务关系是指企业向职工支付工资薪金的过程中所形成的经济关系。企业要用自身的经营收入，按照职工提供的劳动数量和质量支付给职工相应的工资薪金。这种企业与职工之间的财务关系，体现了职工和企业劳动成果方面的资金结算关系。

1.1.4 财务管理的特点

企业理财实质上是利用资金、成本、收入等价值指标组织产品价值的形成、实现和分配，并处理这种价值运动中的经济关系。财务管理区别于其他管理主要在于它是一种价值管理，是对企业再生产过程中的价值运动所进行的管理。财务管理的特点具体表现在以下3个方面。

（1）涉及面广

财务管理与企业的各个方面具有广泛的联系。企业供、产、销活动，技术、设备、人事、行政等各部门的业务活动无不伴随着企业资金的收支，财务管理的触角就必然要伸向企业生产经营的各个角落。每个部门都会通过资金的收付与财务部门发生联系。每个部门也都要在合理使用资金和组织收入方面接受财务部门的领导，受到财务制度的约束。

（2）灵敏度高

财务管理能迅速提供生产经营状况的财务信息。企业的财务状况是经常变动的，具有很高的敏感性。各种经济业务的发生，特别是经营决策的得失，经营行为的成败，都会及时在财务状况中表现出来。例如成品资金居高临下，往往反映产品不适销；资金周转不灵，往往反映销售货款未及时收取，并会带来不能按期支付材料价款、偿还到期债务的后果。财务部门通过向经理人员提供财务信息，可以协助管理部门适时控制和调整各项生产经营活动。

（3）综合性强

财务管理能综合反映企业生产经营各方面的工作质量，以价值形式表现出来的财务状况和经营成果具有很强的综合性。资金、成本、利润等价值指标能全面系统地反映各种财产物资的数额、结构和周转情况，反映企业各种人力消耗和物资消耗，反映各种营业收入和非营业收入及经济效益。透过财务信息可以把企业生产经营的各种因素及相互影响综合全面地反映出来，并有效地反作用于企业各方面的活动，是财务管理的又一个显著特点。

总之，财务管理虽然只是企业经济管理的组成部分之一，但从它的特点及在企业所处的地位来看，则是企业经济管理的核心，对促进企业不断改善经营管理、提高管理水平、提高经济效益等都有十分重要的作用。

1.2 财务管理假设

1.2.1 财务管理假设的概念

对于假设的概念一般都引用《韦氏国际词典》的解释，该词典对假设提出了如下两种解释：一是提出一个认为是理所当然或不言自明的命题；二是基本的前提或假定。其中，第一种解释强调假设是一种不需要进行证明的、有一定事实依据的命题；第二种解释强调假设是人们进行实践活动或进行理论研究的基本前提。因此，本书把假设定义为：假设是人们根据特定环境和已有知识所提出的、具有一定事实依据的假定或设想，是进一步研究问题的基本前提。

根据以上假设的概念，结合财务管理的特点，可以把财务管理假设定义为：财务管理假设是人们利用自己的知识，根据财务活动的内在规律和理财环境的要求所提出的、具有一定事实依据的假定或设想，是进一步研究财务管理理论和实践问题的基本前提。

1.2.2 财务管理假设的分类

根据财务管理假设作用的不同，财务管理假设可以分为以下 3 类。

（1）财务管理基本假设

财务管理基本假设是研究整个财务管理理论体系的假定或设想，是财务管理实践活动和理论研究的基本前提。财务管理基本假设在构建财务管理理论体系中具有非常重要的意义。亚里士多德说过："每一可论证的科学多半是从未经论证的公理开始的，否则论证的阶段就永无止境。"这里的"未经论证的公理"就是假设。美国著名审计学家罗伯特·K. 莫茨也说过："无论哪门学科，在阐明和检查它的基本假设、性质、缺陷、意义之前，均无法得到真正的发展。对一门学科进行深入研究，首先应明确这门学科的基础或前提，就像一棵树，要想多结果实，仅在枝叶上下功夫是不行的，必须在挨近根的地方翻土并加上肥料，即所谓的'养其根而俟其实'。"财务管理基本假设作为财务管理理论和财务管理实践的逻辑前提，是深入研究许多财务管理问题的基础，在财务管理研究中处于"根"的地位，每一位财务管理人员都必须对此有明确的认识。

（2）财务管理派生假设

财务管理派生假设是根据财务管理基本假设引申和发展出来的一些假定和设想。财务管理派生假设与基本假设互为作用、互为前提，派生假设是对基本假设的进一步说明和阐述，在构建财务管理理论体系中起着非常重要的作用。

（3）财务管理具体假设

财务管理具体假设是指为研究某一具体问题而提出的假定和设想。它以财务管理基本假设为基础，根据研究某一具体问题的目的而提出的，是构建某一理论或创建某一具体方法的前提。譬如，财务管理中著名的 MM 理论、资本资产定价理论、本量利分析法等都是在一系列具体假设的基础上构建的。

1.2.3 财务管理假设的特点

根据对财务管理假设的理解，财务管理假设具有以下 4 个方面的特点。

（1）财务管理假设具有相对稳定性

财务管理假设是财务管理学赖以存在的基础。作为基础，财务管理假设不可能经常变动，否则财务管理这门学科就处于"风雨飘摇"中，财务管理假设也就失去了存在的意义。因此，财务管理假设应当在相当长的时期内保持稳定。

但是，这种稳定并不是绝对不变的，因为财务管理假设是根据理财环境的产生而产生的，一旦理财环境发生变化，基本假设也会发生变化。这种变化可能有两种形式：一是用新的假设取代旧的假设；二是原有的假设名称虽然没有变，但是其内涵已经发生了变化。也就是说，财务管理假设可能会因为时间或空间的变化而与实际情况有所不符。

（2）财务管理假设具有完整系统性

完整系统性是指财务管理各种假设之间不是互相矛盾，而是互相配合的，它们构成了一个完整的假设体系。财务管理假设之间不存在包含或因果关系，即财务管理假设应当互相补充、互相协调，共同构筑财务管理理论的基石。

（3）财务管理假设具有科学实践性

财务管理假设不是从人们的主观想象出发凭空捏造出来的，而是有一定事实依据的科学设想。通过假设的不断补充和更新，并在此基础上做进一步的研究，就可以产生科学的理论体系。所以，财务管理假设构成财务管理理论体系的基础。

（4）财务管理假设具有高度概括性

财务管理假设是根据财务管理实践和财务管理概念抽象出来的，所以财务管理假设不是事实与经验的简单堆砌和罗列，而是对各种现象的高度概括与抽象。换句话说，财务管理假设不涉及具体问题，是抽象的、概括的。

1.2.4 研究财务管理假设的意义

（1）财务管理假设是建立财务管理理论体系的基本前提

一般来说，理论体系的建立，多数要通过假设、推理、实证等过程实现。因此，要形成理论，都需要先提出假设。恩格斯曾说过，"只要自然科学在思维着，它的发展形式就是假说"。列宁也指出，"在马克思建立科学的无产阶级世界观之前，社会学中的唯物主义思想曾经是一个假设。"可见，不管是自然科学还是社会科学，要建立科学的理论体系，都需要建立一定的假设。因此，财务管理假设是建立财务管理理论体系的基本前提。

（2）财务管理假设是企业财务管理实践活动的出发点

人类做出任何决策都需要一定的假设，财务管理也不例外。例如当一个企业进行长期债券投资时，必然假定投资企业和被投资企业都是持续经营的企业；当把钱存入银行不如投资股票的报酬高时，实际是假设风险和报酬同增。

1.2.5 财务管理假设的内容

根据财务管理学研究的内容，财务管理假设主要包括以下5个方面。

（1）理财主体假设

理财主体假设是指企业财务管理工作不是漫无边际的，而是限制在每一个经济上和经营上具有独立性的组织之内。这一假设将一个主体的理财活动同另外一个主体的理财活动相区分。在现代公司制企业中，客观上要求将公司的财务活动与出资者的财务活动划分清楚，如果将出资者财务和企业财务混在一起，就无法判断企业的经营业绩和财务状况。而使用理财主体假设，将公司与包括股东、债权人和企业职工在内的其他主体分开，无疑是一种聪明的做法。理财主体假设明确了财务管理工作的空间范围，为正确建立财务管理目标、科学划分权责关系奠定了理论基础。

（2）持续经营假设

持续经营假设是指理财主体是持续存在的并且能执行其预计的经营活动。除非有相反的证明，否则将认为每一个理财主体都会无限期地经营下去。持续经营假设明确了财务管理工作的时间范围。

（3）有效市场假设

有效市场假设是建立财务管理原则、决定筹资方式和投资方式、安排资本结构、确定筹资组合的理论基础。如果市场无效，很多理财方法和财务管理理论都无法建立。

（4）资金增值假设

资金增值假设是指通过财务管理人员的合理运营，企业资金的价值可以不断增加。这一假设实际上指明了财务管理存在的现实意义。因为财务管理是对企业资金进行规划和控制的一项管理活动，如果在资金管理过程中不能实现资金增值，财务管理也就没有存在的必要。

（5）理性理财假设

理性理财假设是指从事财务管理工作的人员都是理性的理财人员，因而他们的理财行为也是理性的，他们都会在众多的方案中选择最有利的方案。在实际工作中，财务管理人员分为两类：理性的和盲目的。但是不管是理性的理财人员还是盲目的理财人员，他们都认为自己是理性的，都认为自己做出的决策是正确的，否则他们就不会做出这样的决策。尽管承认存在一部分盲目的理财人员，但是从财务管理理论研究来看，只能假设所有的理财行为都是理性的，因为盲目的理财行为是没有规律的。

理性理财行为是确立财务管理目标、建立财务管理原则、优化财务管理方法的理论前提。如财务管理的决策、计划和控制方法等都与此项假设有直接联系。

1.3 财务管理原则

财务管理原则，也称理财原则，是指人们对财务活动共同的、理性的认识，即组织企业财务活动、处理各种财务关系所应遵循的基本规范。

恩格斯曾指出："原则不是研究的出发点，而是它的最终结果；这些原则不是被应用于自然界和人类历史，而是从它们中抽象出来的；不是自然界和人类去适应原则，而是原则只有在符合自然界和历史的情况下才是正确的。"财务管理原则也是如此，它是从企业理财实践中抽象出来的并在实践中证明是正确的行为规范，它反映着理财活动的内在要求。

（1）资金合理配置原则

财务管理是对企业全部资金的管理，而资金运用的结果则形成企业各种各样的资产。企业资产的配置情况是资金运用的结果，是通过资本结构表现出来的。从一定时点来看，企业存在各种各样的资本结构。在资金占用方面，有对外投资和对内投资的构成比例，有固定资产和流动资产的构成比例，有有形资产和无形资产的构成比例，有货币性资产和非货币性资产的构成比例，有材料、在产品、产成品的构成比例等。在资金来源方面，有债务资金和权益资金的构成比例,有长期负债和短期负债的构成比例等。按照系统论的观点,组成系统的各个要素的构成比例是决定一个系统功能状况的最基本条件。系统的组成要素之间存在一定的内在联系,系统结构一旦形成就会对环境产生整体效应,或是有效地改变环境,或是产生不利的影响。在财务活动这个系统中也是如此,资金配置合理、资本构成比例适当,就能保证生产经营活动顺畅运行,并由此取得最佳的经济效益,否则就会危及供、产、销活动的协调,甚至影响企业的发展。因此,资金合理配置是企业持续、高效经营必不可少的条件。

(2) 收支积极平衡原则

收支积极平衡,就是要求资金收支不仅在一定期间总量上求得平衡,而且在每一个时点上协调平衡。这种平衡是资金循环过程得以周而复始进行的条件。资金收支平衡不能采用消极的办法实现,而要采用积极的办法解决收支中存在的矛盾。

首先,要开源节流,增收节支。节支是要节约那些应该压缩、可以压缩的费用,而对那些在创收上有决定作用的支出则必须全力保证;增收是要增加那些能带来较高经济效益的营业收入,至于采取拼设备、拼人力,不惜成本、不顾质量而一味追求短期收入的做法则是不可取的。

其次,在发达的金融市场环境下,应当通过短期筹资和投资调剂资金余缺。在一定时期内,资金入不敷出时,应及时通过借款、发行短期融资券等方式融通资金;而当资金收入比较充裕时,则可适时归还债务,进行短期证券投资。

总之,在组织资金收支平衡问题上,既要量入为出,根据现有的财力安排各项开支;又要量出为入,对于关键性的生产经营支出要开辟财源积极予以支持,这样才能取得理想的经济效益。收支积极平衡原则不仅适用于现金预算的编制,对于投资决策、筹资决策等都具有重要的指导意义。

(3) 成本效益配比原则

成本效益配比原则,就是要对经济活动中的所费与所得进行分析比较,对经济行为的得失进行衡量,以尽可能少的劳动垫支和劳动消耗,创造出尽可能多和尽可能好的劳动成果,以满足社会不断增长的物质和文化生活需要。

企业在筹资活动中,有资本成本和息税前利润率的对比分析问题;在投资决策中,有投资额与各期投资收益的对比分析问题;在日常经营活动中,有营业成本与营业收入的对比分析问题;其他如劳务供应、设备修理、材料采购、人员培训等,无不有经济得失的对比分析问题。企业的一切成本、费用的发生,最终都是为了取得收益,都可以与相应的收益进行比较。成本效益原则作为一种价值判断原则,在财务管理中具有广泛的应用。

(4) 风险收益均衡原则

风险收益均衡原则要求企业对每一项财务活动,全面分析其收益性和安全性,按照收益和风险适当均衡的要求决定采取何种方案,在实践中趋利避害,提高收益。

无论是对投资者还是对受资者来说,都要求收益与风险相适应,风险越大,则要求的收益越高。只是不同的经营者对风险的态度有所不同,有人宁愿收益稳妥一些,而不愿冒较大的风险,有人则甘愿冒较大的风险,以便利用机遇谋求巨额利润。无论市场状况是繁荣还是衰落,无论人们的心理状态是稳健还是冒险,都应当对决策项目的风险和收益做出全面的分析和权衡,以便选择最有利的方案。特别是要注意把风险大、收益高的项目同风险小、收益低的项目适当地搭配起来，使风险与收益平衡，做到既能降低风险又能得到较高的收益，同时尽可能回避风险，化风险为机遇，在危机中找对策，以提高企业的经济效益。

（5）分级分权管理原则

分级分权管理，就是在企业管理当局统一领导的前提下，合理安排各职能部门的权责关系，充分调动各职能部门的积极性。在财务管理上实行统一领导、分级分权管理，就是要按照管理物资同管理资金相结合、使用资金同管理资金相结合、管理责任同管理权限相结合的要求，合理安排企业内部各单位在资金、成本、收入等管理上的权责关系。财务部门是组织和推动企业财务管理工作的主管部门，而供、产、销等部门则直接负责组织各项生产经营活动，使用各项资金和物资，发生各项生产耗费，参与创造价值和实现生产成果。要在加强财务部门集中管理的同时，实行各职能部门的分口管理，按其业务范围规定财务管理的职责和权限，定期进行考核，这样就可以调动各职能部门管理财务的积极性。

（6）利益关系协调原则

利益关系协调原则，就是在财务管理中利用经济手段协调国家、投资者、债权人、客户、经营者、劳动者、内部各部门的经济利益关系，维护有关各方的合法权益。有关各方利益关系的协调，是理财目标顺利实现的必不可少的条件。

企业内部和外部经济利益的调整在很大程度上都是通过财务活动实现的。企业对投资者要做到资本保全，并合理安排红利派发与盈余公积提取的关系；对债权人要按期还本付息；企业与企业之间要实行等价交换原则，并且通过折扣和罚款、赔款等形式促使各方认真履行经济合同，维护各方的物质利益；在企业内部，厂部对于生产经营效果好的车间、科室给予必要的物质奖励，并且运用各种结算手段划清各单位的经济责任和经济利益；在企业同职工之间实行按劳分配原则，把职工的收入和劳动成果联系起来。所有这些都要通过财务管理来实现。在财务管理中，应当正确运用价格、股利、利息、奖金、罚款等经济手段，启动激励机制和约束机制，合理补偿，奖优罚劣，处理好各方面的经济利益关系，以保障企业生产经营顺利、高效地运行。处理各种经济利益关系要遵守国家法律，认真执行政策，保障有关各方应得的利益，防止搞优质不优价、同股不同利之类的不正当做法。

1.4 财务管理环节

财务管理环节，是指财务管理的工作步骤，包括财务预测、财务决策、财务预算、财务控制、财务分析5个基本环节。这些环节相互配合、紧密联系，形成周而复始的财务管理循环，构成完整的财务管理工作体系。

1. 财务预测

财务预测是根据财务活动的历史资料，考虑现实的要求和条件，运用科学的方法对企业未来财务状况、发展趋势及其结果进行科学的预计和测算。财务预测是一项综合性预测工作，涉及面广，不能脱离企业的各项业务预测。然而，正如财务活动不是各项具体业务活动的简单组合而是它们的综合一样，财务预测也绝非各项业务预测结果的简单拼凑，而是根据业务活动对资金活动的作用与反作用关系，将业务预测结果进行合乎逻辑的综合。

财务预测工作主要包括：明确预测对象；收集整理资料；确定预测方法；进行模型预测；提出设想方案。

2. 财务决策

财务决策是财务人员在理财目标的总体要求下，对财务预测所作出的多种设想和方案进行总体分析，从中选出最佳方案的过程。财务管理效果的优劣很大程度上取决于财务决策的成败。做好财务决策工作，发挥财务管理的决策职能，除了依赖于财务管理的预测职能，需要以财务预测资料为基本依据外，还应该妥善处理以下3个方面的问题。

① 财务决策组织。企业财务决策往往涉及多个方面，且具有较大的不确定性。所以，财务决策除了根据各种可以确切掌握的客观资料作出客观判断外，还需要决策者作出主观判断。主观判断会受决策者个人的价值取向、知识、经验等个人素质差异的影响。因此，只有较低层次、比较简单的财务决策问题，才可以由个人决策；较高层次的财务决策问题，应尽可能由集体进行决策。

② 财务决策程序。财务决策不同于一般业务决策，具有很强的综合性。所以，财务决策不能仅仅由专职的财务管理人员一次完成，而应该更多地深入基层，了解企业生产经营的各种具体情况，并尽可能吸收业务部门的有关人员参与财务决策。

③ 财务决策方法。财务决策既需要定量权衡，也需要定性分析。财务决策具体方法的选择，应以财务决策内容为前提，同时需要考虑掌握资料的性质及数量等具体情况。

财务决策工作主要包括：提出问题确定决策目标；收集资料拟定备选方案；分析评价备选方案；选择最优方案。

3. 财务预算

财务预算是运用科学的技术手段和数学方法，对财务活动的内容及指标所进行的具体规划。财务决策对于财务目标的实现固然十分关键，但是它还不是保证财务目标实现的全部条件。为了保证实现既定的财务目标，企业的财务活动应该按照一定的财务预算组织实施。因此，通过财务决策选定财务活动方案后，就应该编制财务预算。正确的财务预算，不但可以提高财务管理的预见性，还可以为企业及各部门、各层次提出具体的财务目标。

财务预算工作主要包括：分析财务环境，确定预算指标；协调财务能力，组织综合平衡；选择预算方法，编制财务预算。

4. 财务控制

财务控制是指在财务管理过程中，以财务预算为依据对财务活动进行日常的指导、协调、监督和限制，以实现财务预算所规定的财务目标。建立科学、严格的财务控制制度，具有特别重要的意义。

财务控制工作主要包括：制定控制标准，分解落实责任；实施追踪控制，及时调整误差；分析执行差异，搞好考核奖惩。

5. 财务分析

财务分析是以会计核算资料为主要依据，对企业财务活动的过程和结果进行评价和剖析的一项工作。财务分析的目的是说明财务活动实际结果与财务预算或历史业绩等比较基础之间的差异及其产生原因，从而为编制下期财务预算和以后的财务管理工作提供一定的参考依据。

财务分析工作主要包括：收集资料，掌握信息；进行对比，作出评价；分析原因，明确责任；提出措施，改进工作。

1.5 财务管理目标

合理有效的理财活动就要在充分研究财务活动客观规律的基础上，根据未来变动趋势确定财务管理目标[①]。

1.5.1 财务管理目标特征

财务管理目标是企业进行理财活动所要达到的根本目的，它决定着企业财务管理的基本方向[②]。确定合理的财务管理目标，在整个财务管理中具有极其重要的意义。

1. 财务管理目标具有相对稳定性

财务管理目标取决于企业目标，决定于特定的社会经济模式。企业财务管理目标具有体制性特征，整个社会经济体制、经济模式和企业所采用的组织制度，在很大程度上决定企业财务管理目标的取向。在一定时期或特定条件下，财务管理目标是保持相对稳定的。

2. 财务管理目标具有多元性

财务管理目标多元性是指财务管理目标不是单一的，而是适应多因素变化的综合目标群。企业财务管理是一个系统，其目标也是一个多元的有机构成体系。在其多元目标中有一个目标是处于支配地位，起着指导作用的，称之为主导目标；其他一些处于被支配地位，对主导目标的实现起着配合作用，称为辅助目标。

3. 财务管理目标具有可操作性

财务管理目标是实行财务管理的前提。财务管理目标要起到组织动员的作用，据以制定经济指标并进行分解，实现职工自我控制，进行科学的绩效考评，就必须具有可操作性。具体包括以下3个方面的要求。

① 可以计量。理财目标要有定性的要求，同时也应能据以制定出量化的标准，这样才便于付诸实行。在实践中若不能以切实可行的量化指标表现的理财目标，企业管理人员是不会接受的。

② 可以追溯。理财目标应该是最终可以追溯到有关管理部门和人员的，这样才便于落实指标，检查责任履行情况，制定整改措施。

③ 可以控制。企业的理财目标及分解落实给各部门、各单位的具体目标，应该是企业各部门、各单位管得住、控制得了的。

4. 财务管理目标具有层次性

财务管理目标层次性是指财务管理目标按一定标准可划分为若干层次。财务管理目标之所以具有层次性，主要是因为财务管理的内容可以划分为若干层次。财务管理目标由整

---

① 如果你连去哪儿都不清楚，那么如何去也就不重要了。财务管理目标是一种价值取向，告诉你"将去哪儿"。

② 动态地看，财务管理目标是企业目标体系中处于"支配"地位的"职能化"目标。

体目标和具体目标两个层次构成。所谓整体目标,是指一般财务管理目标,它决定着整个财务管理过程的发展方向,是企业财务活动的出发点和归宿;所谓具体目标,是指在整体目标的制约下,从事某一部分财务活动所要达到的目标。

1.5.2　财务管理的整体目标

财务理论界和实务界积极探讨了能具体运用的理财目标,提出了许多不同的观点。这里以股份公司为例阐述财务管理的整体目标。

1. 利润最大化

利润最大化就是假定企业财务管理以实现利润最大为目标。以利润最大化作为理财目标有其优势。

① 利润是企业在一定期间收入和费用的差额,它反映了当期理财活动中投入与产出对比的结果,在一定程度上可以直接反映公司所创造的价值;

② 利润既是增加业主投资收益、提高职工劳动报酬的来源,也是企业进行资本积累、扩大经营规模的源泉。

利润最大化目标在实践中也暴露出一些问题。

① 利润最大化是一个绝对指标,没有考虑所创造利润与投入资金的关系。例如,同样获得 100 万元的利润,一个企业投入资本 500 万元,另一个企业投入 600 万元,哪一个更符合企业目标? 若不与投入资本联系起来,很难做出正确的判断。

② 利润最大化没有考虑货币时间价值。例如,今年获利 100 万元和明年获利 100 万元,哪一个更符合企业目标? 若不考虑货币时间价值,很难做出正确的判断。

③ 利润最大化没有考虑风险因素。这可能会使财务人员不顾风险而盲目追求最大的利润。例如,同样投入 500 万元,本年获利 100 万元,一个企业获利已全部转化为现金,另一个企业获利则全部表现为应收账款。哪一个更符合企业目标? 若不考虑风险大小,很难做出正确的判断。

④ 利润最大化容易导致短期行为。只顾片面追求利润的增加,而不考虑企业的长远发展。由于利润指标通常按年计算,因此,企业决策也往往仅服务于年度指标的完成或实现。

2. 每股利润最大化

每股利润,也称每股收益,是企业税后净利润与普通股股数的比例。这一目标的优点是把企业实现的利润同投入的资本或股本进行对比,不但能够说明企业的盈利水平,而且还可以在不同规模企业或同一企业不同时期之间进行比较,揭示其盈利水平的差异。但该目标尚不能避免利润最大化目标的其余 3 个缺陷,即没有考虑货币时间价值、没有考虑风险因素、不能避免企业短期行为。

3. 股东财富最大化

股东财富最大化是指通过财务上的合理经营,为股东带来最多的财富。在股份公司中,股东财富由其所拥有的股票数量和股票市场价格决定。在股票数量一定时,当股票价格达到最高时,则股东财富达到最大。所以,股东财富最大化又演变为股票价格最大化。正如阿兰·C. 夏皮罗教授所说:"在运行良好的资本市场里,投资者可以自由地以最低的交易成本购买和销售金融证券,股东财富最大化目标可以理解为最大限度地提高现在的股票价格。"本顿·E. 盖普教授也指出："股东财富最大化是用公司股票的市场价格来计量的。"偌斯教授等也曾明确指出："财务管理的目标就是要使每股股票的目前价值极大化。"

与利润最大化目标相比，股东财富最大化目标有其优点。

① 股东财富最大化目标考虑了货币时间价值和投资风险价值，因为通常股价会对市场风险作出较敏感的反应。

② 股东财富最大化在一定程度上能够克服企业追求利润上的短期行为，因为不仅目前的利润会影响股票价格，预期利润对股票价格也会产生重要影响。

③ 股东财富最大化目标比较容易量化，有利于社会资源的合理配置。

但应该看到，股东财富最大化目标也存在一些缺点。

① 股东财富最大化目标只适用于上市公司，对非上市公司则很难适用。因为非上市公司无法像上市公司一样随时准确获得公司股价。

② 股东财富最大化目标只强调股东的利益，而对企业其他相关者的利益重视不够。

③ 股票价格受多种因素影响，并非都是公司所能控制的，把不可控因素引入理财目标是不合理的。如有的上市公司处于破产的边缘，但由于可能存在某些机会，其股票市价可能还在走高。

尽管股东财富最大化存在上述缺点，但如果一个国家的证券市场高度发达，市场效率极高，上市公司可以把股东财富最大化作为财务管理的目标。

财务管理目标定位问题一直是理论界与实务界争论的焦点问题之一。据西方财务学家对"《幸福》500家"的高级管理人员的一项系统调查，其结果表明，大多数实务工作者将财务管理目标按其重要程度排序为：第一，资产报酬率最大化（投资报酬率 ROA 最大化）；第二，达到每股收益的预期增长率；第三，公司当期总利润最大化；第四，股票价格最大化。可见，实务界的这种排序与理论上的偏好存在相当大的差异。[①]

1.5.3 财务管理的具体目标

财务管理整体目标指明了财务管理活动的总体指导思想。要实现整体目标，则必须在实际的理财活动中确定具体目标。

（1）筹资管理目标

任何企业，为了保证生产的正常进行和扩大再生产的需要，必须具有一定数量的资金。企业的资金可以从多种渠道，用多种方式筹集。不同来源的资金，其可使用时间的长短、附加条款的限制、资本成本的大小及筹资风险都不尽相同。因此，企业筹资管理的具体目标就是在满足生产经营需要的情况下，以较低的筹资成本和较小的筹资风险，获取同样多或更多的资金。

（2）投资管理目标

企业无论对内和对外投资都是为了获取利润，取得投资收益。但企业在进行投资的同时，也必然会遇到投资项目可能成功或失败，投资既可能收回又可能收不回，投资可能赚较多的钱，也可能只赚较少的钱的情况。所有这些都表明投资会产生投资风险。因此，企

---

① 此观点摘自 William、Scott 和 Bird 三人 1975 年发表在《工程经济学家》上的著名论文《大公司的资本支出决策过程》。

业投资管理的具体目标就是以一定的资金在控制投资风险的情况下获取较多的投资收益。

（3）营运资金管理目标

营运资金是为满足企业日常经营活动的要求而垫支的资金。营运资金的周转与生产经营周期具有一致性。在一定时期内，资金周转越快，就越可以利用相同数量的资金，生产出更多的产品，取得更多的收入，获得更多的报酬。因此，营运资金管理的目标就是合理使用资金，加速资金周转，不断提高营运资金利用效果。

（4）分配管理目标

利润分配就是将企业取得的利润在企业与利益相关者之间进行分割。这种分割不仅涉及各利益主体的经济利益，而且涉及企业的现金流量，从而影响企业财务的稳定和安全；同时，由于这种分割涉及各利益主体经济利益的多少，因此不同的分配方案也会影响企业的价值。具体而言，企业当期分配给投资者的利润较高，会提高企业的即期市场评价，但由于利润大部分被分配，企业或者即期现金不够，或者缺乏发展或积累资金，从而影响企业未来的市场价值。利润分配管理的目标就是合理确定利润的留成比例和分配形式，提高企业的潜在收益能力，从而提高企业总价值。

1.5.4 财务管理目标的冲突与协调

协调相关者的利益冲突，要把握的原则是：尽可能使企业相关者的利益分配在数量上和时间上达到动态的协调平衡。财务活动所涉及的不同利益主体如何进行协调是财务管理必须解决的问题。而在所有的利益冲突协调中，所有者与经营者、所有者与债权人、所有者与政府的利益冲突与协调至关重要。

1. 所有者与经营者的利益冲突与协调

对所有者来讲，经营者所得到的利益正是其所放弃的利益，这种放弃的利益也称为经营者的享受成本。但问题的关键不是经营者享受成本的多少，而是经营者增加享受成本的同时是否更多地提高了企业价值。经营者和所有者的主要矛盾就是经营者希望在提高企业价值或股东财富的同时，能更多地增加享受成本，而所有者或股东则希望以较小的享受成本提高企业价值或股东财富。当所有者和经营者之间存在冲突的时候，谁赢呢？这就涉及到对公司控制权的认识问题。理论上认为，股东拥有公司的剩余控制权，但同时会存在经营者偏离股东目标的行为，这就要采用相应的机制加以校正。①

2. 所有者与债权人的利益冲突与协调

企业向债权人借入资金以后，两者之间也形成一种委托代理关系。债权人把资金借给企业，意在到期收回本金，并获得约定的利息收入；而企业借款则是为了扩大经营，投入有风险的生产经营项目。两者的目标并不一致。这样在实现企业理财目标上所有者与债权人就发生了矛盾。主要有两种情况：一是所有者不经债权人同意，把借款投资于比债权人预期风险更高的其他项目。如果高风险的投资计划侥幸成功，超额的利润归所有者享有；如果计划不幸失败，债权人与股东将共同承担由此造成的损失，万一企业破产，破产财产

---

① 当所有者不满经营者的经营业绩时，或者两者之间由于其他因素出现矛盾或分歧时，所有者通常采用"胡萝卜加大棒"手段解决这一问题，可行的方式有解聘、激励或接收。但前提是所有者手中先握有"大棒"。

不足以偿债,债权人收回本利的期望就要受挫。二是股东为了提高公司的权益资本利润率,不征得原有债权人同意,指令管理当局发行新债券,致使旧债券的价值下降,原有债权人蒙受损失。因为发行新债券以后企业负债比率提高,企业破产的可能性增大,万一破产,旧债权人要同新债权人共同分配破产后的财产,因而旧债券风险增加、价值降低。

所有者与债权人的上述矛盾协调可以通过以下方式解决。

① 限制性借债。通过对借债的用途限制、借债的担保条款和借款的信用条件防止利用上述方法剥夺债权人的债权价值。

② 收回借款。当债权人发现公司有侵蚀其债权价值的意图时,采取收回债权和不给予公司重新放款的措施,以保护自身的权益。

③ 债转股。通过和约方式,将部分债务转为股本,从而使债权人角色置换为股东角色,以实现两者利益目标的协同。

3. 所有者与政府的利益冲突与协调

除了协调上述利益关系,所有者还需要通过经营者协调与政府的利益关系,企业在实现财务管理目标的过程中,除了依法纳税,还需要承担其他的社会责任[①],如保护环境、保证产品质量安全、维护消费者权利、对社会公益活动的必要捐赠、尽可能地减少裁员、为员工支付保险费用等。所有者在追求自身效益最大化的同时,要自觉地承担一定的社会责任,而政府应为企业提供良好的外部环境。从短期来看,两者存在一定的利益冲突,但从长期来看,两者的利益是趋同的。

1.6 财务管理环境

人类社会的实践活动总是在一定的环境[②]下进行的,财务管理也不例外。之所以不同时期、不同国家乃至不同领域的财务管理有着不同的特征,归根到底都是由于影响财务管理的环境因素不尽相同。

财务管理环境是指对企业财务活动产生影响作用的内外各种条件的统称。财务管理总是在一定的条件下进行的,舍弃影响企业的内外部条件研究企业的财务管理,则会很难客观、公正、现实地解释企业的财务现象。企业的财务管理环境主要包括金融环境、财税环境、法律环境和经济环境等。

1.6.1 金融环境

金融市场是企业筹资和投资的主要场所,因此金融政策的变化必然影响企业的理财活动。金融环境是影响企业财务管理的最主要环境。

1. 金融市场

金融市场是指资金供应者和需求者双方通过金融工具,在金融交易所进行交易而融通资金的市场,是实现货币借贷和资金融通、办理各种票据和有价证券交易活动的市场。金

---

① 如果企业不顾社会责任而一味强调自身的短期利益,那么当企业到达其"事业顶峰"时,其唯一的出路就是"下山"。

② 对于将军来说,不熟悉地形是打不好仗的;对于财务管理人员来说,不了解财务管理环境是不可能进行有效管理的。

融市场的种类很多，可以用图1-1表示。

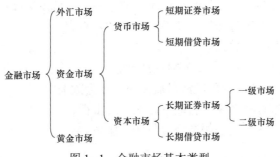

图1-1 金融市场基本类型

金融市场作为资金融通的场所，是企业向社会筹集资金必不可少的条件。财务管理人员必须熟悉各种类型金融市场的特点及管理规则，有效地利用金融市场组织资金的供应和资本投资等活动。

2. 金融机构

金融机构包括银行和非银行金融机构两类。

（1）中国人民银行

中国人民银行是我国的中央银行，代表政府对国内金融机构和金融活动进行管理和监督，代理国库。中国人民银行履行下列职责：

① 发布与履行其职责有关的命令和规章；

② 依法制定和执行货币政策；

③ 发行人民币，管理人民币流通；

④ 监督管理银行间同业拆借市场和银行间债券市场；

⑤ 实施外汇管理，监督管理银行间外汇市场；

⑥ 监督管理黄金市场；

⑦ 持有、管理、经营国家外汇储备、黄金储备；

⑧ 经理国库；

⑨ 维护支付、清算系统的正常运行。

另外，作为国家的中央银行从事有关的国际金融活动等。

（2）商业银行

商业银行是以经营存款、放款、办理转账结算为主要业务，以营利为主要经营目标的金融企业。商业银行的建立和运行，应以《中华人民共和国商业银行法》为依据进行。目前我国商业银行可分为两类。

① 国有独资商业银行。国有独资商业银行由原先的国家专业银行演变而来，主要包括中国工商银行、中国建设银行、中国农业银行和中国银行。

② 股份制商业银行。我国股份制商业银行是金融体制改革后于1987年以后出现并发展起来的，包括交通银行、中国光大银行、广东发展银行、招商银行、中国兴业银行、中国农业银行等。这些银行的股权结构各异，以企业法人股为主。股份制商业银行的日常经营管理基本按市场模式运作，虽然成立年限不长，但发展速度很快。

(3) 政策性银行

政策性银行是由政府成立,以贯彻国家产业政策、区域发展政策为目的,不以营利为目的的金融机构。与商业银行相比,政策性银行的特点表现在以下3个方面。

① 资本主要是国家财政拨款。

② 不吸收社会存款,资金主要靠财政拨款和发行政策性金融债券。

③ 经营业务时主要考虑国民经济发展需要及社会效益等。

我国目前政策性银行有3家,它们是国家开发银行、中国进出口银行和中国农业发展银行,这3家银行各自在特定的领域内提供金融服务。

(4) 非银行金融机构

我国主要的非银行金融机构包括保险公司、证券公司、信托投资公司、财务公司、金融租赁公司、金融资产管理公司等。

3. 金融工具

金融工具是指形成一方的金融资产并形成其他方的金融负债或权益工具的合同。借助金融工具,资金从供给方转移到需求方。金融工具分为基本金融工具和衍生金融工具两类。常见的基本金融工具有企业持有的现金、从其他方收取现金或其他金融资产的合同权利、向其他方交付现金或其他金融资产的合同义务等;衍生金融工具又称派生金融工具,是在基本金融工具的基础上通过特定技术设计形成的新的金融工具,常见的衍生金融工具包括远期合同、期货合同、互换合同和期权合同等,种类非常多、繁杂,具有高风险、高杠杆效应的特点。不同的金融工具用于不同的资金市场,具有不同的法律效力和流通功能。企业必须选择适合自身的金融工具,以降低自身所承担的金融风险和金融成本。

4. 利率构成

在金融市场的运作过程中,资金流动的重要内在机制就是利率。利率是资本的价格①,它主要取决于资本供求关系。作为资本价格,对资本供应者来说属于收益,而对资本需求者而言则属于成本。在金融市场中,利率主要由以下5个部分构成。

(1) 纯利率

纯利率是指在没有通货膨胀、没有风险条件下的供求均衡点利率。它一方面取决于社会资金的平均盈利水平,另一方面取决于货币资金的供求状况。在发达的市场经济条件下,市场参加者之间的竞争直接决定了利率水平。这种竞争本身使得各种金融工具的价格和收益率具有同方向变化的趋势。

(2) 通货膨胀贴补率

通货膨胀贴补率,也称通货膨胀贴水。当货币发行量超过市场流通量时,会造成货币的实际购买力下降。通货膨胀贴补是货币让渡者要求补偿实际购买力下降所造成的损失而应提高的利率。

(3) 违约风险贴补率

违约风险贴补率是指债权人为了弥补债务到期、债务人无法支付本息风险所要求提高的利率。违约风险贴补率主要取决于债务人信誉程度。信誉程度高,违约的可能性就小,债权

---

① 如果你想从事财务管理工作而不懂得利率及其相关知识,就等于你想做生意而不知道行情一样。

人要求的违约风险贴补率就低;反之,债权人要求的违约风险贴补率就高。就债务人发行的债券来说,其债券的信用等级由信用评估机构评定。政府发行的债券通常无违约风险。

(4) 变现风险贴补率

变现风险贴补率是指债权人为了弥补所持有的金融资产变现能力不足所要求提高的利率。金融资产的变现能力取决于债务人的资产流动性、营运能力、信誉和金融市场环境的变化。变现力强的金融资产,变现风险贴补率就低;反之,所要求的变现风险贴补率就高。

(5) 到期风险贴补率

到期风险贴补率是指债权人在让渡资金使用权期间内,面临利率变动的风险所要求的补偿利率。期限越长,面临的不确定因素越多,风险越大,要求补偿的到期风险贴补率越高;反之,要求补偿的到期风险贴补率越低。

因此,利率构成可用以下模式概括,即

$$利率 = 基础利率 + 风险补偿率$$
$$= (纯利率 + 通货膨胀贴补率) + (违约风险贴补率 + 变现风险贴补率 + 到期风险贴补率)$$

其中,前两项构成基础利率,后三项是在考虑风险情况下的风险补偿率。

1.6.2 财税环境

财税环境是指财政政策和税收政策的变动对企业财务管理的影响。财税政策是国家调节宏观经济的重要手段之一,国家通过财政手段一方面以税收等形式参与企业利润分配,形成财政收入,另一方面又以财政支出的形式(如公共支出、投资支出、补贴支出等)将财政收入加以分配。国家的财政状况及与之相应的财政政策,对于企业资金供应和税收负担以至企业收入都有着重要的影响。

1. 财政政策对企业财务管理的影响

财政政策对企业财务管理的影响主要表现在以下 2 个方面。

一方面,国家采取紧缩财政政策时,意味着企业纯收入中留归企业的部分减少,企业现金流出增加,势必增加企业资金紧张的程度。与这种政策相适应,企业应控制投资规模,增收节支,积极寻求新的资金来源渠道,以适当增加留存比例。

另一方面,国家采取扩张财政政策时,意味着企业纯收入留归企业的部分增加,企业现金流入增加,势必使企业现金出现盈余。与这种政策相适应,企业应积极寻求新的投资领域,扩大投资规模,减少对外筹资数量,适当扩大分配比例。

2. 税收政策对企业财务管理的影响

税收政策对企业财务管理的影响主要表现在以下 2 个方面。

① 影响企业投资决策。由于对不同组织形式的企业,国家会采用不同的税收政策,对投资者来说选择企业组织形式应当考虑税收制度的影响。例如,股份制企业股东的股利要通过双重征税方可取得。

② 影响企业筹资决策。企业筹集资金有着不同的渠道,但总体来说可以归为两类:一是权益筹资,如通过发行股票筹集资金;二是债务筹资,如通过发行债券筹集资金。税收

制度对这两类筹资所发生的筹资成本采取不同的处理方法。对于债务筹资而言,其利息费用可以在企业所得税税前扣除;而对于权益筹资来说,其股息只能作为税后利润支付。因此,从税收对筹资成本的影响分析,企业必须在权益筹资和债务筹资两种方式之间进行权衡,以获取低成本资金。

1.6.3 法律环境

法律环境是指企业与外部发生经济关系时应遵守的有关法律、法规和规章。法是体现统治阶级意志、由国家制定或认可,并以国家强制力保证实施的行为规范的总和。财务管理作为一种社会行为,必然要受到法律规范的约束。

1. 影响企业筹资的各种法律

企业筹资是在特定的法律约束下进行的,影响企业筹资的法规主要有公司法、证券法、民法典、企业财务通则等。这些法规可以从不同方面规范或制约企业的筹资活动。

① 规范企业筹资渠道。如只有国有企业才能利用国家财政资金;只有外商投资企业才能直接吸收外商投资。

② 规范企业筹资方式。如只有股份公司才能利用发行股票方式筹资。

③ 规范企业筹资条件。如有关法规对企业发行证券都规定了详细的条件,不符合这些条件的企业,不能在金融市场上发行证券。

2. 影响企业投资的各种法律

企业投资活动也必须在特定法律的约束条件下进行,这方面的法规主要有合伙企业法、证券法、公司法、企业财务通则等。这些法规都从不同方面规范企业的投资活动。

① 规范企业出资方式。企业对外投资可采用现金方式出资,也可用无形资产、固定资产出资,但对各种资产的出资都有一些具体规定,特别是对无形资产出资的比例还有具体限制。

② 规范企业投资程序。如企业进行证券投资必须按证券法所规定的程序进行。

③ 规范企业投资方向。如企业投资必须符合国家产业政策,必须符合公平竞争的原则。

3. 影响企业利润分配的各种法律

企业在进行利润分配时,必须遵守有关法规的规定。这方面的法规主要有税法、公司法、合伙企业法、企业财务通则等。它们都从不同方面对企业利润分配进行了规范。

① 规范企业成本、费用的开支范围。我国企业财务通则、税法等都对企业的成本费用开支范围、开支比例作了比较具体的规定。

② 规范企业缴纳的税种及其计算方法。如税法对不同组织形式企业税种的计算及缴纳进行了详细的规定。

③ 规范企业税后利润分配程序。例如,我国的企业财务制度、公司法等都对税后利润的分配顺序有详细的规定。

1.6.4 经济环境

经济环境是指企业进行财务活动的宏观经济状况。影响企业理财的经济环境因素主要有经济体制、经济周期、经济发展水平、经济政策和经济结构等。

1. 经济体制

经济体制是指在一定区域内（通常为一个国家）制定并执行经济决策的各种机制的总和。我国现行经济体制是社会主义市场经济体制，要求企业必须面向市场从事一切生产经营活动；要求企业独立经营、独立核算、自负盈亏；要求企业必须重视经营效益的提高，不断增强自身在市场的竞争力，这就赋予了企业财务管理新的内涵。在社会主义市场经济条件下企业有筹资和用资的自主权，而筹资和用资的过程，既是资金运动过程又是企业生产经营各环节、各方面活动的综合反映。因此科学合理地寻找及运用资本，最大限度地降低企业资源消耗，追求低投入高产出便成为市场经济条件下企业财务管理的重要内容。

2. 经济周期

经济周期主要是指社会经济增长规律性地交替出现高速、低速、停滞，有时甚至负增长几个阶段。在不同阶段有不同的经济发展速度，企业在理财过程中应对此采取不同的理财策略。经济周期对企业财务管理的影响如图1-2所示。

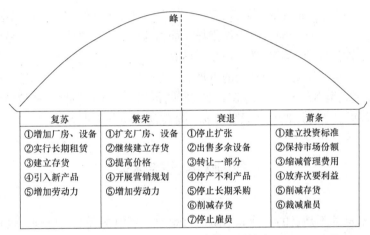

图 1-2 经济周期中的理财策略

3. 经济发展水平

财务管理水平和经济发展水平密切相关。如果经济发展处于落后状态，生产力水平不高，财务管理得不到重视，则财务管理水平较低；反之，如果经济发展水平较高，财务管理职能得以充分发挥，则财务管理水平较高。

进入21世纪以来，我国经济快速增长，给企业拓宽财务活动的领域带来了机遇。同时，高速发展中存在的资金短缺现象长期存在，又给企业财务管理带来严峻的挑战。因此，企业的财务人员必须积极探索与经济发展水平相适应的财务管理模式。

4. 经济政策

国家经济政策对企业财务管理工作有着重大的影响。例如，国家的产业鼓励与限制政策直接影响着企业的投资行为；金融政策中货币的发行量、信贷规模影响企业投资的资金来源和投资的预期收益；财税政策影响企业的资本结构和投资项目的选择；价格政策影响决定资金的投资方向和投资的回收期及预期收益等。这就要求企业财务人员必须把握经济政策，更好地为企业的经营理财服务。

5. 经济结构

企业所处的产业或地区影响甚至决定了财务管理的性质，如不同产业所要求的资金规模不同，不同产业所要求的资本结构不同，不同国家有着不同的产业政策。

1.6.5 文化环境

文化环境包括教育、科学、文学、艺术、新闻出版、广播电视、卫生体育、世界观、理想、信念、道德、习俗，以及同社会制度相适应的权利义务观念、道德观念、组织观念、价值观念、劳动态度等。作为人类的一次社会实践活动，财务管理必然受到文化环境的影响。社会文化的各方面，对财务管理的影响程度是不尽相同的，有的具有直接影响，有的则可能间接影响，有的影响比较明显，有的则可能微乎其微。下面仅以科学为例加以说明。

科学包括自然科学和社会科学两类，它对财务管理工作也有很大影响。科学对财务管理的影响主要表现在以下2个方面。

① 科学发展有利于完善财务管理理论。财务管理是一项非常复杂的经济管理工作，要做好这项工作，必须有正确的理论作指导。而财务管理理论的发展并不是孤立的，是以其他科学的发展为条件的。经济学、数学、统计学、管理学、会计学等诸多领域的发展，都在一定程度上促进了财务管理理论的发展。

② 科学发展为财务管理工作创造了比较好的条件。电子计算机、通信设备的普及和推广，为财务管理提供了先进的技术条件，极大地促进了财务管理方法的改进和创新。

1.7 财务管理体制

财务管理本身并不是目的，就其本质而言是对各种财务关系的管理。这种规范企业财务行为，协调企业同各方面财务关系的制度，就是财务管理体制，它构成企业管理的重要组成部分。在市场经济条件下，财务管理水平的高低决定着企业的生存和发展。不同类型的企业组织形式下的财务管理活动是有区别的。

1.7.1 企业组织形式

企业是市场经济的主体，不同类型的企业所采用的财务管理方式也有所不同。了解企业的组织形式，有助于企业财务管理活动的开展。企业的组织形式主要有3种：独资企业、合伙企业和公司制企业。

1. 独资企业

独资企业是指按照《中华人民共和国个人独资企业法》在中国境内设立，由一个自然人投资，财产为投资者个人所有，投资人以其个人财产对企业债务承担无限责任的经济实体。

独资企业因投资人少，一般规模较小。其优点表现在：内部结构简单；开办费较少；利润独享；政府对其限制较少等。

独资企业因规模小、资本少，故也存在其无法逾越的缺陷。

① 出资者负有无限偿债责任。当个人独资企业经营不景气负债过多时，为偿债往往倾其所有；个人资产和企业资产没有差别。

② 筹资较困难，个人财力有限。个人独资企业借款时往往因信用问题而难以获得其所需资金。

独资企业目前在我国国民经济中占有一定的比重。

2. 合伙企业

合伙企业是指依照《中华人民共和国合伙企业法》在中国境内设立的由各合伙人订立合伙协议，共同出资、合伙经营、共享收益、共担风险，并对合伙企业债务承担无限连带责任的营利性组织。

（1）合伙企业的基本特征

合伙企业的基本特征，可以概括为以下5个方面。

① 合伙人必须有两人以上，且都是具有完全民事行为能力的，否则无法建立合伙关系。合伙人数的上限法律没有规定。

② 合伙协议是合伙企业成立的基础。合伙协议应订明合伙人的出资形式、出资金额、盈余分配、债务承担、入伙、退伙、合同终止等事项。

③ 合伙人共同投资。投资形式可以是货币、实物或技术、专利等。

④ 合伙人共同经营。

⑤ 合伙人共同享受企业盈利，共同承担企业风险。企业的利润分配由全体合伙人按照协议进行，协议无规定或规定不明确的，一般按出资比例分配。合伙企业的债务由合伙人按照出资比例或协议约定，以各自的财产对企业的债务承担无限连带清偿责任，即当企业资产不足以清偿企业债务时，每个合伙人都要以自己的全部个人财产偿还企业债务，同时，在其他合伙人不能按约定比例承担债务时，代其承担责任，之后再向其他合伙人追偿。

（2）合伙企业的评价

合伙企业最主要的优点是：创办容易、费用低。但其缺点也很明显：因其组织不够严密，合伙人之间关系较复杂，一般不如独资企业稳定；它与独资企业一样也存在着对债务负有无限清偿责任；筹措资金有一定困难等。

合伙企业目前在我国国民经济中占有较大的比重。

3. 公司制企业

公司制企业是由两个以上的企业或个人筹资，按照法定程序建立，具有独立财产、自主经营、自负盈亏的法律实体。公司制企业的基本特征，可以概括为以下3个方面。

① 从资本形式看，采用股份形式。

② 从产权制度看，采取法人产权制度。公司作为享有民事权利和承担民事责任的法人，有权独立支配由出资人投资形成的全部法人财产。

③ 从领导制度看，股份公司一般有股东大会、董事会、监事会、公司经理等层次，以体现出资人对公司财产的所有权与企业经营权的分离。

我国《公司法》所称公司是指依照本法在中国境内设立的有限责任公司和股份有限公司。

（1）有限责任公司

有限责任公司是指由股东共同出资，每个股东以其所认缴的出资额对公司承担有限责任，公司以其全部资产对其债务承担责任的企业法人。有限责任公司的主要特征是：股东出资达到法定资本最低限额；公司向股东签发出资证明，不发行股票；严格限制公司股份的转让；限制股东人数，我国规定为 50 个以下股东；股东以其出资比例享受权利，承担义务。

（2）股份有限公司

股份有限公司是指全部注册资本由等额股份构成并通过发行股票筹集资本的企业法人。股份有限公司的主要特征如下。

① 公司资本划分为等额股份并采用股票形式向出资人发放。

② 同期发行的股票，每股发行条件和价格是相同的，同股同权，同股同利。

③ 股东可依法转让其所持有的股份。

④ 股东不得少于规定人数，但没有上限限制。

⑤ 股东以其所持股份为限对公司债务承担有限责任。

企业组织形式的差异导致财务管理组织形式的差异。在独资和合伙企业组织形式下，企业的所有权和经营权合二为一，或者说企业的所有者同时也是企业的经营者，他们享有财务管理的所有权利，所有者必须承担一切财务风险或责任。而采取公司制组织形式的企业，所有权主体和经营权主体就发生分离，公司的财务管理权也相应分属于所有者和经营者两个方面。通常情况下，企业所有者并不直接参与企业生产经营活动或进行常规决策，通常参与和作出重大的财务决策（如有关所有者权益变动的财务决策）；而经营者则是对企业的日常生产经营活动作出决策。

1.7.2 企业财务分权分层管理

财务治理结构从根本上说是为了规范董事会、高级经理人员和财务经理的行为，使企业的财务活动更理性化，更符合股东的利益。

1. "两权三层"管理的基本框架

所有者和经营者是针对同一个理财主体而言的。对于同一个理财主体来说，在所有权和经营权分离的条件下，所有者和经营者对企业财务管理具有不同的权限，应进行分权管理。这就是所谓的"两权"。

所有者财务管理和经营者财务管理，按照公司的组织结构，分别由股东大会（股东会）、董事会、经理层（包括财务经理）实施，进行财务分层管理。这就是所谓的"三层"。

"两权三层"的企业财务治理结构如图 1-3 所示。

图 1-3　企业财务治理结构

2. "两权三层"管理的内容

所有者财务管理的对象是所有者投入企业的资本，而经营者管理的对象则是企业的法人财产。

（1）出资者财务①

出资者的财务决策权是通过股东大会（或股东会）行使的。股东大会（或股东会）通常着眼于企业的长远发展和主要目标，实施重大的财务战略，进行重大的财务决策。股东大会（或股东会）行使下列职权。

① 决定公司的经营方针和投资计划。
② 选举和更换非由职工代表担任的董事、监事，决定有关董事、监事的报酬事项。
③ 审议批准董事会的报告。
④ 审议批准监事会或者监事会的报告。
⑤ 审议批准公司的年度财务预算方案、决算方案。
⑥ 审议批准公司的利润分配方案或弥补亏损方案。
⑦ 对公司增加或者减少注册资本作出决议。
⑧ 对发行公司债券作出决议。
⑨ 对公司合并、分立、解散、清算或者变更公司形式作出决议。
⑩ 修改公司章程。
⑪ 公司章程规定的其他职权。

（2）经营者财务②

经营者包括董事会成员和总经理阶层，是财务决策与财务管理活动的主体。董事会着眼于企业的中、长期发展，实施具体财务战略，进行财务决策。董事会对股东会负责，行使下列职权。

① 召集股东会会议，并向股东会报告工作。
② 执行股东会的决议。
③ 决定公司的经营计划和投资方案。
④ 制订公司的年度财务预算方案、决算方案。
⑤ 制订公司的利润分配方案或弥补亏损方案。
⑥ 制订公司增加或者减少注册资本以及发行公司债券的方案。
⑦ 制订公司合并、分立、解散或者变更公司形式的方案。
⑧ 决定公司内部管理机构的设置。
⑨ 决定聘任或者解聘公司经理及其报酬事项，并根据经理的提名决定聘任或者解聘公司副经理、财务负责人及其报酬事项。
⑩ 制定公司的基本管理制度。
⑪ 公司章程规定的其他职权。

（3）财务经理财务③

财务经理受聘于董事会，注重日常财务管理。财务经理对董事会负责，行使下列职权。

① 主持公司的生产经营管理工作，组织实施董事会决议。

---

① 如果你是企业的出资者、是真正的股东，而不是一般所说的"股民"，那么你就应当真正行使做主人、做"东"的权力，这就是出资人财务的核心思想。
② 如果你是被东家雇来管家的，那你的职责就是尽心尽力地管好这个家。这就是经营者的财务职责和财务意识。
③ 财务经理的主要职责是把钱管好。

② 组织实施公司年度经营计划和投资方案。
③ 拟订公司内部管理机构设置方案。
④ 拟订公司的基本管理制度。
⑤ 制定公司的具体规章。
⑥ 提请聘任或者解聘公司副经理、财务负责人。
⑦ 决定聘任或者解聘除应由董事会决定聘任或者解聘以外的负责管理人员。
⑧ 董事会授予的其他职权。

1.7.3 企业财务法规制度

企业内部的财务管理体制，是通过有关的财务法规制度规定的。财务法规制度根据党和国家有关方针、政策的要求，为适应财务活动的实际需要，合理安排企业同各方面的财务关系，确定各有关部门财务管理的职责和权限。目前，企业财务法规制度主要包括以下3个层次。

（1）企业财务通则

企业财务通则是各类企业进行财务活动、实施财务管理必须遵循的基本规范，对其他财务法规制度起统率作用。其结构框架既反映了资金筹集、投放、耗费、收入、分配等整个资金运动过程，又体现了资产、负债、所有者权益、收入、费用、利润等六项会计要素，兼顾了中国的实践经验和国际的习惯做法。

（2）分行业企业财务制度

按照《企业财务通则》的规定，制定分行业的企业财务制度，以适应不同行业的特点和管理要求。目前已经制定的有工业、运输、邮电通信、农业、商品流通、金融保险、旅游和饮食服务、施工和房地产开发、电影和新闻出版、对外经济合作等行业财务制度。

（3）企业内部财务管理办法

企业有权按照企业财务通则和行业财务制度，根据企业内部管理的需要，制定内部财务管理办法，以便建立企业财务管理的秩序，增加经济收益，避免损失浪费，增强企业活力。这是企业作为独立的商品生产经营者的需要，是转换企业经营机制的需要。

一般情况下，企业内部财务管理制度需要作出以下规范。
① 明确管理主体的权责分工。
② 明确企业内部财务管理基础工作的各项要求。
③ 制定资金筹集的管理制度。
④ 制定资产管理制度。
⑤ 制定对外投资管理制度。
⑥ 制定成本、费用管理制度。
⑦ 制定收入及利润分配管理制度。
⑧ 制定财务信息报告制度和财务信息披露制度。
⑨ 制定财务危机预警机制。
⑩ 建立健全企业内部监督制度。

我国目前已经建立了以企业财务通则为统帅、以行业财务制度为中介、以企业内部财务管理办法为基础的财务法规制度体系。这一财务法规制度体系的建立，标志着我国企业财务法规制度建设进入了与社会主义市场经济基本相适应的崭新阶段。

复习思考题

1. 什么是企业财务？什么是企业财务管理？
2. 什么是企业财务活动？企业的财务活动有哪些？
3. 什么是企业财务关系？企业的财务关系有哪些？
4. 什么是财务管理假设？财务管理假设包括哪些？
5. 什么是财务管理原则？财务管理原则包括哪些？
6. 什么是财务管理目标？财务管理目标包括哪些？
7. 什么是财务管理环境？财务管理环境包括哪些？
8. "两权三层"财务管理体制的内容是什么？
9. 企业较为合理的财务管理目标是什么？为什么？
10. 企业外部环境与企业财务有何关系？企业财务活动受哪些外部环境因素的影响？

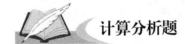

计算分析题

1. 文欣的叔叔有一家很大的机床生产企业，公司发展规模在最近几年迅速扩张，而文欣的叔叔原先是从事技术管理出身的，对公司财务管理不是很了解。因此他邀请文欣在暑假期间给他担任两个月的财务顾问。文欣正在大学学习财务管理，他很感谢叔叔对他的信任，也决定帮助叔叔搞好管理。

在两个星期的调查了解后，文欣发现企业存在如下问题：

① 产品质量控制不严格，许多工序没有质量检验程序。
② 产品销售价格不均衡，存在不同客户不同价格的现象。
③ 采购存货无计划，导致某些存货积压时间很长。
④ 员工工作积极性不高，存在"磨洋工"现象。
⑤ 企业没有现金收支计划，资金周转困难时就靠银行贷款解决，企业无法预计未来可能出现的现金盈亏。

要求：
（1）上述问题中，哪些属于财务管理问题？
（2）如果你是文欣，你应该从哪些方面帮助解决上述问题？

2. 甲公司是一个高科技企业，现在有一个很好的投资项目，预计每年的投资回报率可达到60%，但需求的资金量很高，约为1 000万元。甲公司现有股份1 000万股，其中李先生是控股股东，拥有50%的股份。为了筹集资金，李先生咨询了财务部门的意见。财务主管周先生认为，企业可以有两种筹资方式：

① 向银行借款，年利率2%，5年归还，但有一定的难度，因为本公司还是一个刚成

立的企业,与金融机构打交道不多。

② 向外部融资增发股票,每股 2 元,发行 500 万股。

要求:如果你是李先生,你应该选择什么方式筹集资金?

3. 未来电子技术公司(FET)最近推出了一套适用于金融机构、大公司和政府部门处理和存储,包括税收、自动转账等财务数据的电子微型系统软件。这项产品的技术开发权属于 FET,但预计其竞争者很快也能推出类似产品。因而,FET 比原计划提早将该产品推向了市场。事实上,之前的实验室测试阶段的工作还没有完成。现在,测试已经完成了,而且结果显示该数据系统在有些数据的恢复和处理上存在缺陷。当然,测试结果不是定论性的,但是根据 FET 的说法,即使新的测试结果证实确实存在这种缺陷,也没什么大问题,因为这种情况出现的概率只有亿分之一。现在还不知道这一缺陷会对财务处理产生什么后果。

假设你是 FET 的一位高级管理人员,你的薪酬与公司业绩直接挂钩。你非常清楚,如果 FET 召回缺陷产品,必然会导致股票价格的下跌,你的薪酬也会下降;更要命的是,你刚刚根据对未来几年的收入预期买了一栋昂贵的房子。如果 FET 新系统项目不成功,就无法付款。

要求:

(1)作为一名高级管理人员,你觉得应该作出什么样的决策?

(2)你是否建议公司召回问题产品,直到测试结果满意为止?

(3)你是否有其他解决办法?

第 2 章

财务管理价值观念

本章内容提要
- 货币时间价值的概念；
- 一次性收付款项终值和现值的计算；
- 普通年金、即付年金、递延年金和永续年金终值及现值的计算；
- 年偿债基金和年资本回收额的计算；
- 折现率、期间和利率推算；
- 投资风险价值的概念及其计算。

2.1 货币时间价值

为了有效地组织财务管理工作，实现财务管理目标，财务管理人员必须树立一些基本的财务管理观念。货币时间价值和投资风险价值是财务管理的两个基础价值观念。无论是资金筹集、资金投放还是收益分配，都必须考虑货币时间价值和投资风险价值问题。

2.1.1 货币时间价值的概念

货币时间价值是指在没有风险和没有通货膨胀的情况下，货币经历一定时间的投资和再投资所增加的价值，也称为资金时间价值。在市场经济条件下，即使不存在通货膨胀，等量资金在不同时点上的价值量也是不相等的。

例如，若银行存款年利率为 10%，将今天的 1 元钱存入银行，一年以后就会是 1.10 元。即经过 1 年的时间，1 元钱发生了 0.10 元的增值，就有如下等式关系。

今天的 1 元钱价值＝一年后的 1.10 元钱价值

人们将资金在使用过程中随时间推移而发生增值的现象，称为资金具有时间价值的属性。在市场经济中，等量的资金在不同时点上的实际价值是不等的。资金在生产过程中每完成一次循环，就增加一定的数额，完成一次增值过程。资金的增加额和循环次数同方向变化，从而使资金发生增值。

货币时间价值可以用绝对数（如利息额）表示，也可以用相对数（如利息率）表示。

在实际理财工作中人们习惯用相对数表示货币时间价值。通常情况下,资金的时间价值相当于无风险和无通货膨胀条件下的社会平均资金利润率,这是利润平均化规律作用的结果。由于货币时间价值的计算方法与有关利息的计算方法相同,因而货币时间价值与利率容易混淆。财务管理活动总是或多或少地存在风险,通货膨胀也是经济活动中不可避免的现象,因此利率不仅包含货币时间价值,也包含风险价值和通货膨胀因素。一般情况下,如果通货膨胀率很低,可以用几乎没有风险的短期政府债券利率表示货币时间价值。

商品经济的高度发展和借贷关系的普遍存在是货币时间价值存在的前提条件。随着我国商品经济的发展和金融市场的完善,我国有了货币时间价值存在的客观基础,并且有充分运用它的迫切性。长期以来不重视货币时间价值的存在,给我国的经济工作带来很大的损失。因此应把货币时间价值引入财务管理,并在整个资金管理过程中充分考虑这一因素,是提高财务管理水平、搞好各项预测决策的有效保证。

2.1.2 一次性收付款项终值与现值的计算

在某一特定时点上一次性支付(或收取),经过一段时间后再相应的一次性收取(或支付)的款项,即为一次性收付款项。例如,存入银行 1 000 元,年利率为 10%,经过 3 年后一次性取出本利和 1 331 元,这里所涉及的收付款项就属于一次性收付款项。

终值(future value),又称将来值、本利和,是现在一定量现金在未来某一时点上的价值。在上例中,3 年后的本利和 1 331 元即为 3 年后的将来值,称为终值。

现值(present value),也称本金,是指未来某一时点上的一定量现金折合到现在的价值。如上例中 3 年后的 1 331 元折合到现在的价值为 1 000 元,这 1 000 元即为现值。

终值和现值的计算涉及利息计算方式的选择,目前有单利和复利两种计算方式。在单利方式下,只是本金计算利息,所生利息不加入本金计算利息。在复利方式下,不仅本金要计算利息,利息也要计算利息。财务管理中一般用复利方式计算终值与现值,也把一次性收付款项的终值和现值称为复利终值和复利现值。

1. 单利终值和现值的计算

为加深对复利计算的理解,先介绍单利的有关计算。按照单利的计算方法,利息的计算公式为

$$I = P \times i \times n$$

式中:I——利息;

P——现值;

i——利率;

n——计息期数。

除非特别指明,计算时给出的利率均为年利率,对于不足一年的利息,以一年等于 360 天计算。

【例 2-1】小王持有一张 90 天的定期存单,面额 3 000 元,存款利率 8%。试计算这张存单到期的利息(单利计算)。

解 这张存单到期的利息计算如下。

$$I = \frac{3\,000 \times 8\% \times 90}{360} = 60\,(元)$$

单利终值的计算公式如下。

$$F = P + P \times i \times n = P \times (1 + i \times n)$$

式中：F——终值。

已知终值也可以求出现值，这个过程称为折现。它与终值的计算是互逆的，单利现值的计算公式如下。

$$P = \frac{F}{1 + i \times n}$$

【例 2-2】小燕希望 5 年后取得 14 000 元的资金，用于支付一笔款项。已知目前银行存款利率为 8%，小燕现在应该存入多少钱（单利计算）？

解 小燕现在应存入资金的计算如下。

$$P = \frac{14\,000}{1 + 5 \times 8\%} = 10\,000\,(元)$$

2. 复利终值和现值的计算

（1）复利终值的计算

货币时间价值通常按复利计算。复利终值是一定量的本金按复利计算若干期后的本金和利息之和，简称本利和。复利终值的计算公式为

$$F = P \times (1 + i)^n$$

式中：F——终值；

P——现值；

i——利率；

n——计息期数。

其中，$(1+i)^n$ 称为"一次性收付款项终值系数"，简称"复利终值系数"，用符号（F/P, i, n）表示。如（F/P, 7%, 5）表示利率为 7%、5 期的复利终值系数。复利终值系数可以通过查阅"1 元复利终值表"获得。

"1 元复利终值表"的第一行是利率 i，第一列是计息期数 n，相应的 $(1+i)^n$ 在其纵横相交处。通过该表可以查出，（F/P, 7%, 5）=1.402 6，即在利率为 7% 的情况下，现在的 1 元和 5 年后的 1.402 6 元在经济上是等效的，据此可将现值换算成终值。

【例 2-3】某人在银行存入 5 年期定期存款 2 000 元，年利率为 7%。要求：计算其 5 年后的本利和（复利计算）。

解 5 年后的本利和计算如下。

$$F = 2\,000 \times (1 + 7\%)^5 = 2\,805.2\,(元)$$

（2）复利现值的计算

复利现值是指未来期间某一特定时间收到或者付出的一笔款项,按折现率(i)所计算的现在时点价值。复利现值的计算公式为

$$P=F\times(1+i)^{-n}$$

其中,$(1+i)^{-n}$通常称为"一次性收付款项现值系数",简称"复利现值系数",用符号(P/F, i, n)表示,可直接查阅"1元复利现值表"得到。由此上式也可写成

$$P=F\times(P/F, i, n)$$

【例2-4】某项目投资4年后可得收益40 000元,在年利率6%的情况下,计算其现在的价值。

解 该项目投资现在的价值计算如下。

$$P=40\ 000\times(P/F, 6\%, 4)=31\ 684（元）$$

需要说明的是,在复利终值、复利现值的计算中,现值可以泛指资金在某个特定时间段的"前一时点"（而不一定真的是"现在"）的价值,终值可以泛指资金在该时间段的"后一时点"的价值;可以按照要求将该时间段划分为若干个计息期,使用相应的利息率和复利计息方法,将某个时点的资金计算得出该笔资金相当于其他时点的价值。

2.1.3 普通年金终值和现值的计算

在经济生活中,除一次性收付款项之外,还存在一定时期内多次收付的款项,即系列收付款项。如果每次收付款项的金额相等,这样的系列收付款项称为年金。年金是指一定时期内每次等额收付的系列款项,通常用A表示。

生活中属于年金的款项很多,如保险费、养老金、折旧、租金、零存整取和整存零取的储蓄等都属于年金问题。

年金按其每次收付发生的时间不同,可分为普通年金、即付年金、递延年金、永续年金等。

1. 普通年金终值的计算

普通年金是年金的基本形式,是指一定时期每期期末等额的系列收付款项,又称后付年金,简称年金。普通年金终值犹如零存整取的本利和,它是一定时期内每期期末收付款项的复利终值之和。

根据复利终值的计算公式,年金终值的计算公式可推导如下。

$$F_A=A\times(1+i)^0+A\times(1+i)^1+A\times(1+i)^2+\cdots+A\times(1+i)^{n-2}+A\times(1+i)^{n-1}$$

由上式得出

$$F_A=A\times\frac{(1+i)^n-1}{i}$$

式中:F_A——年金终值;

A——年金;

i——利率；

n——计息期数。

其中，$\dfrac{(1+i)^n-1}{i}$ 称为"年金终值系数"，记为 $(F/A,\ i,\ n)$，可直接查阅"1元年金终值表"得到，上式普通年金终值的计算公式也可表示如下。

$$F_A = A \times (F/A,\ i,\ n)$$

【例 2-5】小王每年年末存入银行 1 000 元，连续存 5 年，年利率为 10%，则 5 年后可以得到多少钱？

解 5 年后可得款项计算如下。

$$F = 1\ 000 \times \dfrac{(1+10\%)^5-1}{10\%} = 1\ 000 \times 6.105\ 1 = 6\ 105.1（元）$$

2. 年偿债基金的计算

年偿债基金是指为了在约定的未来某一时点清偿某笔债务或积累一定数额的资金而必须分次等额形成的存款准备金。由于每次形成的等额准备金类似年金存款，因而可以按复利计算利息，所以未来某笔债务实际上是年金终值，每年提取的年偿债基金等于年金 A，即偿债基金的计算实际上是年金终值的逆运算。年偿债基金的计算公式如下。

$$A = F_A \times \dfrac{i}{(1+i)^n-1}$$

其中，$\dfrac{i}{(1+i)^n-1}$ 称为"偿债基金系数"，记为 $(A/F,\ i,\ n)$，可直接查阅"偿债基金系数表"或通过年金终值系数的倒数推算得出。上述年偿债基金的计算公式也可以表示如下。

$$A = F_A \times (A/F,\ i,\ n)$$

【例 2-6】某企业有一笔 4 年后到期的借款，需要偿还 200 万元。若银行存款年利率为 10%，计算该企业为偿还该笔借款应建立多少年偿债基金。

解 该企业为偿还该笔借款应建立的偿债基金计算如下。

$$A = 200 \times \dfrac{10\%}{(1+10\%)^4-1} = 200 \times 0.215\ 4 = 43.08（万元）$$

3. 普通年金现值的计算

普通年金现值是指一定时期内每期期末等额收付款项的复利现值之和。年金现值的计算公式为

$$P_A = A \times (1+i)^{-1} + A \times (1+i)^{-2} + \cdots + A \times (1+i)^{-(n-1)} + A \times (1+i)^{-n}$$

由上式可得

$$P_A = A \times \frac{1-(1+i)^{-n}}{i}$$

式中：P_A——年金现值。

其中，$\frac{1-(1+i)^{-n}}{i}$ 称为"年金现值系数"，记为 $(P/A, i, n)$，可直接查阅"1 元年金现值表"得到。上述公式也可以表示为

$$P_A = A \times (P/A, i, n)$$

【例 2-7】王先生每年末支付租金 1 000 元，为期 5 年，若年利率为 10%，试计算王先生所付租金的现值。

解 王先生所付租金的现值计算如下。

$$P_A = 1\,000 \times (P/A, 10\%, 5) = 1\,000 \times 3.790\,8 = 3\,790.8（元）$$

4. 年资本回收额的计算

年资本回收额是指在给定的年限内等额回收初始投入资本或清偿所欠债务的价值指标。年资本回收额的计算是年金现值的逆运算，其计算公式为

$$A = P_A \times \frac{i}{1-(1+i)^{-n}}$$

其中，$\frac{i}{1-(1+i)^{-n}}$ 称为"资本回收系数"，记为 $(A/P, i, n)$，可直接查阅"资本回收系数表"或通过年金现值系数的倒数计算得到。上述年资本回收额的计算也可表示如下。

$$A = P_A \times (A/P, i, n)$$

【例 2-8】某企业现在借得 2 000 万元贷款，在 10 年内以年利率 12% 等额偿还，则每年应偿还多少？

解 该企业每年应偿还的贷款数额计算如下。

$$A = 2\,000 \times 12\%/[1-(1+12\%)^{-10}] = 2\,000 \times 0.177\,0 = 354（万元）$$

2.1.4 即付年金终值与现值的计算

即付年金是指一定时期内每期期初等额收付的系列款项，又称先付年金、预付年金。它与普通年金的区别仅在于收付款时间不同，普通年金发生在期末，而即付年金发生在期初。

n 期即付年金与 n 期普通年金的关系如图 2-1 所示。

1. 即付年金终值的计算

即付年金终值是各期收付款项的复利终值之和，是其最后一期期末时的本利和。

由图 2-1 可以看出，n 期即付年金与 n 期普通年金的收付款次数相同，但由于其收付款时间不同，n 期即付年金终值比 n 期普通年金终值多计算一期利息。因此，在 n 期普通年金终值的基础上乘 $(1+i)$ 就是 n 期即付年金终值，其计算公式如下。

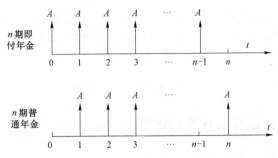

图 2-1 即付年金与普通年金关系示意图

$$F_A = A \times \frac{(1+i)^n - 1}{i} \times (1+i) = A \times \left[\frac{(1+i)^{n+1} - 1}{i} - 1\right]$$

其中，$\left[\dfrac{(1+i)^{n+1} - 1}{i} - 1\right]$ 称为"即付年金终值系数"，它是在普通年金终值系数的基础上，期数加 1、系数减 1 得到的结果，通常记为 $[(F/A, i, n+1) - 1]$。通过查阅"1 元年金终值表"得到 $(n+1)$ 期的值，然后减去 1 便可得到对应的即付年金系数值。上述即付年金终值的计算公式也可表示如下。

$$F_A = A \times [(F/A, i, n+1) - 1]$$

【例 2-9】某公司拟建立一项基金，连续 5 年每年年初投入 100 000 元，利率为 10%，则该公司 5 年后基金的本利和是多少？

解　该公司 5 年后基金的本利和计算如下。

$$\begin{aligned}F_A &= A \times [(F/A, i, n+1) - 1] \\ &= 100\,000 \times [(F/A, 10\%, 5+1) - 1] \\ &= 100\,000 \times (7.715\,6 - 1) \\ &= 671\,560\,（元）\end{aligned}$$

2. 即付年金现值的计算

n 期即付年金现值与 n 期普通年金现值的期限相同，但由于其收付款时间不同，n 期即付年金现值比 n 期普通年金现值少折现一期。因此，在 n 期普通年金现值的基础上乘 $(1+i)$，便可求出 n 期即付年金现值。其计算公式如下。

$$P_A = A \times \left[\frac{1-(1+i)^{-n}}{i}\right] \times (1+i)$$

或

$$P_A = A \times \left[\frac{1-(1+i)^{-(n-1)}}{i} + 1\right]$$

其中，$\left[\dfrac{1-(1+i)^{-(n-1)}}{i} + 1\right]$ 称为"即付年金现值系数"，它是在普通年金现值系数的基础上，期数减 1、系数加 1 所得的结果，通常表示为$[(P/A, i, n-1)+1]$。通过查阅"1 元年金现值表"得（$n-1$）期的值，然后加 1，可得出对应的即付年金现值系数值。上述即付年金现值的计算公式可表示如下。

$$P_A = A \times [(P/A, i, n-1)+1]$$

2.1.5 递延年金和永续年金现值的计算

1. 递延年金现值的计算

递延年金第一次收付款发生时间与第一期无关，而是隔若干期（假设为 m 期，$m \geqslant 1$）后才开始发生的系列等额收付款项。它是普通年金的特殊形式，凡不是从第一期开始的年金都是递延年金。递延年金和普通年金的关系可分别用图 2-2 和图 2-3 表示。

递延年金现值可按以下公式计算。

$$P_A = A \times \left[\frac{1-(1+i)^{-n}}{i} - \frac{1-(1+i)^{-m}}{i} \right] = A \times [(P/A, i, n)-(P/A, i, m)] \quad (2-1)$$

或

$$P_A = A \times \frac{1-(1+i)^{-(n-m)}}{i} \times (1+i)^{-m} = A \times [(P/A, i, n-m) \times (P/F, i, m)] \quad (2-2)$$

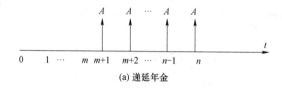

(a) 递延年金

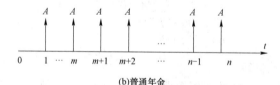

(b) 普通年金

图 2-2 递延年金与普通年金关系示意图

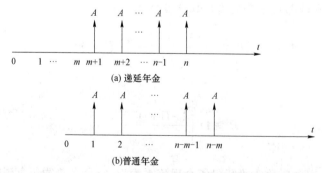

图 2-3 递延年金与普通年金关系示意图

式（2-1）是先计算出 n 期普通年金现值，然后减去前 m 期普通年金现值，即得递延年金现值；式（2-2）是先将此递延年金视为（$n-m$）期普通年金，求出在第 m 期的现值，然后再折算为第零期的现值。

【例 2-10】某人在年初存入一笔钱，存满 4 年后每年末取出 100 元，至第 7 年年末取完，银行存款利率为 10%，计算此人应在年初一次存入多少钱？

解 此人应在年初一次存入的资金计算如下。

$$P = A \times [(P/A, i, n) - (P/A, i, m)]$$
$$= 100 \times [(P/A, 10\%, 7) - (P/A, i, 3)]$$
$$= 100 \times (4.868\ 4 - 2.486\ 9)$$
$$= 238.1（元）$$

或

$$P = A \times (P/A, i, n-m) \times (P/F, i, m)$$
$$= 100 \times (P/A, 10\%, 4) \times (P/F, 10\%, 3)$$
$$= 100 \times 3.169\ 9 \times 0.751\ 3$$
$$= 238.15（元）$$

2. 永续年金现值的计算

永续年金是指无限期等额收付的年金。永续年金可视为普通年金的特殊形式，即期限趋于无穷的普通年金。如存本取息就是永续年金的典型例子。

由于永续年金持续期限无限，无终止时间，因此没有终值，只有现值。可通过普通年金现值计算推导出永续年金现值的计算公式。

$$P = A \times \sum_{t=1}^{\infty} \frac{1}{(1+i)^t} = \frac{A}{i}$$

【例 2-11】某高校拟建立一项永久性的奖学金，每年计划颁发 20 000 元奖学金，若利率为 10%，试计算该学校现在应存入银行多少钱？

解 该学校现在应存入银行的资金计算如下。

$$P = \frac{A}{i} = 20\ 000 / 10\% = 200\ 000（元）$$

2.1.6 折现率、期间和利率的推算

1. 折现率的推算

对于一次性收付款项，根据 n 期复利终值（或现值）的计算公式可得折现率的计算公式为

$$i = (F/P)^{1/n} - 1$$

若已知 F、P、n，不用查表就可直接计算出一次性收付款项的折现率 i。

永续年金折现率 i 的计算也很方便。若 P、A 已知，根据公式 $P = A/i$，变形即得 i 的计算公式为

$$i=A/P$$

普通年金折现率的推算无法直接套用公式,而必须利用有关的系数表,有时还要牵涉到内插法,现介绍如下。

根据普通年金终值 F 和普通年金现值 P 的计算公式,可推算出年金终值系数(F/A,i,n)和年金现值系数(P/A,i,n)的公式为

$$(F/A,i,n)=F/A$$
$$(P/A,i,n)=P/A$$

根据已知的 F,A 和 n,可求出 F/A 的值。通过查年金终值系数表,可能在表中找到正好等于 F/A 的系数值,只要读出该系数所在列的 i 值,即为所求 i。如果在表中不能找出正好等于 F/A 或 P/A 的相应的系数值,也就不能直接得出 i 值,此时需要运用内插法计算。现以年金现值系数表为例介绍 i 的计算方法。

① 计算出 P/A 的值,设 $P/A=\alpha$。

② 查普通年金现值系数表。沿已知 n 所在的行横向查找,若恰好能找到某一系数等于 α,则该系数值所在的行相对应的利率便为所求的 i 值。

③ 若无法找到恰好等于 α 的系数值,则应在表中 n 行上找到与 α 最接近的左、右临界系数值,设为 β_1、β_2($\beta_1>\alpha>\beta_2$)。读出 β_1、β_2 所对应的临界利率 i_1、i_2。

④ 在内插法下,假定利率 i 同相关的系数在较小范围内线性相关,因而可根据临界系数 β_1、β_2 和临界利率 i_1、i_2 计算出 i,其公式为

$$i=i_1+\frac{\beta_1-\alpha}{\beta_1-\beta_2}(i_2-i_1)$$

【例 2-12】周先生于第一年年初借款 20 000 元,每年年末还本付息额均为 4 000 元,连续 10 年还清。则周先生借款利率是多少?

解 由题意知 $P=20\ 000$ 元,$A=4\ 000$ 元,$n=10$ 年,则

$$P/A=20\ 000/4\ 000=5=\alpha$$

得出

$$\alpha=5=(P/A,i,10)$$

查 $n=10$ 的年金现值系数表。在 $n=10$ 一行上无法找出正好为 α($\alpha=5$)的系数值,于是找大于 5 和小于 5 的临界系数值,分别为 $\beta_1=5.018\ 8>5$,$\beta_2=4.833\ 2<5$。同时读出临界系数值利率为 $i_1=15\%$,$i_2=16\%$,则

$$i=i_1+\frac{\beta_1-\alpha}{\beta_1-\beta_2}(i_2-i_1)=15\%+\left[\frac{5.018\ 8-5}{5.018\ 8-4.833\ 2}\right]\times(16\%-15\%)=15.10\%$$

对于一次性收付款项,若应用查表法求 i,可先计算出 F/A 的值,设其为 α,然后查复利终值系数表;或先计算出 P/A 的值,设其为 α,然后查复利现值系数表。

对于即付年金利率的推算，同样可按以上方法进行：先求出 F/A 的值，令 $\alpha=F/A+1$，然后沿 $(n+1)$ 所在行在普通年金终值系数表中查找，若正好找到等于 α 的系数值，则该系数值所在列对应的利率便为所求的 i，否则便查找临界系数值和对应的临界利率，应用内插法求出利率 i。

2. 期间的推算

期间的推算原理和步骤与折现率 i 的推算类似。这里以普通年金为例，说明在 P，A，i 已知的情况下，推算期间 n 的基本步骤。

① 计算出 P/A 的值，设 $P/A=\alpha$。

② 查普通年金现值系数表。沿已知 i 所在的行纵向查找，若恰好能找到某一系数等于 α，则该系数值所在的行对应的 n 值便为所求的期间值。

③ 若无法找到恰好等于 α 的系数值，则在该列查找最接近 α 值的上、下临界系数值 β_1，β_2 及对应的临界期间 n_1，n_2，然后应用内插法求 n。其公式为

$$n=n_1+\frac{\beta_1-\alpha}{\beta_1-\beta_2}(n_2-n_1)$$

【**例 2-13**】某企业更新一台设备，新设备比旧设备价格高出 2 000 元，但每年可节约成本 500 元。若利率为 10%，则该设备应使用多少年比较合算？

解 由题意知 $P=2\ 000$ 元，$A=500$ 元，$i=10\%$，则

$$(P/A, 10\%, n)=P/A=2\ 000/500=4=\alpha$$

查普通年金现值系数表，在 $i=10\%$ 的列上纵向查找，无法找到正好为 α（$\alpha=4$）的系数值，于是查找大于 4 和小于 4 的临界系数值，分别为 $\beta_1=4.355\ 3>4$，$\beta_2=3.790\ 8<4$，对应的临界期间为 $n_1=6$，$n_2=5$，则

$$n=n_1+\frac{\beta_1-\alpha}{\beta_1-\beta_2}(n_2-n_1)=6+\left[\frac{4.355\ 3-4}{4.355\ 3-3.790\ 8}\right]\times(5-6)\approx 5.4（年）$$

3. 名义利率与实际利率的换算

一般在计算中假定利率为年利率，每年复利一次。实际中，复利的计息期间不一定是一年，可能是季度、月或日。当每年复利次数超过一次时，这样的年利率称为名义利率，而每年只复利一次的利率才是实际利率。对于一年内多次复利的情况，可用以下两种方法计算货币时间价值。

第一种方法是按下列公式将名义利率换算成实际利率，然后按实际利率计算货币时间价值。

$$i=\left(1+\frac{r}{m}\right)^m-1$$

式中：i——实际利率；

r——名义利率；

m——每年复利次数。

【例2-14】 某企业在年初存入10万元,当年利率为12%,按月复利计息,存款期限2年。计算该笔业务的实际利率和终值。

解 该笔业务的实际利率和终值计算如下。

$$i=(1+r/m)^m-1=(1+12\%/12)^{12}-1=12.68\%$$
$$F=10\times(1+i)^2=10\times(1+12.68\%)^2=12.2697$$

第二种方法是不计算实际利率,而是调整有关指标,即利率变为 r/m,期数变为 $m\times n$。

【例2-15】 利用例2-14中有关数据,用第二种方法计算如下。

$$F=P(1+r/m)^{m\cdot n}=10\times(1+12\%/12)^{12\times 2}=12.2697$$

2.2 投资风险价值

2.2.1 风险的概念

风险是指预期结果的不确定性。当风险存在时,人们只能事先估计到采取某种行动可能导致的结果,以及每种结果出现的可能性,而真正的结果究竟会怎样,不能事先确定。

与风险相关的另一个概念是不确定性,即人们事先只知道某种行动可能产生的各种结果,但不知道它们出现的概率,或者两者都不知道,只能作粗略的估计。例如企业试制新产品,事先可能只知道有试制成功或失败两种可能性,但不知道这两种结果出现的可能性大小。又如购买股票,投资者事实上不可能事先确定所有可能达到的报酬率及其出现的概率。西方发达国家通常把不确定性视为风险加以计量,以便进行定量分析。在实际中,说到风险时,可能指的是确定意义上的风险,但更可能指的是不确定性,对两者不作区分。

总之,某一行动的结果具有多种可能而不肯定,就认为有风险;反之,若某一行动的结果很肯定,就认为没有风险。从财务管理角度看,风险就是企业在各项财务活动过程中,由于各种难以预料或无法控制的因素作用,使企业的实际收益与预计收益发生背离,从而有蒙受经济损失的可能性。由于人们普遍对风险的反感心理,多将风险错误地理解为损失。事实上,风险不仅能带来超出预期的损失,呈现其不利的一面,而且还可能带来超出预期的收益,呈现其有利的一面。

2.2.2 非系统风险和系统风险

非系统风险,又称公司特有风险、可分散风险,是指由于某种特定原因对某特定资产收益造成影响的可能性,是特定企业或特定行业所特有的、可以通过资产组合分散掉的风险。

公司特有风险按风险形成原因可分为经营风险和财务风险。经营风险是指因生产经营方面的原因给企业目标带来不确定的可能性,如由于材料供应地政治经济情况不稳定而引发的材料供应方面的风险;生产组织不合理而带来的生产方面的风险等。财务风险又称为筹资风险,是指由于举债而给企业目标带来的可能影响。企业举债经营,全部资金中除自有资金外还有一部分借入资金，借入资金一方面会对自有资金的获利能力造成影响；另一方面，借入资金需要还本付息，一旦无力偿还到期债务，企业便会陷入财务困境甚至破产。当企业息税前利润率高于借入资金利息率时，使用借入资金获得的利润除了补偿利息外还有剩余，因而使自有资金利润率提高；反之，当企业息税前利润率低于借入资金利息率时，使用借入资金获得的利润还不够支付利息，需动用自有资金的一部分利润支付利息，从而使自有资金利润率大幅度降低。

非系统风险是可以通过资产的多样性和资产个数的增加得到分散的，但应当注意资产数目与风险分散的效果并不成正比。当资产数目较低时，增加资产的个数，分散风险的效应比较明显，但资产数目增加到一定程度时，风险分散的效应就会逐渐减弱。经验表明，组合中不同行业的资产个数达到 20 个时，绝大多数风险均已被分散掉了。

系统性风险，又称市场风险、不可分散风险，是影响所有企业的、不能通过风险分散而消除的风险。这部分风险是由那些影响整个市场的风险因素所引起的。这些因素包括宏观经济形式的变动、国家经济政策的变化、税制改革、企业会计准则改革、世界能源状况、政治因素等。尽管所有企业都要受到系统风险的影响，但并不意味着系统风险对所有企业的影响都相同，有些企业受到的影响要小一些，有些要大一些。系统性风险的高低通常用 β 系数表示。

2.2.3 投资风险价值

1. 投资风险价值的概念

投资风险价值，又称投资风险收益、投资风险报酬，是指投资者由于冒着风险进行投资而获得的超过货币时间价值的额外收益。

投资风险价值可用风险收益额或风险收益率表示。投资者由于冒着风险进行投资而获得的超过货币时间价值的额外收益，称为风险收益额；风险收益额与风险投资额的比率，称为风险收益率。在实际工作中，通常以风险收益率计量投资风险价值。

在不考虑通货膨胀的情况下，投资收益率包括两部分：一是无风险投资收益率，即货币时间价值，可以用短期国债利率表示；二是风险投资收益率，即风险价值。它们的基本关系如下。

$$投资收益率＝无风险投资收益率＋风险投资收益率$$

即

$$K=R_F+R_R$$

式中：K——投资收益率；
R_F——无风险投资收益率；
R_R——风险投资收益率。

2. 投资风险价值的计算

风险投资收益率可以表述为风险价值系数（b）与标准离差率（V）的乘积，即

$$R_R=b\times V$$

则

$$K = R_F + b \times V$$

标准离差率（V）反映企业全部风险的大小，而风险价值系数（b）则取决于投资者对风险的偏好。越是想回避风险，所要求的风险收益越高，风险价值系数（b）的值就越大；反之，越是能容忍风险，对风险的承受能力较强，所要求的风险补偿就越小，风险价值系数（b）的值也就越小。

（1）标准离差率（V）的计算

第一步，根据概率分布计算预期收益。随机事件出现的可能性用百分数或小数表示的数值就是概率。把某一事件所有可能的结果都列出来，对每一结果给予一定的概率，便构成随机事件的概率分布。根据某一事件的概率分布，可以计算出预期收益。

【例2-16】某投资项目有甲、乙两个方案，投资额均为10 000元，其收益的概率分布如表2-1所示。

表2-1 投资项目收益的概率分布

经济情况	概率（p_i）	收益额（随机变量 x_i）	
		A方案	B方案
繁荣	p_1=0.20	x_1=2 000	x_1=3 500
一般	p_2=0.50	x_2=1 000	x_2=1 000
较差	p_3=0.30	x_3=500	x_3=-500

概率以 p_i 表示，n 表示可能出现结果的个数。任何概率都符合以下两个规则。

① $0 \leq p_i \leq 1$。

② $\sum_{i=1}^{n} p_i = 1$。

根据以上概率分布求出预期收益。预期收益是指某一投资方案未来收益的各种可能结果，以概率为权数计算出来的加权平均数。其计算公式为

$$\overline{E} = \sum_{i=1}^{n} x_i p_i$$

式中：$\overline{E}$——预期收益；

x_i——第 i 种可能结果收益；

p_i——第 i 种可能结果概率；

n——可能结果个数。

A方案：$\overline{E}_A = 2\,000 \times 0.2 + 1\,000 \times 0.5 + 500 \times 0.3 = 1\,050$（元）

B方案：$\overline{E}_B = 3\,500 \times 0.2 + 1\,000 \times 0.5 + (-500 \times 0.3) = 1\,050$（元）

可见，在预期收益相同的情况下，概率分布越集中，投资的风险程度越小；反之，风险程度越大。

第二步，计算投资项目的收益标准差。收益标准差是指项目方案各种可能值与期望值离差平方平均数的平方根，用来反映各种可能值的平均偏离程度。可以用求解偏差平方和的方法计算标准差 σ。

$$\sigma = \sqrt{\sum (x_i - \overline{E})^2 \times p_i}$$

代入上例数据求得

$$\sigma_A = \sqrt{(2\,000 - 1\,050)^2 \times 0.20 + (1\,000 - 1\,050)^2 \times 0.5 + (500 - 1\,050)^2 \times 0.3} = 522.02（元）$$

$$\sigma_B = \sqrt{(3\,500 - 1\,050)^2 \times 0.20 + (1\,000 - 1\,050)^2 \times 0.5 + (-500 - 1\,050)^2 \times 0.3} = 1\,386.54（元）$$

以上计算表明 B 方案的风险要高于 A 方案的风险。

可见，在收益期望值相同的情况下，收益标准差越大，项目投资风险越大；反之，风险越小。

第三步，计算投资项目的标准离差率（V）。标准离差是一个反映随机变量离散程度的指标，它是一个绝对值，只能比较预期收益率相同的投资项目的风险程度，而不能比较预期收益率不同的投资项目的风险程度，因此还要求得标准离差和预期收益的比值，即标准离差率（V）。标准离差率是指标准离差和预期收益的比率，其计算公式如下。

$$标准离差率（V） = \frac{标准离差（\sigma）}{期望值（\overline{E}）} \times 100\%$$

由以上数据可得

$$V_A = \frac{522.02}{1\,050} \times 100\% = 49.72\%$$

$$V_B = \frac{1\,386.54}{1\,050} \times 100\% = 132.05\%$$

可见，A 方案的标准离差率比 B 方案的标准离差率小，所以投资风险小。在期望值不同的情况下，标准离差率越大，投资风险越大；标准离差率越小，投资风险越小。

（2）风险价值系数（b）的确定

风险价值系数的大小，由投资者根据经验结合其他因素加以确定，通常有以下几种方法。

① 根据以往同类项目的有关数据资料确定。利用以往有关同类投资项目的投资收益率、无风险收益率、收益标准差等历史资料，可以求出风险价值系数。

② 在缺乏同类项目的历史资料的情况下，可由企业领导或有关专家根据主观经验确定。

③ 由国家有关部门组织专家确定。

承接上例中的数据，假设根据历史资料计算的风险价值系数为 8%，无风险投资收益率为 6%，则可计算出两方案的风险投资收益率和风险投资收益额分别为

A 方案风险投资收益率 $=V_A \times b = 49.72\% \times 8\% = 3.98\%$

B 方案风险投资收益率 $=V_B \times b = 132\% \times 8\% = 10.56\%$

A 方案风险投资收益额 $= \dfrac{1\,050 \times 3.98\%}{6\% + 3.98\%} = 419$（元）

B 方案风险投资收益额 $= \dfrac{1\,050 \times 10.56\%}{6\% + 10.56\%} = 669.56$（元）

投资决策的总原则：投资收益率越高越好，风险程度越低越好。具体来说有以下几种情况：

- 当两个投资方案的预期收益率基本相同时，选择标准离差率较低的方案；
- 当两个投资方案的标准离差率基本相同时，选择预期收益率较高的方案；
- 当 A 方案的预期收益率高于 B 方案，而其标准离差率低于 B 方案时，应选择 A 方案；
- 当 A 方案的预期收益率高于 B 方案，而其标准离差率也高于 B 方案时，选择取决于投资者对风险的态度。

应当指出，投资风险价值计算的结果具有一定的假定性，并不十分精确。研究投资风险价值原理，主要是在进行投资决策时，树立风险价值观念，认真权衡风险与收益的关系，选择有可能避免风险或分散风险，并获得较多收益的投资方案。

复习思考题

1. 什么是货币时间价值？货币时间价值的实质是什么？
2. 利率和复利期数相同时，复利终值和复利现值有什么关系？
3. 什么是年金？年金有哪些种类？如何计算？
4. 名义利率和实际利率有何区别和联系？
5. 什么是投资风险价值？投资风险价值与风险程度有何关系？

计算分析题

1. 某企业为了上一个新项目，向银行借款 1 200 万元，借款期 10 年，年利率为 8%，到期后企业还本付息共计多少万元？
2. 现在存入一笔钱，准备在以后 10 年中每年末得到 1 000 元，如果年利率为 10%，现在应存入多少钱？
3. 某企业租用一台设备，在 10 年内每年年初要支付租金 10 000 元，年利率为 6%，则这些租金的现值是多少？
4. 某企业向银行借入一笔钱，银行贷款年利率为 8%，银行规定前 10 年不用还本付息，但从第 11 年至第 20 年每年年末偿还本息 10 000 元，则这笔款项的现值为多少？

5. 某永续年金每年的收入为1 000元，利息率为10%，求该项年金的现值。
6. 假设银行年利率为6%，每季度计复利一次，则银行的实际利率为多少？
7. 甲公司2×16年年初对某项目投资120 000元，该项目2×18年年初完工投产；2×18年至2×20年各年末预期收益分别为20 000元、30 000元、50 000元；银行存款利率为10%。分别按单利和复利计算2×18年年初投资额的终值和2×18年年初各年预期收益的现值之和。
8. 丙公司2×16年和2×17年年初对C项目投资均为80 000元，该项目2×18年年初完工投产；2×18年至2×20年各年末预期收益均为40 000元；银行存款利率为8%。按年金计算2×18年年初投资额的终值和2×18年年初各年预期收益的现值。
9. 某人拟于下一年年初借款42 000元，从下一年年末开始，每年年末还本付息额均为6 000元，连续10年还清。假设预期最低借款利率为8%，问此人借款计划是否合理？
10. 某公司现有三种投资方案可供选择，三个方案的年报酬率及其概率的资料如表2-2所示。

表2-2　某公司投资方案

市场状况	发生概率	投资报酬率/%		
		甲	乙	丙
繁荣	0.3	40	50	60
一般	0.5	20	20	20
衰退	0.2	40	15	−30

假设甲方案风险报酬系数为8%，乙方案风险报酬系数为9%，丙方案风险报酬系数为10%，该公司作为稳健的投资者，欲选择期望报酬率较高且风险报酬率较低的方案，试通过计算做出选择。

第 3 章

财 务 预 算

本章内容提要
- 财务预算的概念、作用、编制步骤;
- 财务预算的编制方法;
- 现金预算和预计财务报表的编制。

3.1 财务预算概述

3.1.1 财务预算的概念

财务预算是一系列专门反映企业预算期内预计财务状况和经营成果,以及现金流量等价值指标的各种预算的总称,包括现金预算、预计资产负债表、预计利润表等。财务预算作为全面预算体系[①]中的最重要内容,可以从价值方面总括反映专门决策预算与经营预算的结果。

3.1.2 财务预算的作用

财务预算在企业经营管理和实现财务管理目标中发挥着重要作用,概括起来有以下4点。

(1) 财务预算明确了各部门的工作目标

财务预算是以经营预算和专门决策预算为基础编制的综合预算,全面、系统地规划了企业主要技术经济指标。因此,通过编制财务预算,不仅可以确定企业总目标,而且也明确了企业内部各部门的具体目标,如销售目标、生产目标、成本目标、费用目标、收入目标和利润目标等。各部门根据自身的具体目标安排各自的经济活动,设计达到各目标拟采取的方法和措施。如果各部门都完成了自己的具体目标,企业的总目标也就有了保障。

(2) 财务预算是协调各部门工作的工具

企业内部各部门因其职责不同,对各自经济活动的考虑可能会带有片面性,甚至会出

---

① 全面预算是根据企业目标所编制的经营、成本、财务等年度收支总体计划,包括专门决策预算、经营预算与财务预算3个方面。

现相互冲突的现象。譬如,销售部门根据市场预测提出一个庞大的销售计划,却可能无法将这些产品推销出去。克服片面、避免冲突的最佳办法是进行经济活动的综合平衡。财务预算具有高度的综合能力,编制财务预算的过程也是企业内部各部门经济活动密切配合、相互协调、统筹兼顾、全面安排、综合平衡的过程。例如,编制生产预算一定要以销售预算为依据,编制直接材料预算、直接人工预算、制造费用预算必须与生产预算相衔接,各预算指标之间应保持平衡。只有企业内部各部门协调一致,才能最大限度地实现企业的总目标。

(3) 财务预算是控制各部门工作的标准

财务预算在明确企业各部门奋斗目标的同时,也为其工作提供了控制依据。财务预算进入实施阶段以后,各部门管理工作的重心转向财务控制,即设法使经营活动按财务预算进行。各部门应以各项预算为标准,通过计量对比,及时提供实际偏离预算的差异数额,并分析原因,以便采取有效措施,挖掘潜力,纠正偏差,保证预定目标的完成。

(4) 财务预算是考核各部门工作的依据

现代企业管理必须建立健全各部门的责任制度,而有效的责任制度离不开工作业绩的考核。在财务预算实施过程中,实际偏离预算的差异,不仅是控制企业日常经济活动的重要标准,也是考核、评定各级各部门和全体职工工作业绩的主要依据。通过考核,对各部门和全体职工进行评价,并据此实行奖惩、安排人事任免等,促使各部门更好地工作,完成奋斗目标。

3.1.3　财务预算的编制步骤

企业全面预算通常以利润为最终目标,并把确定下来的目标利润作为编制财务预算的前提。根据已确定的目标利润,通过市场调查,进行销售预测,编制销售预算。在销售预算的基础上,编制不同层次、不同项目的预算,最后汇总为综合性的现金预算和预计财务报表。财务预算编制的过程可以归纳为以下 7 个主要步骤。

① 根据销售预测编制销售预算。

② 根据销售预算确定的预计销售量,结合产成品的期初结存量和预计期末结存量编制生产预算。

③ 根据生产预算确定的预计生产量,先分别编制直接材料预算、直接人工预算和制造费用预算,然后汇总编制产品成本预算。

④ 根据销售预算编制销售及管理费用预算。

⑤ 根据销售预算和生产预算估计所需要的固定资产投资,编制资本支出预算。

⑥ 根据以上各项预算所产生的现金流量编制现金预算。

⑦ 综合以上各项预算,进行试算平衡,编制预计财务报表。

3.2　财务预算的编制方法

3.2.1　固定预算法与弹性预算法

财务预算的编制方法按其业务量基础的数量特征不同,可分为固定预算法和弹性预算法。

1. 固定预算法

（1）固定预算法的概念

固定预算法，也称静态预算法，是指以预算期内正常的、最可能实现的某一业务量（如生产量、销售量、作业量等与预算项目相关的弹性变量）水平为固定基础，不考虑可能发生的变动的预算编制方法。

（2）固定预算法的缺点

① 适应性差。在固定预算法下，不论未来预算期内实际业务量水平是否发生波动，都只按事先预计的某一确定的业务量水平作为编制预算的基础。

② 可比性差。这也是固定预算法的致命弱点。当实际业务量与编制预算所依据的预计业务量发生较大差异时，有关预算指标的实际数与预算数之间就会因业务量基础不同而失去可比性。例如，某企业预计业务量为销售 100 000 件产品，按此业务量给销售部门的预算费用为 5 000 元。如果该销售部门实际销售量达到 120 000 件，超出了预算业务量，固定预算法下的预算费用仍为 5 000 元。

因此，按照固定预算法编制的财务预算不利于正确地控制、考核和评价企业预算的执行情况。

（3）固定预算法的适用范围

一般来说，固定预算法只适用于业务量水平较为稳定的企业和非营利组织预算的编制。

2. 弹性预算法

1）弹性预算法的概念

弹性预算法，也称动态预算法，是指在成本习性分析的基础上，以业务量、成本和利润之间的依存关系为依据，以预算期可预见的各种业务量水平为基础，编制能够适应多种情况预算的方法。

2）弹性预算法的优点

与固定预算法相比，弹性预算法具有以下两个显著的优点。

① 预算范围宽。由于弹性预算法是能够随业务量水平的变动做机动调整的一组预算，能够反映预算期内与一定相关范围内可预见的多种业务量水平相对应的不同预算，从而扩大了预算的适用范围，便于预算指标的调整。

② 可比性强。在弹性预算法下，如果预算期实际业务量与计划业务量不一致，可以将实际指标与实际业务量相应的预算额进行对比，从而能够使预算执行情况的评价与考核建立在更加客观和可比的基础上，便于更好地发挥预算的控制作用。

3）弹性预算法的适用范围

由于未来业务量的变动会影响成本、费用、利润等各个方面，因此弹性预算法从理论上讲适用于编制全面预算中所有与业务量有关的各种预算。但从实用角度看，主要用于编制成本费用预算和利润预算，尤其是成本费用预算。

4）成本费用预算编制

（1）基本模型

编制成本费用预算，关键是进行成本习性分析，将全部成本区分为变动成本和固定成本两类。变动成本主要根据单位业务量控制，固定成本则按总额控制。成本费用预算公式如下。

$$成本费用预算 = 固定成本预算 + \sum(单位变动成本预算 \times 预计业务量)$$

在此基础上，按事先选择的业务量计量单位和确定的相关范围，根据该业务量与有关成本费用项目之间的内在关系即可编制成本费用预算。

（2）业务量选择

选择业务量包括选择业务量计量单位和业务量变动范围两部分内容。

业务量计量单位应根据企业的具体情况进行选择。一般来说，生产单一产品的部门，可以选用产品实物量；生产多品种产品的部门，可以选用人工工时、机器工时等；修理部门可以选用修理工时等。以手工操作为主的企业应选用人工工时；机械化程度较高的企业选用机器工时更为适宜。

业务量变动范围是指弹性预算法所适用的业务量变动区间。业务量变动范围的选择应根据企业的具体情况而定。一般来说，可定在正常生产能力的70%～120%，或以历史上最高业务量和最低业务量为其上、下限。

（3）具体编制方法

成本费用预算的具体编制方法包括公式法和列表法两种。

公式法是指通过确定成本公式 $y_i = a_i + b_i x_i$ 中的 a_i 和 b_i 编制成本费用预算的方法。在成本习性分析的基础上，可将任何成本项目近似地表示为 $y_i = a_i + b_i x_i$（当 a_i 为零时，$y_i = b_i x_i$，为变动成本；当 b_i 为零时，$y_i = a_i$，为固定成本；当 a_i 和 b_i 均不为零时，y_i 为混合成本；x_i 为多种业务量指标，如产销量、直接人工工时等）。

在公式法下，如果事先确定了有关业务量的变动范围，只要根据有关成本项目的 a 和 b 参数，就可以推算出业务量在相关范围内任何水平上的各项预算成本费用。

【例3-1】新亚公司按公式法编制的制造费用预算如表3-1所示，其中混合成本项目已经被分解。

表3-1 新亚公司制造费用预算（公式法）

（直接人工工时变动范围：70 000～120 000 h） 单位：元

项 目	a	b
管理人员工资	15 000	—
保险费	5 000	—
设备租金	8 000	—
维修费	6 000	0.25
水电费	500	0.15
辅助材料	4 000	0.30
辅助人员工资	—	0.45
检验人员工资	—	0.35
合计	38 500	1.50

根据表3-1，可利用 $y = 38\ 500 + 1.5x$，计算出工时在70 000～120 000范围内任一业务

量基础上的制造费用预算总额；也可计算出在该人工工时变动范围内，任一业务量制造费用中某一费用项目的预算额。如维修费 $y=6\,000+0.25x$，检验人员工资 $y=0.35x$ 等。

这种方法在一定范围内不受业务量波动影响，编制预算的工作量较小；但是在进行预算控制和考核时，不能直接查出特定业务量下的总成本预算数额，而且按项目分解成本比较麻烦，同时存在一定误差。

列表法是指通过列表的方式，在相关范围内每隔一定业务量范围计算相关预算，编制成本费用预算的方法。

【例3-2】新亚公司按列表法编制的制造费用预算如表3-2所示。

表3-2 新亚公司制造费用预算（列表法） 单位：元

直接人工工时/h	70 000	80 000	90 000	100 000	110 000	120 000
生产能力利用/%	70	80	90	100	110	120
变动成本项目	56 000	64 000	72 000	80 000	88 000	96 000
辅助工人工资	31 500	36 000	40 500	45 000	79 500	54 000
检验员工资	24 500	28 000	31 500	35 000	38 500	42 000
混合成本项目	59 500	66 500	73 500	80 500	87 500	94 500
维修费	23 500	26 000	28 500	31 000	33 500	36 000
水电费	11 000	12 500	14 000	15 500	17 000	18 500
辅助材料	25 000	28 000	31 000	34 000	37 000	40 000
固定成本项目	28 000	28 000	28 000	28 000	28 000	28 000
管理人员工资	15 000	15 000	15 000	15 000	15 000	15 000
保险费	5 000	5 000	5 000	5 000	5 000	5 000
设备租金	8 000	8 000	8 000	8 000	8 000	8 000
制造费用预算	143 500	158 500	173 500	188 500	203 500	218 500

表3-2中的业务量间距为10%，在实际工作中可选择更小的间距（如5%，读者可以自行计算）。很显然，业务量间距越小，实际业务量水平出现在预算表中的可能性就越大，但工作量也越大。

列表法可以直接从表中查得各种业务量下的成本预算，便于预算的控制和考核，但这种方法工作量较大，且不能包括所有业务量条件下的费用预算，故适用面较窄。

5）利润预算的编制

利润预算是根据成本、业务量和利润之间的依存关系为适应多种业务量水平而编制的预算。利润预算是以弹性成本费用预算为基础编制的，其主要内容包括销售量、单价、单位变动成本、贡献边际和固定成本。利润预算的编制方法主要有因素法和百分比法两种。

（1）因素法

因素法是指根据受业务量变动影响的有关收入、成本等因素与利润的关系，列表反映不同业务量水平下利润的预算编制方法。

【例3-3】新亚公司预算年度某产品销售量在7 000～12 000件之间，销售单价为100元，单位变动成本为86元，固定成本总额为80 000元。要求：根据上述资料以1 000件为销售量的间隔单位编制利润预算。

解 依题意编制的利润预算如表3-3所示。

表 3-3　新亚公司利润预算　　　　　　　　　　　　　　　单位：元

销售量/件	7 000	8 000	9 000	10 000	11 000	12 000
单价	100	100	100	100	100	100
单位变动成本	86	86	86	86	86	86
销售收入	700 000	800 000	900 000	1 000 000	1 100 000	1 200 000
减：变动成本	602 000	688 000	774 000	860 000	946 000	1 032 000
贡献边际	98 000	112 000	126 000	140 000	154 000	168 000
减：固定成本	80 000	80 000	80 000	80 000	80 000	80 000
营业利润	18 000	32 000	46 000	60 000	74 000	88 000

如果单价、单位变动成本、固定成本总额发生变动，也可利用这种方法分别编制在不同销售单价、单位变动成本、固定成本总额下的利润预算。这种方法主要适用于单一品种经营的企业。

（2）百分比法

百分比法是指按不同销售收入百分比编制利润预算的方法。一般来说，多数企业同时经营多个品种。在实际工作中，分品种逐一编制利润预算是不现实的，这就要求采用销售收入百分比法对全部商品按其大类编制利润预算。

【例 3-4】新亚公司预算年度销售量达到 100%时的销售收入为 1 000 000 元，变动成本为 860 000 元，固定成本总额为 80 000 元。要求：根据上述资料以 10%为间隔按百分比法编制新亚公司的利润预算。

解　根据题意编制的利润预算如表 3-4 所示。

表 3-4　新亚公司利润预算　　　　　　　　　　　　　　　单位：元

销售收入百分比（1）	80%	90%	100%	110%	120%
销售收入（2）=1 000 000×（1）	800 000	9 000 000	1 000 000	1 100 000	1 200 000
变动成本（3）=860 000×（1）	688 000	774 000	860 000	946 000	1 032 000
贡献边际（4）=（2）-（3）	112 000	126 000	140 000	154 000	168 000
固定成本（5）	80 000	80 000	80 000	80 000	80 000
利润总额（6）=（4）-（5）	32 000	46 000	60 000	74 000	88 000

百分比法应用的前提是销售收入必须在相关范围内变动，即销售收入的变化不会影响企业的成本水平（单位变动成本和固定成本总额）。这种方法主要适用于多品种经营的企业。

3.2.2　增量预算法与零基预算法

编制财务预算的方法按其出发点的特征不同，可分为增量预算法和零基预算法。

1. 增量预算法

（1）增量预算法的概念

增量预算法，是指以历史期实际经济活动及其预算为基础，结合预算期经济活动及相关影响因素的变动情况，通过调整历史期经济活动项目及金额形成预算的编制方法。增量预算法以过去的费用发生水平为基础，主张不需要在预算内容上做较大的调整。

传统的预算编制基本上采用增量预算法。这种预算方法工作量小、操作简便。

（2）增量预算法的假设

① 现有业务活动是必需的。只有保留企业现有的每项业务活动，才能使企业经营活动得到正常发展。

② 现有各项开支是合理的。既然现有的业务活动是必需的，那么现有的各项费用开支就一定是合理的，必须予以保留。

③ 增加费用预算是值得的。未来预算期的费用变动是在现有费用基础上调整的结果。

（3）增量预算法的缺点

增量预算法以过去的经验为基础，实际上是承认过去所发生的一切都是合理的，主张不需要在预算内容上做较大改进，而是沿袭以前的预算项目。这种方法的主要缺点如下。

① 容易造成浪费，可能使不必要开支合理化。按这种方法编制预算，往往不加分析地保留或接受原有的成本项目，可能使原来不合理的费用开支继续存在下去，形成不必要开支的合理化，造成预算上的浪费。

② 滋长预算中的"平均主义"。采用这种方法容易鼓励预算编制人员凭主观臆断按成本项目平均削减预算或只增不减，不利于调动各部门降低费用的积极性。

③ 不利于企业未来发展。按照这种方法编制的费用预算，只对目前已存在的费用项目编制预算，而对企业未来发展有利确实需要开支的费用项目却未予考虑，必将对企业一些有价值的改革创新思想的运用产生不利影响，阻碍企业的长远发展。

2. 零基预算法

（1）零基预算法的概念

零基预算法，是指以零为基础编制预算的方法，即在编制成本费用预算时，不考虑以往会计期间所发生的费用项目或费用数额，而是将所有的预算支出均以零为出发点，逐项审议预算期内各项费用的内容及开支标准是否合理，在综合平衡的基础上编制费用预算的方法。

零基预算法是为克服增量预算法的不足而设计的。它是由美国得州仪器公司彼得·派尔在20世纪70年代提出来的，现已被西方国家广泛采用。零基预算法打破传统的编制预算观念，不再以历史资料为基础进行调整，而是一切以零为基础。编制预算时，首先要确定各个费用项目是否应该存在，然后按项目的轻重缓急，安排企业资源的费用预算。

（2）零基预算法的编制程序

① 明确预算编制标准。企业应收集和分析对标单位、行业等外部信息，结合内部管理需要形成企业各预算项目的编制标准，并在预算管理过程中根据实际情况不断分析评价、修订完善预算编制标准。

② 制订业务计划。预算编制责任部门应依据企业战略、年度经营目标和内外环境变化等安排预算期经济活动，在分析预算期各项经济活动合理性的基础上制订详细、具体的业务计划，作为预算编制的基础。

③ 编制预算草案。预算编制责任部门应以相关业务计划为基础，根据预算编制标准

编制本部门相关预算项目,并报预算管理责任部门审核。

④ 审定预算方案。预算管理责任部门应在审核相关业务计划合理性的基础上,逐项评价各预算项目的目标、作用、标准和金额等,按战略相关性、资源限额和效益性等进行综合分析和平衡,汇总形成企业预算草案,上报企业预算管理委员会等专门机构审议后,报董事会等机构审批。

【例 3-5】新亚公司为深入开展双增双节运动,降低费用开支水平,拟对历年来超支严重的业务招待费、劳动保护费、办公费、广告费、保险费等间接费用项目按照零基预算法编制预算。经过多次讨论,预算编制人员确定上述费用在预算年度开支水平如表 3-5 所示。

表 3-5 新亚公司预计费用项目及开支金额   单位:元

费用项目	开支金额
业务招待费	180 000
劳动保护费	150 000
办公费	100 000
广告费	300 000
保险费	120 000
合 计	850 000

经过充分论证,得出以下结论:上述费用中除业务招待费和广告费以外都不能再压缩了,必须得到全额保证。

根据历史资料对业务招待费和广告费进行成本效益分析,如表 3-6 所示。

表 3-6 新亚公司成本效益分析表   单位:元

成 本 项 目	成 本	收 益
业务招待费	1	4
广告费	1	6

权衡上述各项费用开支的轻重缓急排出层次和顺序:因为劳动保护费、办公费和保险费在预算期必不可少,需要全额得到保证,属于不可避免的约束性固定成本,故应列为第一层次;因为业务招待费和广告费可根据预算期间企业财力情况酌情调整,属于可避免项目,其中广告费的成本效益较大,应列为第二层次,业务招待费的成本效益相对较小,应列为第三层次。假定该公司预算年度上述各项费用可动用的财力资源只有 700 000 元,根据以上排列的层次和顺序,最终落实的预算金额如下。

① 确定不可避免项目预算金额:150 000+100 000+120 000=370 000(元)
② 确定可分配资金数额:700 000-370 000=330 000(元)
③ 按成本效益比重将可分配资金数额在业务招待费和广告费之间进行分配。

$$业务招待费可分配资金 = 330\,000 \times \frac{4}{4+6} = 132\,000 (元)$$

$$广告费可分配资金 = 330\,000 \times \frac{4}{4+6} = 198\,000 (元)$$

在实际工作中，某些成本项目的成本效益关系不容易确定，按零基预算法编制预算时，不能机械地平均分配资金，而应根据企业的实际情况，有重点、有选择地确定预算项目，保证重点项目的资金需要。

（3）零基预算法的优缺点

零基预算法的优点如下。

① 不受现有费用项目和开支水平的限制。这种方法可以促使企业合理有效地进行资源分配，将有限的资金用在刀刃上。

② 能够调动企业各部门降低费用的积极性。这种方法可以充分发挥各级管理人员的积极性、主动性和创造性，促进各预算部门精打细算、量力而行，合理使用资金，提高资金的利用效果。

③ 有助于企业未来发展。由于这种方法以零为出发点，有利于企业面向未来发展考虑预算问题。

由于零基预算法一切从零出发，需要对企业现状和市场进行大量的调查研究，对现有资金使用效果和投入产出关系进行定量分析，预算编制工作量较大、成本较高。另外，预算编制的准确性受企业管理水平和相关数据准确性的影响较大。

零基预算法特别适用于那些产出较难辨认的服务性部门费用预算的编制。

3.2.3 定期预算法与滚动预算法

编制财务预算的方法按其预算期的时间特征不同，可分为定期预算法和滚动预算法。

1. 定期预算法

（1）定期预算法的概念

定期预算法，是指在编制预算时以固定会计期间（如日历年度）作为预算期编制预算的方法。

（2）定期预算法的优缺点

定期预算法的优点是能够使预算期间与会计期间相配合，便于将实际数与预算数进行对比，有利于对预算执行情况进行分析和评价。

按照定期预算法编制预算主要有以下缺点。

① 指导性差。由于定期预算法往往是在年初甚至提前两三个月编制的，对于整个预算年度的生产经营活动很难做出准确的预算，尤其是对预算后期的预算只能进行笼统的估算，缺乏远期指导性，给预算执行带来很多困难，不利于对生产经营活动的考核与评价。

② 灵活性差。由于定期预算法不能随情况的变化及时调整，当预算中所规划的各种经营活动在预算期内发生重大变化时（如预算期临时中途转产），就会造成预算滞后过时，使之成为虚假预算。

③ 连续性差。由于受预算期间的限制，致使经营管理者的决策视野局限于本期规划的经营活动，不能适应连续不断的经营过程，从而不利于企业的长远发展。

2. 滚动预算法

（1）滚动预算法的概念

滚动预算法，是指企业根据上一期预算执行情况和新的预测结果，按既定的预算编制周期和滚动频率,对原有的预算方案进行调整和补充、逐期滚动、持续推进的预算编制方法。

(2)滚动预算方式

滚动预算法按其预算编制和滚动的时间单位可分为逐月滚动、逐季滚动和混合滚动三种方式。

① 逐月滚动。逐月滚动是指在预算编制过程中,以月份为预算的编制和滚动单位,每个月调整一次预算的方式。

例如,在 2×20 年 1 月至 12 月的预算执行过程中,需要在 1 月末根据当月预算的执行情况,修订 2 月至 12 月的预算,同时补充 2×21 年 1 月份的预算;到 2 月末可根据当月预算的执行情况,修订 3 月至 2×21 年 1 月的预算,同时补充 2×21 年 2 月份的预算;……以此类推。

按照逐月滚动编制的预算比较精确,但工作量较大。

② 逐季滚动。逐季滚动是指在预算编制过程中,以季度为预算的编制和滚动单位,每个季度调整一次预算的方式。

例如,在 2×20 年第 1 季度至第 4 季度的预算执行过程中,需要在第 1 季度末根据当季预算的执行情况修订第 2 季度至第 4 季度的预算,同时补充 2×21 年第 1 季度的预算;在 2×20 年第 2 季度末根据当季预算的执行情况修订第 3 季度至 2×21 年第 1 季度的预算,同时补充 2×21 年第 2 季度的预算;……以此类推。

按照逐季滚动编制的预算比按照逐月滚动编制预算的工作量小,但预算精确度较差。

③ 混合滚动。混合滚动是指在预算编制过程中,同时使用月份和季度作为预算的编制和滚动单位的方式,是滚动预算法的一种变通方式。

这种预算方式是依据人们对未来把握程度的不同(通常对近期的预计把握较大,对远期的预计把握较小),为了做到长计划短安排、远略近详,在预算编制过程中,可以对近期预算提出较高的精度要求,使预算的内容相对详细;对远期预算提出较低的精度要求,使预算的内容相对简单,这样可以减少预算工作量。

例如,对 2×20 年 1 月份至 3 月份选择逐月滚动编制详细预算,对 2×20 年 4 月份至 12 月份分别按季度编制粗略预算;3 月末根据第 1 季度预算的执行情况,编制 4 月份至 6 月份的详细预算,并修订第 3~4 季度的预算,同时补充 2×21 年第 1 季度的预算;……以此类推。

在实际工作中,究竟采用哪一种滚动预算方式应视企业的实际需要而定。

(3)滚动预算法的优缺点

与传统的定期预算法相比,按滚动预算法编制的预算具有以下优点。

① 透明度高。由于编制预算不再是预算年度开始之前几个月的事情,而是实现了与日常管理的紧密衔接,可以使管理人员始终能够从动态的角度把握企业近期的规划目标和远期的战略布局,所以预算具有较高的透明度。

② 及时性强。由于滚动预算法能够根据前期预算的执行情况,结合各种因素的变动影响,及时调整和修订近期预算,从而使预算更加切合实际,所以能够充分发挥预算的指导和控制作用。

③ 连续性好。滚动预算法在时间上不再受财务年度的限制，能够连续不断地规划未来的经营活动，不会造成预算的人为间断。

④ 完整性突出。可以使企业管理人员了解预算期内企业的总体规划与近期预算目标，能够确保企业管理工作的完整性与稳定性。

采用滚动预算法编制预算的主要缺点是工作量相对较大。

企业编制预算的期间往往因预算种类的不同而各有所异。一般来说，在年度预算的基础上，经营预算和专门决策预算应按季分月编制；资本支出预算应首先按每一投资项目分别编制，并在各项目的寿命周期内分年度安排，然后在编制整个年度财务预算时，再把属于该计划年度的资本支出预算进一步细分为按季或按月编制的预算；现金预算应根据企业的具体需要按月、按周、按天编制；预计财务报表应按季编制。

3.3 现金预算与预计财务报表的编制

3.3.1 现金预算编制

1. 现金预算的概念

现金预算，是指以经营预算和专门决策预算为基础编制的，专门反映预算期内预计现金收入与现金支出，以及为满足理想现金余额而进行筹资或归还借款等的预算。现金预算由可供使用现金、现金支出、现金余缺、现金筹措与运用4个部分构成。

可供使用现金包括预算期间的期初现金余额加上本期预计可能发生的现金收入，其主要来源是销售收入和应收账款的回收，可以从销售预算中获得有关资料。

现金支出包括预算期间预计可能发生的一切现金支出，包括各项经营性现金支出、缴纳税费支出、股利分配支出、购买设备支出等，可以从直接材料预算、直接人工预算、制造费用预算、销售及管理费用预算和专门决策预算中获得有关资料。

现金余缺是将可供使用现金与现金支出相抵，如果前者大于后者即出现剩余；如果前者小于后者则出现短缺。

现金筹措与运用是指当出现现金剩余时，企业可用它来归还以前的借款或进行短期投资；当出现现金短缺时，企业应向银行或其他单位借款、发行债券等。企业不仅要定期筹措到抵补收支差额的现金，还必须保持一定的现金储备，保证期末现金余额在合理限度内的波动。

2. 现金预算编制举例

为了说明现金预算的编制依据，本节先简要介绍一部分经营预算和专门决策预算的编制。

（1）销售预算

销售预算是指在销售预测的基础上根据销售计划编制的，用于规划预算期销售活动的一种经营预算。销售预算是全面预算的起点，其他预算的编制都以销售预算作为基础。表3-7是东方公司2×21年度的销售预算（为方便计算，本节均不考虑增值税）。

表 3–7　东方公司 2×21 年度销售预算　　　　　　　　　　　　　　　　　单位：元

项　目	第 1 季度	第 2 季度	第 3 季度	第 4 季度	全年
预计销售量/件	1 000	1 500	2 000	1 800	6 300
预计销售单价	2 800	2 800	2 800	2 800	2 800
销售收入	2 800 000	4 200 000	5 600 000	5 040 000	17 640 000
预计现金收入：					
上年应收账款	620 000				620 000
第 1 季度（销货 2 800 000）	1 680 000	1 120 000			2 800 000
第 2 季度（销货 4 200 000）		2 520 000	1 680 000		4 200 000
第 3 季度（销货 5 600 000）			3 360 000	2 240 000	5 600 000
第 4 季度（销货 5 040 000）				3 024 000	3 024 000
现金收入合计	2 300 000	3 640 000	5 040 000	5 264 000	16 244 000

销售预算的主要内容是销售量、单价和销售收入。销售量是根据市场预测或销货合同并结合企业生产能力确定的，单价是通过价格决策确定的，销售收入是两者的乘积，在销售预算中计算得出。

销售预算通常分品种、分月份、分区域、分销售员编制。销售预算中通常还包括预计现金收入的计算，其目的是为编制现金预算提供必要的资料。第 1 季度的现金收入包括两部分，即上年应收账款在本年第 1 季度收到的货款及本季度销售中可能收到的货款。本例中，假设每季度销售收入中，本季度收到现金 60%，另外的 40% 要到下季度才能收到。

（2）生产预算

生产预算是指为规划预算期预计生产量水平而编制的一种经营预算。生产预算以销售预算为基础编制。生产预算是所有经营预算中唯一使用实物量计量的预算，可以为进一步编制直接材料预算和产品成本预算提供实物量数据。其主要内容有销售量、期初和期末产成品存货、生产量。表 3–8 是东方公司 2×21 年度的生产预算。

通常，企业的生产和销售不能做到同步同量，需要设置一定的存货，以保证均衡生产。因此，预算期间除必须备有充足的存货以供销售外，还应考虑预计期初存货和预计期末存货等因素，计算公式如下。

$$预计生产量 = 预计销售量 + 预计期末产成品存货 - 预计期初产成品存货$$

式中，预计销售量来自销售预算；预计期末产成品存货通常按下期销售量的一定百分比确定，本例按 10% 安排期末产成品存货。期初产成品存货是编制预算时预计的，期末产成品存货根据长期销售趋势确定。本例假设期初有产成品存货 100 件，期末留存 200 件。

表 3–8　东方公司 2×21 年度的生产预算　　　　　　　　　　　　　　　　　单位：件

项　目	第 1 季度	第 2 季度	第 3 季度	第 4 季度	全年
预计销售量	1 000	1 500	2 000	1 800	6 300
加：预计期末产成品存货	150	200	180	200	200
合计	1 150	1 700	2 180	2 000	6 500
减：预计期初产成品存货	100	150	200	180	100
预计生产量	1 050	1 550	1 980	1 820	6 400

生产预算在实际编制时是比较复杂的，产量受到生产能力的限制，产成品存货数量受到仓库容量的限制，只能在此范围内安排产成品存货数量和各期生产量。此外，有的季度可能销售量很大，可以用赶工增产，为此要多付加班费。如果提前在淡季生产，会因增加产成品存货而多付资金利息。因此，要权衡两者得失，选择成本最低的方案。

（3）直接材料预算

直接材料预算是指为了规划预算期直接材料采购金额的一种经营预算。直接材料预算以生产预算为基础编制，并考虑期初、期末材料水平编制。

表3-9是东方公司2×21年度的直接材料预算。其主要内容有单位产品材料用量、生产需用量、期初和期末存量等。"预计生产量"的数据来自生产预算，"单位产品材料用量"的数据来自标准成本资料或消耗定额资料，"生产需用量"是上述两项的乘积。年初和年末的材料存货量是根据当前情况和长期销售预测估计的。各季度"期末材料存量"根据下季度生产需用量的一定百分比确定，本例按20%计算。各季度"期初材料存量"等于上季度的期末材料存量。各季度预计采购量根据下式计算确定。

预计采购量＝生产需用量＋期末存量－期初存量

为了便于以后编制现金预算，通常要预计各季度材料采购的现金支出。每个季度的现金支出包括偿还上期应付账款和本期应支付的采购货款。本例假设材料采购的货款有50%在本季度内付清，另外50%在下季度付清。

表3-9 东方公司2×21年度的直接材料预算

项 目	第1季度	第2季度	第3季度	第4季度	全年
预计生产量/件	1 050	1 550	1 980	1 820	6 400
单位产品材料用量/（kg/件）	10	10	10	10	10
生产需用量/kg	10 500	15 500	19 800	18 200	64 000
加：预计期末存量/kg	3 100	3 960	3 640	4 000	4 000
减：预计期初存量/kg	3 000	3 100	3 960	3 640	3 000
预计材料采购量/kg	10 600	16 360	19 480	18 560	65 000
单价/（元/kg）	80	80	80	80	80
预计采购金额/元	848 000	1 308 800	1 558 400	1 484 800	5 200 000
预计现金支出/元：					
上年应付账款	235 000				235 000
第1季度（采购848 000元）	424 000	424 000			848 000
第2季度（采购1 308 800元）		654 400	654 000		1 308 800
第3季度（采购1 558 400元）			779 200	779 200	1 558 400
第4季度（采购1 484 800元）				742 400	742 400
合计	659 000	1 078 400	1 433 600	1 521 600	4 692 600

（4）直接人工预算

直接人工预算是一种既要反映预算期内人工工时消耗水平，又要规划人工成本开支的经营预算。直接人工预算也是以生产预算为基础编制的。其主要内容有预计产量、单位产品工时、人工总工时、每小时人工成本和人工总成本。"预计生产量"数据来自生产预算,"单位产品工时"和"每小时人工成本"数据来自标准成本资料,"人工总工时"和"人工总成本"是在直接人工预算中计算得出的。2×21年东方公司全年的直接人工预算如表3-10所示。

表3-10　东方公司2×21年度的直接人工预算

项　　目	第1季度	第2季度	第3季度	第4季度	全年
预计生产量/件	1 050	1 550	1 980	1 820	6 400
单位产品工时/(h/件)	10	10	10	10	10
人工总工时/h	10 500	15 500	19 800	18 200	64 000
每小时人工成本/(元/h)	60	60	60	60	60
人工总成本/元	630 000	930 000	1 188 000	1 092 000	3 840 000

由于人工工资都需要使用现金支付,所以不需要另外预计现金支出,可直接参加现金预算的编制。

(5) 制造费用预算

制造费用预算通常分为变动制造费用预算和固定制造费用预算两个部分。变动制造费用预算是以生产预算为基础编制的。如果有完善的标准成本资料,用单位产品的标准成本与产量相乘,即可得到相应的预算金额。如果没有标准成本资料,就需要逐项预计计划产量需要的各项制造费用。固定制造费用需要逐项进行预计,通常与本期产量无关,按每季度实际需要的支付额预计,然后求出全年平均数。表3-11是东方公司2×21年度的制造费用预算。

表3-11　东方公司2×21年度的制造费用预算　　　　　　　　　　　　　　　单位:元

项　　目	第1季度	第2季度	第3季度	第4季度	全年
变动制造费用:					
间接人工/(20元/件)	21 000	31 000	39 600	36 400	128 000
间接材料/(15元/件)	15 750	23 250	29 700	27 300	96 000
修理费/(20元/件)	21 000	31 000	39 600	36 400	128 000
水电费/(10元/件)	10 500	15 500	19 800	18 200	64 000
小计	68 250	100 750	128 700	118 300	416 000
固定制造费用:					
修理费	10 000	11 400	15 000	15 000	51 400
折旧	100 000	100 000	100 000	100 000	400 000
管理人员工资	119 000	131 000	110 000	110 000	470 000
保险费	15 500	17 100	19 000	27 000	78 600
财产税	6 000	6 000	6 000	6 000	24 000
小计	250 500	265 500	250 000	258 000	1 024 000
合计	318 750	366 250	378 700	376 300	1 440 000
减:折旧	100 000	100 000	100 000	100 000	400 000
现金支出	218 750	266 250	278 700	276 300	1 040 000

为了便于以后编制产品成本预算，需要计算小时费用率。

变动制造费用小时费用率=416 000/64 000=6.5（元/h）
固定制造费用小时费用率=1 024 000/64 000=16（元/h）

为了便于以后编制现金预算，需要预计现金支出。制造费用中，除折旧费外都需要支付现金，因此根据每个季度制造费用数额扣除折旧费后，即可得出"现金支出"。

（6）产品成本预算

产品成本预算是指规划预算期内每种产品的单位产品成本、生产成本、销售成本等内容而编制的一种经营预算。产品成本预算需要在生产预算、直接材料预算、直接人工预算和制造费用预算的基础上编制。其主要内容是产品的单位成本和总成本。单位产品成本的有关资料来自直接材料预算、直接人工预算和制造费用预算。生产量、期末存货量来自生产预算，销售量来自销售预算。表3-12是东方公司2×21年度的产品成本预算。

表3-12　东方公司2×21年度的产品成本预算　　　　　　　　单位：元

项目	单位成本			生产成本	期末存货	销货成本
	单价/（元/kg或h）	单耗/（kg或h）	成本/元	6 400/件	200/件	6 300/件
直接材料	80	10	800	5 120 000	160 000	5 040 000
直接人工	60	10	600	3 840 000	120 000	3 780 000
变动制造费用	6.5	10	65	416 000	13 000	409 500
固定制造费用	16	10	160	1 024 000	32 000	1 008 000
合计			1 625	10 400 000	325 000	10 237 500

（7）销售及管理费用预算

销售费用预算是指规划预算期内企业组织产品销售预计发生的各项费用水平而编制的一种经营预算。销售费用预算的编制方法与制造费用预算的编制方法非常接近，也可将其划分为变动销售费用和固定销售费用两部分。但对随销售量成正比例变动的那部分变动销售费用，只需要反映各个项目的单位产品费用分配额即可；对于固定销售费用，只需要按项目反映全年预计水平即可。销售费用预算也要编制相应的现金支出预算。

管理费用预算是指规划预算期内因管理企业预计发生的各项费用水平而编制的一种经营预算。管理费用预算的编制可采取以下两种方法：一是按项目反映全年预计水平，这是因为管理费用大多为固定成本；二是类似于制造费用预算或销售费用预算的编制，将管理费用划分为变动管理费用和固定管理费用两部分，对前者再按预算期的变动性管理费用分配率和预计销售量进行测算。为简化预算编制，本书采用第一种方法。在编制管理费用总额预算的同时，还需要分季度编制管理费用现金支出预算。

表3-13是东方公司2×21年度的销售及管理费用预算。

表 3-13　东方公司 2×21 年度的销售及管理费用预算　　　　单位：元

项目	金额
销售费用：	
销售人员工资	300 000
广告费	550 000
包装费、运输费	300 000
保管费	270 000
折旧	100 000
管理费用：	
管理人员薪金	400 000
福利费	80 000
保险费	60 000
办公费	140 000
折旧	150 000
合计	2 350 000
减：折旧	250 000
每季度支付现金	525 000

（8）专门决策预算

专门决策预算主要是长期投资预算，通常是指与项目投资决策相关的专门预算，它往往涉及长期建设项目的资金投放与筹集，并经常跨越多个年度。编制专门决策预算的依据是项目财务可行性分析资料及企业筹资决策资料。

专门决策预算能准确反映项目资金投资支出与筹资计划，它同时也是编制现金预算、预计资产负债表的依据。表 3-14 是东方公司 2×21 年度的专门决策预算。

表 3-14　东方公司 2×21 年度的专门决策预算　　　　单位：元

项目	第 1 季度	第 2 季度	第 3 季度	第 4 季度	全年
投资支出预算	5 000 000			7 000 000	12 000 000
借入长期借款	3 000 000			7 000 000	10 000 000

（9）现金预算

表 3-15 是东方公司 2×21 年度的现金预算。

表 3-15　东方公司 2×21 年度的现金预算　　　　单位：元

项目	第 1 季度	第 2 季度	第 3 季度	第 4 季度	全年
期初现金余额	800 000	319 750	302 600	306 300	800 000
加：现金收入（表 3-7）	2 300 000	3 640 000	5 040 000	5 264 000	16 244 000
可供使用现金	3 100 000	3 959 750	5 342 600	5 570 300	17 044 000

续表

项 目	第1季度	第2季度	第3季度	第4季度	全年
减：现金支出					
直接材料（表3-9）	659 000	1 078 400	1 433 600	1 521 600	4 692 600
直接人工（表3-10）	630 000	930 000	1 188 000	1 092 000	3 840 000
制造费用（表3-11）	218 750	266 250	278 700	276 300	1 040 000
销售及管理费用（表3-13）	525 000	525 000	525 000	525 000	2 100 000
所得税费用	150 000	100 000	230 000	220 000	700 000
购买设备（表3-14）	5 000 000			7 000 000	12 000 000
股利分配				950 000	950 000
现金支出合计	7 182 750	2 899 650	3 655 300	11 584 900	25 322 600
现金余缺	－4 082 750	1 060 100	1 687 300	－6 014 600	－8 278 600
现金筹措与运用					
借入长期借款（表3-14）	3 000 000			7 000 000	10 000 000
取得短期借款	1 900 000				1 900 000
归还短期借款		260 000	890 000		1 150 000
短期借款利息（年利率10%）	47 500	47 500	41 000	18 750	154 750
长期借款利息（年利率12%）	450 000	450 000	450 000	660 000	2 010 000
期末现金余额	319 750	302 600	306 300	306 650	306 650

其中，"期初现金余额"是在编制预算时预计的，下一季度的期初现金余额等于上一季度的期末现金余额，全年的期初现金余额指的是年初现金余额，所以等于第一季度的期初现金余额，本题中为已知条件。

"现金收入"的主要来源是销货取得的现金收入，销货取得的现金收入数据来自销售预算。

"现金支出"包括预算期的各项现金支出。"直接材料""直接人工""制造费用""销售及管理费用""购买设备"的数据分别来自前述有关预算。此外，还包括所得税费用、股利分配等现金支出，有关的数据分别来自另行编制的专门预算。

财务管理部门应根据现金余缺与理想期末现金余额的比较，并结合固定的利息支出数额及其他因素，确定预算期现金运用和筹措的数额。本例中理想的现金余额是300 000元，如果资金不足，可以取得短期借款。银行的要求是：借款必须是100 000元的整数倍。本例中借款利息按季支付，编制现金预算时假设新增借款发生在季度的期初，归还借款发生在季度的期末（如果需要归还借款，先归还短期借款，归还的数额为10 000元的整数倍）。本例中，东方公司2×20年末的长期借款余额为12 000 000元，第1季度、第2季度、第3季度的长期借款利息均为450 000元［(12 000 000+3 000 000)×12%/4］，第4季度的长期借款利息为660 000元［(12 000 000+3 000 000+7 000 000)×12%/4］。

由于第1季度的长期借款利息支出为450 000元，理想的现金余额是300 000元，（现金余缺+借入长期借款3 000 000元）的结果只要小于750 000元，就必须取得短期借款，而第 1 季度的现金余缺是 –4 082 750 元，需要取得短期借款。本例中东方公司 2×20 年年末不存在短期借款，假设第 1 季度需要取得的短期借款为 W 元，则根据理想的期末现金余额要求可知：–4 082 750+3 000 000+W–W×10%/4–450 000=300 000（元），解得 W=1 879 743.6 元，由于按照要求必须是 100 000 元的整数倍，第 1 季度需要取得 1 900 000 元的短期借款，支付 47 500 元（1 900 000×10%/4）短期借款利息，期末现金余额为 319 750 元（–4 082 750+3 000 000+1 900 000–47 500–450 000）。

第 2 季度的现金余缺是 1 060 100 元，还需要支付 47 500 元的短期借款利息和 450 000 元的长期借款利息，期末现金余额为 562 600 元（1 060 100–47 500–450 000）。如果归还借款，必须保证期末理想的现金余额是 300 000 元，且还款必须是 10 000 元的整数倍，本期可以还款 260 000 元。期末现金余额为 302 600 元。

第 3 季度的现金余缺是 1 687 300 元，利息支出为 491 000 元［(1 900 000–260 000)×10%/4+450 000］，按照理想的现金余额是 300 000 元的要求，最多可以归还短期借款 896 300 元（1 687 300–491 000–300 000），由于必须是 10 000 元的整数倍，可以归还短期借款 890 000 元，期末现金余额为 306 300 元（1 687 300–491 000–890 000）。

第 4 季度的现金余缺是 –6 014 600 元，利息支出为 678 750 元［(1 900 000–260 000–890 000)×10%/4+(450 000+7 000 000×12%/4)］，第 4 季度的"现金余缺+借入的长期借款" 985 400 元(–6 014 600+7 000 000)大于"固定的利息支出 678 750+理想的现金余额 300 000"，不需要取得短期借款。期末现金余额为 306 650 元（–6 014 600+7 000 000–678 750）。

全年的期末现金余额指的是年末的现金余额，即第 4 季度末的现金余额，为 306 650 元。

3.3.2 预计财务报表编制

预计财务报表，也称为总预算，是企业财务管理的重要工具，是控制企业预算期内资金、成本和利润总量的重要手段。预计财务报表主要包括预计利润表和预计资产负债表。

1. 预计利润表编制

预计利润表是指综合反映预算期内利润情况的财务报表。通过编制预计利润表，可以了解企业预期的盈利水平。如果预计利润与最初编制方案中的目标利润有较大差距，就需要调整部门预算，设法达到目标，或者经企业领导同意后修改目标利润。编制预计利润表的依据是各经营预算、专门决策预算和现金预算，表 3–16 是东方公司 2×21 年度的预计利润表。

表 3–16　东方公司 2×21 年度的预计利润表　　　　　　　　　　单位：元

项　　目	金　　额
销售收入（表 3–7）	17 640 000
销售成本（表 3–12）	10 237 500
毛利	7 402 500
销售及管理费用（表 3–13）	2 350 000
利息（表 3–15）	2 164 750
利润总额	2 887 750
所得税费用	700 000
净利润	2 187 750

其中,"销售收入"的数据来自销售预算;"销售成本"的数据来自产品成本预算;"毛利"的数据是前两项的差额;"销售及管理费用"的数据来自销售及管理费用预算;"利息"的数据来自现金预算。

另外,"所得税费用"是在利润规划时估计的,并已列入现金预算。它通常不是根据"利润总额"和所得税税率计算得出的,因为有诸多纳税调整的事项存在。此外,从预算编制程序上看,如果根据"利润总额"和税率重新计算所得税,就需要修改"现金预算",从而引起信贷计划修订,进而改变"利息",最终又要修改"利润总额",以致陷入数据的循环修改。

2. 预计资产负债表编制

预计资产负债表是指综合反映企业预算期末财务状况的财务报表。编制预计资产负债表的主要目的是判断预算反映的财务状况的稳定性和流动性。如果通过对预计资产负债表的分析,发现某些财务比率不佳,必要时可修改有关预算,以改善财务状况。预计资产负债表的编制需以计划期开始日的资产负债表为基础,结合计划期间各项经营预算、专门决策预算、现金预算和预计利润表进行编制。预计资产负债表是编制财务预算的终点。表3-17是东方公司2×21年度的预计资产负债表。

表3-17 东方公司2×21年度的预计资产负债表   单位:元

资产	年初余额	年末余额	负债和股东权益	年初余额	年末余额
流动资产:			流动负债:		
货币资金(表3-15)	800 000	306 650	短期借款	0	750 000
应收账款(表3-7)	620 000	2 016 000	应付账款(表3-9)	235 000	742 400
存货(表3-9、表3-12)	402 500	645 000	流动负债合计	235 000	1 492 400
流动资产合计	1 822 500	2 967 650	非流动负债:		
非流动资产:			长期借款	12 000 000	22 000 000
固定资产	4 000 000	3 350 000	非流动负债合计	12 000 000	22 000 000
在建工程	10 000 000	22 000 000	负债合计	12 235 000	23 492 400
非流动资产合计	14 000 000	25 350 000	股东权益:		
			股本	2 000 000	2 000 000
			资本公积	500 000	500 000
			盈余公积	750 000	750 000
			未分配利润	337 500	1 575 250
			股东权益合计	3 587 000	4 825 250
资产合计	15 822 500	28 317 650	负债和股东权益合计	15 822 500	28 317 650

其中,"货币资金"的数据来源于表3-15中的年初和年末现金余额。"应收账款"的年初余额620 000元来自表3-7的"上年应收账款",年末余额为2 016 000元[5 040 000-3 024 000或5 040 000×(1-60%)]。"存货"包括直接材料和产成品,直接材料年初余额为240 000元(3 000×80),年末余额为320 000元(4 000×80);产成品成本年初余额为

162 500 元［（200+6 300–6 400）×1 625］，年末余额为 325 000 元（200×1 625）；存货年初余额为 402 500 元（240 000+162 500），年末余额为 645 000 元（320 000+325 000）。"固定资产"的年末余额为 3 350 000 元（4 000 000–650 000），其中的 650 000 元（400 000+100 000+150 000）指的是本年计提的折旧，数据来自于表 3–11 和表 3–13。"在建工程"的年末余额为 22 000 000 元（10 000 000+12 000 000），本年的增加额 1 200 000 元来源于表 3–14（项目本年未完工）。"固定资产""在建工程"的年初余额来源于东方公司 2×20 年度的资产负债表（略）。"短期借款"本年的增加额 750 000 元（1 900 000–260 000–890 000）元，来源于表 3–15。"应付账款"的年初余额 235 000 元来源于表 3–9 的"上年应付账款"，年末余额为 742 400 元［1 484 800–742 400 或 1 484 800×（1–50%）］。"长期借款"本年的增加额 10 000 000 元来源于表 3–14；"短期借款""长期借款"的年初余额，来源于东方公司 2×20 年末的资产负债表。"未分配利润"本年的增加额 1 237 750 元为本年的净利润 2 187 750 元（见表 3–16）减去本年的股利 950 000 元（见表 3–15）；股东权益各项目的期初余额均来源于东方公司 2×20 年末的资产负债表。各项预算中都没有涉及股本和资本公积的变动，股本和资本公积的余额不变。东方公司没有计提任意盈余公积金，由于"法定盈余公积"达到股本的 50%时可以不再提取，东方公司 2×21 年没有提取法定盈余公积，即"盈余公积"的余额不变。

复习思考题

1. 什么是财务预算？财务预算主要包括哪些内容？
2. 简述财务预算的编制程序。
3. 什么是弹性预算法？简述弹性预算法的适用范围。
4. 什么是零基预算法？简述零基预算法的特点及编制程序。
5. 什么是滚动预算法？滚动预算法具有哪些优点？
6. 如何认识财务预算在现代企业管理中的作用？

计算分析题

1. 某公司预计预算期甲产品各季度的销售量为：一季度 800 件、二季度 900 件、三季度 1 000 件、四季度 1 100 件，其销售单价均为 80 元。根据过去的经验，销售货款当季能收回 70%，余下 30%下季度才能收回，假定该公司预算期初应收账款为 50 000 元。根据以上资料，编制该公司预算期销售预算。

2. 某公司根据销售预测乙产品 7—9 月的预计销售量如表 3–18 所示。

表 3–18　乙产品 7—9 月预计销售量

月　份	7月份	8月份	9月份
预计销售量/件	4 000	4 500	5 000

根据该公司以往的经验,每个月的期末存货量为下个月预计销售量的20%,同时该公司6月份的期末存货量为800件。根据资料,编制该公司预算期第3季度分月的生产预算。

3. 某公司预计2×20年1~4季度甲产品的产量分别为6 000台、6 500台、7 000台和6 800台,2×21年第1季度产量为7 500台。该产品只需一种材料,单位产品的材料消耗定额为8 kg,材料计划单价为5元。根据以往的经验,每季度末的材料库存量为下季度生产需要量的30%较为适宜。2×20年年末的材料库存量为14 500 kg,应付购料款当季支付60%,其余40%在下季度支付,2×20年末无应付账款。根据以上资料,编制该公司预算年度分季的直接材料预算。

4. 某公司预算年度制造费用明细项目资料如表3-19所示。

表3-19 某公司预算年度制造费用明细项目资料

成本项目	具体情况
间接材料	基本工资4 500元,另加每小时津贴0.20元
物料费	每小时负担0.20元
折旧费	7 500元
维修费	当生产量在6 000~9 000工时的相关范围内,基数为4 000元,另加每小时应负担0.15元
水电费	基数为1 500元,另加每小时应负担0.17元

根据以上资料,编制该公司业务量在6 000~9 000工时的相关范围内、间隔1 000工时的制造费用预算。

5. 兴发公司生产甲、乙两种产品,2×21年的预计销售价格分别为100元和50元。假定2×20年12月31日该公司的资产负债表如表3-20所示。

表3-20 兴发公司资产负债表　　　　　　　　　　　　　　　　　　　单位:元

资产		负债与所有者权益	
货币资金	1 000	短期借款	2 000
应收账款	7 000	应付账款	5 000
存货:		实收资本	35 000
原材料	4 110	留存收益	14 450
产成品	6 100		
固定资产净值	38 240		
合计	56 450	合计	56 450

已知2×21年有关预测资料如下。

① 每季度甲产品预计销售量均为100件,每季度乙产品预计销售量分别为400个、500个、600个和500个;甲产品现销比例为100%,乙产品现销比例为70%;以现金形式支付的税金及附加为销售收入的5%。

② 预计产品存货量资料:甲产品2×20年年末存货量为50件,单位变动成本为91.6

元,每季末存货量均为 50 件;乙产品 2×21 年年末存货量为 60 个,其余每季末存货量均为下季销量的 10%,存货按先进先出法计价。

③ 直接材料和直接人工消耗定额及单价如表 3-21 所示。

表 3-21 直接材料和直接人工消耗定额及单价

项 目	直接材料		直接人工	
	A 材料	B 材料	一车间	二车间
单位甲产品消耗定额	10 kg/件	5 kg/件	3 h/件	2 h/件
单位乙产品消耗定额	3 kg/个	2 kg/个	2 h/个	1 h/个
材料单价	2 元/kg	7 元/kg	—	—
小时工资率	—	—	4 元/h	4 元/h

④ 预计材料存货量及付款方式:2×20 年年末 A 材料存货量 669 kg,B 材料 396 kg;预计 2×21 年年末 A 材料存货量 840 kg,B 材料 510 kg。各种材料的季末存货量均为下季生产总耗用量的 30%。每季购买 A、B 材料只需支付 60% 的现金,余款下季内付清。另外,企业拟于 2×21 年第 4 季度用现金购买 10 000 元 C 材料,以备下年开发新产品之用。

⑤ 预计制造费用、销售费用及管理费用:2×21 年全年变动制造费用为 16 120 元;固定制造费用为 12 000 元,其中固定资产折旧 4 000 元,其余均为各季均衡发生的付现成本;销售及管理费用合计为 8 000 元。

⑥ 其他资料如下:企业每季度预计分红 500 元股利;该公司免交企业所得税;各季末现金余额分别为下季预计现金收入的 5%,第 4 季度余额为 2 000 元;各季季末应收账款均在下季收回;各季现金余缺可通过归还短期借款或取得短期借款解决。

要求:为兴发公司编制 2×21 年的下列预算:

(1) 销售预算;
(2) 生产预算;
(3) 直接材料预算;
(4) 直接人工预算;
(5) 制造费用预算;
(6) 产品成本预算;
(7) 销售及管理费用预算;
(8) 现金预算;
(9) 2×21 年预计利润表;
(10) 2×21 年 12 月 31 日预计资产负债表。

第 4 章

筹 资 管 理

本章内容提要
- 筹资的概念、动机、原则及类型;
- 筹资渠道与筹资方式;
- 股权资本筹集:吸收直接投资和发行股票;
- 债务资本筹集:银行借款、发行债券、融资租赁和商业信用;
- 资本成本的概念、性质、作用;
- 个别资本成本、综合资本成本和边际资本成本的计算;
- 经营杠杆、财务杠杆和复合杠杆的概念及其计算;
- 资本结构的概念及最佳资本结构的判定;
- 资本结构的决策方法:比较资本成本法与每股收益无差别点分析法。

4.1 筹资管理概述

在市场经济发展的最初阶段,商品生产者使用的都是自有资金,原始积累十分有限,企业发展缓慢。随着市场经济的纵深发展,人们逐渐意识到"借鸡下蛋"的妙处,即以一部分本金为基础,再借入别人闲置不用的资本,许诺他们在将来归还本金的同时,另外加付一笔令人满意的利息;或者许诺他人参与分红而吸收其资本等。筹资就这样产生了。

4.1.1 筹资的概念

所谓筹资,是指企业为了满足经营活动、投资活动、资本结构管理和其他需要,通过筹资渠道和资本市场,运用筹资方式,经济有效地筹集企业所需资本的财务行为[①]。资本是企业进行生产经营活动的必要条件。企业创建,开展日常生产经营业务,购置设备、材料等生产要素,不能没有一定数量的生产经营资本;扩大生产规模,开发新产品,提高技术水平,更要追加投资。筹集资本是企业资本运动的起点,是决定资本运动规模和生产经营发展程度的重要环节。通过一定的资本渠道,采取一定的筹资方式,组织资本的供应,保证企业生产经营活动的需要,是企业财务管理的一项重要内容。

---

① 一日三餐,柴米油盐酱醋茶,离不开钱;企业经营也离不开资本。

4.1.2 筹资动机

资金是维持企业生产经营活动的血液,企业的各项经营活动和管理活动都依赖于资金的支持。企业筹资最基本的目的是企业经营的维持和发展,为企业的经营活动提供资金保障,但每次具体的筹资行为往往受特定动机的驱动,如扩张性筹资动机、偿债性筹资动机等。

(1) 扩张性筹资动机

扩张性筹资动机是指企业因扩大生产经营规模或对外投资需要而产生的筹集动机。企业要扩大生产规模,往往需要购置更多的设备、材料等生产要素,增加新产品开发和技术研究等的投入。为了满足企业扩张的资本需要,企业必须筹集资本。凡是具有良好的发展前景、处于成长期的企业通常会产生这种筹资动机,其对应的主要是长期资本。扩张性筹资动机所产生的直接结果,是企业资产总规模的增加和资本结构的明显变化。

(2) 偿债性筹资动机

偿债性筹资动机是指企业为了偿还到期债务而产生的筹资动机,这是企业在没有足够的现金用于支付或财务状况恶化时所采取的筹资行为。一般来说,企业为了获得财务杠杆利益,可以利用一定的债务资本进行生产经营。

(3) 混合性筹资动机

混合性筹资动机是指同时兼有扩张性和偿债性的筹资动机。企业在生产经营过程中,一方面可能因扩大生产经营规模需要筹集资本,另一方面可能因为现金短缺而无法偿还到期债务需要筹集资本。通过混合性筹资,既满足了企业扩大资本规模的需要,又满足了及时偿还到期债务的需求,即在这种资本筹集中混合了扩张性筹资和偿债性筹资两种动机。

4.1.3 筹资的原则

筹资活动是企业财务活动的起点,是企业扩大生产经营规模和调整资本结构必须采取的基本财务活动。企业筹资管理的基本要求是在严格遵守国家法律法规的基础上,分析影响筹资的各种因素,权衡资金的性质、数量、成本和风险,合理选择筹资方式,提高筹资效果。为了经济有效地筹集资本,企业筹资必须遵循下列基本原则。

(1) 规模适度

规模适度是指企业在筹集资本的过程中,无论通过何种渠道、采用何种方式筹资,都应事先预计资本需要量,使资本筹资量与资本需要量相互平衡,防止筹资不足而影响生产经营活动的正常开展,同时也避免筹资过剩而降低筹资效益。①资本并不是越多越好,因为那样会增加投资者对企业索取权益的压力;资本也不是越少越好,因为那样会使企业举步维艰,财务脆弱而"疲惫"。

(2) 结构合理

结构合理是指企业在筹集资本时,应综合考虑各种筹资方式,优化资本结构。企业筹资要综合考虑股权资金和债务资金的关系、长期资金与短期资金的关系、内部筹资与外部筹资的关系,合理安排资本结构,保持适当偿债能力,防范企业财务危机。

---

① 筹资规模的规划方法有 3 种:销售百分比法、线性回归分析法和实际预算法。

（3）成本节约

成本节约是指企业在资本筹集过程中，必须认真地选择筹资来源和方式，根据不同筹资渠道与筹资方式的难易程度、资本成本等进行综合考虑，并使得企业筹资成本降低，从而提高筹资效益。

（4）时机得当

时机得当是指企业在筹资过程中，必须按照投资机会把握筹资时机，确定合理的筹资计划，以避免因取得资本过早而造成投资前的资本闲置，或取得资本的相对滞后而影响投资时机。

（5）依法筹措

依法筹措是指企业在筹资过程中，必须接受国家有关法律法规及政策的指导，依法筹集资本，履行约定的社会责任，维护投资者的合法权益。

4.1.4 筹资渠道与筹资方式

企业筹资需要通过一定的筹资渠道，运用一定的筹资方式进行。筹资渠道与筹资方式既有联系又有区别。同一筹资渠道的资本往往可以采用不同的筹资方式取得，而同一筹资方式又往往可以筹集不同渠道的资本。

1. 筹资渠道

筹资渠道是指企业筹集资金的来源方向与通道，体现着资本的来源与流量，它属于资本供应的范畴。认识筹资渠道的种类及每种筹资渠道的特点，有利于企业充分开拓和正确利用筹资渠道。

（1）国家财政资本

国家财政资本历来是国有企业筹资的主要来源，政策性很强，通常只有国有企业才能利用。国家财政资本具有广阔的源泉和稳固的基础。

（2）银行借贷资本

银行借贷资本是各类企业筹资的重要来源。银行一般分为商业性银行和政策性银行。在我国，商业性银行主要有中国工商银行、中国农业银行、中国建设银行、中国银行、交通银行等；政策性银行主要有国家开发银行、中国农业发展银行和中国进出口银行等。商业性银行主要为各类企业提供商业性贷款；政策性银行主要为特定企业提供政策性贷款。银行借贷资本拥有居民储蓄、单位存款等经常性的资本来源，贷款方式灵活多样，可以适应各类企业资本筹集的需要。

（3）非银行金融机构资本

非银行金融机构资本也可以为企业提供一定的筹资来源。非银行金融机构是指除了银行以外的各种金融机构及金融中介机构。在我国，非银行金融机构主要有租赁公司、保险公司、企业集团财务公司、信托投资公司、证券公司等。它们有的集聚社会资本，融资融物；有的承销证券，提供信托服务。这种筹资渠道的财力虽然比银行小，但具有广阔的发展前景。

（4）其他企业资本

其他企业资本有时也为筹资企业提供一定的资本来源。企业在日常资本周转过程中，有时也可能形成部分暂时闲置的资本，为了让其发挥一定的效益，也需要相互融通，这就为企业筹资提供了一定的筹资来源。

（5）居民个人资本

居民个人资本可以为企业直接提供筹资来源。我国企业和事业单位的职工和广大城乡居民持有的大笔货币资本，可以对一些企业直接进行投资，为企业筹资提供资本。

（6）企业自留资本

企业自留资本主要是指企业通过提取盈余公积和保留未分配利润而形成的资本。这是企业内部形成的筹资渠道，比较便捷，有盈利的企业通常都可以利用。

2. 筹资方式

筹资方式是指企业筹集资本所采取的具体形式，体现着资本的属性和期限，受到法律环境、经济体制、融资市场等筹资环境的制约，特别是受国家对金融市场和融资行为方面的法律法规制约。如果说筹资渠道属于客观存在，那么筹资方式则属于企业的主观能动行为。

目前我国企业的筹资方式主要有以下几种。

（1）吸收直接投资

吸收直接投资，是指企业以投资合同、协议等形式吸收国家、法人单位、自然人等投资主体资金的筹资方式。吸收直接投资是一种股权筹资方式。

（2）发行股票

发行股票，是指企业以发售股票的方式取得资金的筹资方式。只有股份有限公司才能发行股票。发行股票是一种股权筹资方式。

（3）银行借款

银行借款，是指企业根据借款合同从银行或非银行金融机构取得资金的筹资方式。银行借款是一种债务筹资方式。

（4）商业信用

商业信用，是指企业之间在商品或劳务交易中，由于延期付款或延期交货所形成的借贷信用关系。商业信用是一种债务筹资方式。

（5）发行债券

发行债券，是指企业以发售公司债券的方式取得资金的筹资方式。发行债券是一种债务筹资方式。

（6）融资租赁

融资租赁，也称为资本租赁或财务租赁，是指企业与租赁公司签订租赁合同，从租赁公司取得租赁资产，通过对租赁资产的占有、使用取得资金的筹资方式。融资租赁是一种债务筹资方式。

（7）留存收益

留存收益，是指企业从税后净利润中提取的盈余公积金及从企业可供分配利润中留存的未分配利润。留存收益是一种股权筹资方式。

3. 筹资渠道与筹资方式的配合

筹资渠道与筹资方式有着密切的联系。同一筹资渠道的资本往往可以采取不同的筹资方式，而同一筹资方式又往往适用于不同的筹资渠道。因此，企业在筹资时，应当实现筹资渠道和筹资方式之间的合理配合。筹资渠道与筹资方式配合的对应关系如表 4–1 所示。

表 4–1 筹资渠道与筹资方式的配合

筹资渠道	筹资方式						
	吸收直接投资	发行股票	发行债券	银行借款	商业信用	融资租赁	留存收益
国家财政资本	√	√					
银行借贷资本				√			
非银行金融机构资本	√	√	√	√	√	√	
其他企业资本	√	√	√				
居民个人资本	√	√	√				
企业自留资本	√	√					√

4.1.5 筹资的类型

企业通过不同筹资渠道、采用不同筹资方式筹集的资本，可以按不同标志划分为不同的类型。这些不同类型的资本构成企业不同的筹资组合，认识和了解筹资种类有助于掌握不同种类的筹资对筹资成本与筹资风险的影响。

1. 按所筹资本的权益性质分为股权资本和债务资本

（1）股权资本

股权资本，也称权益资本、自有资本，是企业依法取得并长期拥有、自主调剂使用的资本。根据我国有关制度的规定，企业股权资本由投入资本、资本公积、盈余公积和未分配利润组成。股权资本具有下列属性。

① 股权资本所有权归属于企业所有者。企业所有者依法凭借股权资本参与企业经营管理和利润分配，并对企业债务承担责任。

② 企业对股权资本依法享有经营权。在企业存续期间，企业有权调配使用股权资本，企业所有者除了依法转让其所有权外，不得以任何方式抽回其投入的资本，因而股权资本被视为企业的"永久性资本"。

（2）债务资本

债务资本，也称借入资本，是企业依法取得并依约运用、按期偿还的资本。债务资本具有下列属性。

① 债务资本体现企业与债权人的债务与债权关系。它是企业的债务，是债权人的债权。

② 企业债权人有权按期索取债权本息，但无权参与企业经营管理和利润分配，对企业的其他债务不承担责任。

③ 企业对持有的债务资本在约定的期限内享有经营权，并承担按期付息还本的义务。

企业的股权资本与债务资本应具有合理的比例关系，企业在负债时除了要考虑负债利益，同时也应考虑负债导致企业财务失败的可能性。合理安排股权资本与债务资本的比例关系是企业融资管理的一个核心问题。

2. 按所筹资本的使用期限分为长期资本和短期资本

长期资本是指企业拥有的使用期限在1年以上的资本，通常包括权益资本和长期债务资本。长期资本是企业长期生存和发展所必须持有的资本，一般用于固定资产投资、无形资产投资、对外长期投资、垫支于营运资本等。

短期资本是指企业拥有的使用期限在1年以内的资本，通常是指企业的短期债务资本。短期资本是企业在生产经营过程中进行资本周转所必须持有的资本，一般用于短期流动资产投资。

企业长期资本与短期资本的比例关系构成企业资本期限结构。资本期限结构对企业的风险与收益会产生影响，企业应合理安排长期资本和短期资本的比例，在风险与收益之间进行权衡。

3. 按筹资活动是否通过金融机构分为直接筹资和间接筹资

直接筹资是指企业不通过金融机构直接从最终投资者手中筹集资本的行为。在直接筹资中，企业与投资者通过建立直接的借贷关系实现资本转移。直接筹资的形式主要有吸收直接投资、发行股票、发行债券和商业信用等。直接筹资具有筹资范围广、筹资方式多、筹资速度快、使用效益高等优点，但也存在筹资费用高、程序烦琐、受金融市场发达程度制约等不足。

间接筹资是指企业借助于银行等金融机构进行的筹资活动。在间接筹资中，企业与投资者不直接发生借贷关系，而是投资者以存款等方式投资于银行等金融机构，再由这些金融机构集中资金以贷款方式投放给筹资企业，这时银行等金融机构发挥着中介作用。间接筹资的形式主要有银行借款、非银行金融机构借款、融资租赁等。间接筹资是传统的筹资类型，它具有筹资效率高、筹资期限较为灵活等优点，但也存在筹资范围窄、筹资方式少、筹资成本高等不足。

4. 按所筹资本取得方式分为内部筹资和外部筹资

内部筹资是指企业内部通过留存收益而形成的资本来源。按照会计准则规定，留存收益包括盈余公积和未分配利润。留存收益将增加企业的资本总量，它的数量由企业的可分配利润和分配政策决定。此外，计提折旧和职工持股也是企业的内部资本来源。某一特定经营期间折旧资本来源的数量取决于当期企业折旧资产的规模和折旧政策；职工持股数额的多少取决于公司内部职工持股计划的有关限定。由于企业内部筹资是在企业内部形成的，无须花费融资费用，且属于企业的权益资本，所以是企业首选的筹资方式。

外部筹资是指企业从外部筹资而形成的资本来源。外部筹资的方式较多，主要包括发行股票、发行债券、银行借款、融资租赁和商业信用等，它们一般都需要支付一定的筹资费用。

4.2 股权资本筹集

股权资本是指投资者投入企业的资本及经营中所形成的积累，它反映所有者的权益。股权资本一般由投入资本和留存收益构成，股权资本筹资方式主要有吸收直接投资和发行股票。

4.2.1 吸收直接投资

吸收直接投资，简称吸收投资，是指企业按照"共同投资、共同经营、共担风险、共享收益"的原则，以合同、协议等形式直接吸收国家、法人、个人、外商投入资金的筹资方式。吸收投资不以证券为媒介，是以协议、合约形式存在的。吸收投资是非股份制企业筹集自有资本的主要方式。

1. 吸收投资的种类

企业通过吸收投资方式筹集的资本主要有以下 4 种。

（1）吸收国家投资

国家投资是指有权代表国家投资的政府部门或机构，以国有资产投入公司，这种情况下形成的资本称为国有资本。吸收国家投资一般具有以下特点：

① 产权归属于国家；
② 资金的运用和处置受国家约束较大；
③ 在国有企业中运用比较广泛。

（2）吸收法人投资

法人投资是指法人单位以依法可支配的资产投入公司，这种情况下形成的资本称为法人资本。吸收法人投资一般具有以下特点：

① 发生在法人单位之间；
② 以参与公司利润分配或控制为目的；
③ 出资方式灵活多样。

（3）合资经营

合资经营，是指两个或者两个以上的不同国家的投资者共同投资，创办企业，并且共同经营、共担风险、共负盈亏、共享利益的一种直接投资方式。

（4）吸收社会公众投资

社会公众投资是指社会个人或公司职工以个人合法财产投入公司，这种情况下形成的资本称为个人资本。吸收社会公众投资一般具有以下特点：

① 参加投资的人数较少；
② 每人投资的数额相对较少；
③ 以参与公司利润分配为目的。

2. 吸收投资的出资方式

（1）货币资本出资

货币资本出资是吸收投资中一种最重要的出资方式。企业有了货币资本，便可购置固定资产和各种存货、支付各种费用，满足企业创建开支和随后的日常周转需要。因此，企业应尽量要求投资者以现金方式出资。外国公司法或投资法对现金投资占资本总额的份额一般都有规定。

（2）实物资产出资

实物资产出资是指以房屋、建筑物、设备等各种固定资产及原材料、库存商品等流动资产所进行的投资。实物资产投资一般要适应企业生产、经营、研发等活动的需要，技术性能良好，作价公平合理。

（3）无形资产出资

无形资产出资是指投资者以专利权、商标权、非专利技术、土地使用权等无形资产进行的投资。我国现行法律规定，投资者以工业产权、非专利技术等无形资产作价出资的金额，不得超过企业注册资本的20%；含有高新技术的无形资产投资，确需超过注册资本20%的，需经有关部门批准，但是最高不得超过30%。

此外，国家相关法律法规对无形资产出资方式另有限制：股东或者发起人不得以劳务、信用、自然人名称、商誉、特许经营权或者设定担保的财产等作价出资。

3. 吸收投资的程序

企业吸收其他单位的投资，一般要遵循如下程序。

① 确定筹资数量。企业新建或扩大经营时采取吸收投资方式，应先确定资本的需要量。资本的需要量根据企业的生产经营规模和供销条件等核定，筹资数量与资本需要量应当相适应。

② 联系投资单位。企业能向哪些单位吸收投资，这要由企业和出资者进行双向选择。出资者根据市场需要和经济效益高低对企业进行选择，需要资本的企业则要争取数量足够、条件适宜的出资者。

投资单位确定以后，企业与出资者可以进行具体协商，确定出资数额和出资方式。从使用的灵活性考虑，企业应尽可能吸收现金投资，如果投资方确有先进且适合需要的固定资产和无形资产，亦可采取非现金投资方式。

③ 签署筹资协议。企业吸收投资，不论是为了企业新建还是为了企业增资，都应当由有关方面签署决定或协议等书面文件。对于国有企业，应当由国家授权投资的机构等签署创建或增资拨款决定；对于合资企业，应当由合资各方共同签订合资或增资协议。

④ 取得所筹集资本。签署筹资协议后，企业应按协议或计划取得资本。

4. 吸收投资评价

（1）吸收投资的优点

① 有利于增强企业信誉。吸收投资所筹集的资本属于自有资本，能增强企业的信誉和偿债能力，对扩大企业经营规模、壮大企业发展实力具有重要意义。

② 有利于尽快形成生产能力。由于吸收投资可以直接获取投资者的先进设备和先进技术，有利于尽快形成生产能力，尽快开拓市场。

③ 有利于降低财务风险。吸收投资可以降低企业的资产负债率，缓解偿债压力，降低财务风险。

（2）吸收投资的缺点

① 资本成本较高。一般来讲，企业采用吸收投资方式所负担的资本成本较高，特别是企业经营状况较好、盈利能力较强时，更是如此。因为向投资者支付的报酬是根据其出资额和企业实现利润的多少计算的。

② 容易分散控制权。投资者一般按其投资数量取得企业的经营管理权，如果外部投资者较多，则企业的控制权就比较分散。

4.2.2 发行股票

股票是股份公司为筹集自有资本而发行的有价证券,是公司签发的证明股东持有公司股份的凭证。股票持有者为公司的股东。股东按照公司章程,参加或监督企业的经营管理、分享红利,并依法承担以出资额为限的经营亏损责任。发行股票使得大量社会闲置资本得到集中和运用,并把一部分消费资本转化为生产资本。它是企业筹集长期资本的一种重要途径。

1. 股票的种类

股票可以从不同的角度进行分类。

(1) 按股东权利和义务分为普通股和优先股

普通股是公司发行的代表股东享有平等的权利、义务,不加特别限制的,股利不固定的股票。普通股是最基本的股票,股份有限公司通常情况下只发行普通股。

普通股股东有以下权利。

① 经营管理权。普通股股东出席或委托代理人出席股东大会,并依公司章程规定行使表决权。

② 分享盈余权。

③ 剩余财产分配权。

④ 优先认股权。公司增发新股时,普通股股东有权按照其持股比例优先认购同样比例的新股。

⑤ 股份转让权。股东持有的股份可以自由转让,但必须符合我国《公司法》和公司章程规定的条件。

我国《公司法》中规定了股东具有遵守公司章程、缴纳股款、不得退股等义务。

优先股是公司发行的具有优先于普通股股东分得股利和剩余财产的股票[①]。优先股股利预先确定,其分配顺序在普通股之前。优先股股东在股东大会上无表决权,在参与公司经营管理上受到一定的限制,仅对涉及优先股权利的问题有表决权。

(2) 按票面是否记名分为记名股票和无记名股票

记名股票是在股票票面上记载股东的姓名或者名称的股票,股东姓名或名称要记入公司的股东名册。我国《公司法》规定,公司向发起人、国家授权投资的机构、法人发行的股票,应为记名股票;向社会公众发行的股票,可以为记名股票,也可以为无记名股票。记名股票一律用股东本名,其转让、继承要办理过户手续。股东持有股票和股东名册才能领取股利。

无记名股票是在股票票面上不记载股东的姓名或名称的股票,股东姓名或名称也不记入公司的股东名册,公司只记载股票数量、编号及发行日期。公司对社会公众发行的股票可以为无记名股票。无记名股票的转让、继承无须办理过户手续,即可实现股权的转移。

(3) 按票面是否标明金额分为面值股票和无面值股票

面值股票是公司发行的票面上标明每张股票金额的股票。票面总金额直接代表公司注

[①] 在国外,优先股筹资是一种非常重要的筹资方式,其筹资量的增长速度高于普通股。

册资本的多少，按票面总金额即可直接记入股本，而超过面额部分则体现为资本公积。持有这种股票的股东对公司享有权利和承担义务的大小，是以其所拥有的全部股票的票面金额之和占公司发行在外股票总面额的比例确定的。我国《公司法》规定，股票应当标明票面金额。

无面值股票是指票面上不标明票面金额，而只在股票上载明所占公司股本总额的比例或者股份总数。这种股票能直接代表股份，从而直接体现其实际价值。但它不能直接反映股票溢价，不利于会计核算。

（4）按投资主体分为国家股、法人股、个人股和外资股

国家股是有权代表国家投资的部门或者机构以国有资产向公司出资而形成的股份，它由国务院授权的部门或机构持有，并向公司委派股权代表。

法人股是指企业法人依法以其可支配的财产向公司出资而形成的股份，或具有法人资格的事业单位和社会团体以国家允许用于经营的财产向公司出资而形成的股份。

个人股是指社会个人或公司职工以个人合法财产投入公司而形成的股份。

外资股是指外国及我国港、澳、台地区投资者购买的人民币特种股票。

（5）按发行对象和上市地点分为 A 股、B 股、H 股、S 股等

A 股即人民币普通股票，由我国境内公司发行，境内上市交易，它以人民币标明面值，以人民币认购和交易。

B 股即人民币特种股票，由我国境内公司发行，境内上市交易，它以人民币标明面值，以外币认购和交易，在境内（上海、深圳）证券交易所上市交易。它的投资人限于外国和我国港、澳、台地区的机构、组织和个人，定居在国外的中国公民，中国证监会规定的其他投资人。

H 股是注册地在内地、上市地在香港的股票。在纽约和新加坡上市的股票，分别称为 N 股和 S 股。

2. 股票发行的条件

根据国家有关规定和国际惯例，股份公司发行股票必须具备一定的发行条件，取得发行资格，办理必要的手续，报送有关文件。

（1）公司设立发行股票的条件

新设立的股份有限公司申请公开发行股票，应当符合下列条件。

① 生产经营符合国家产业政策。

② 普通股限于一种，并且同股同权、同股同利。

③ 在募集方式下，发起人认购的股本数额不少于公司拟发行股本总额的 35%，向社会公众发行的部分不少于拟发行股本总额的 25%；拟发行的股本总额超过人民币 4 亿元的，证监会按照规定可以酌情降低向社会公众发行部分的比例，但是最低不少于拟发行股本总额的 10%。

④ 发起人近 3 年内没有重大违法行为。

⑤ 证监会规定的其他条件。

（2）原有企业改组设立股份有限公司公开发行股票的附加条件

原有企业改组设立股份有限公司申请公开发行股票的，除应符合上述条件外，还应具

备以下几项附加条件。

① 必须采取募集方式。

② 国有企业改组设立股份有限公司公开发行股票的,国家拥有的股份在公司拟发行股本总额中所占的比例由国务院或国务院授权的部门规定。

③ 发行前一年末,净资产在总资产中所占比例不低于 30%,无形资产(土地使用权除外)在净资产中所占比例不高于 20%,但证监会另有规定的除外。

④ 近 3 年连续盈利。

(3) 增资发行股票的条件

股份有限公司增资发行股票,除了应符合上述条件以外,还应具备下列条件。

① 前一次发行的股份已募足,并间隔 1 年以上。

② 公司最近 3 年内连续盈利,并可向股东支付股利,但以当年利润分派新股不受此限制。

③ 公司最近 3 年内财务会计报告无虚假记载。

④ 公司预期利润率可达同期银行存款利率。

(4) 股票上市的条件

公司公开发行的股票进入证券交易所挂牌交易,须受严格的条件限制。我国《公司法》规定,股份有限公司申请其股票上市,必须符合下列条件。

① 股票经国务院证券管理部门批准已向社会公开发行,即不允许公司在设立时直接申请股票上市。

② 公司股本总额不少于人民币 5 000 万元。

③ 开业时间在 3 年以上,最近 3 年连续盈利;属国有企业依法改建而设立股份有限公司的,或者在《公司法》实施后新组建成立的,其主要发起人为国有大中型企业的股份有限公司,可连续计算。

④ 持有股票面值人民币 1 000 元以上的股东不少于 1 000 人,向社会公开发行的股份达公司股份总数的 25%以上;公司股本总额超过人民币 1 亿元的,向社会公开发行股份的比例为 15%以上。

⑤ 公司最近 3 年内无重大违法行为,财务会计报告无虚假记载。

⑥ 国务院规定的其他条件。

3. 股票发行的程序

根据国际惯例,各国股票的发行都有严格的法律规定程序,未经法定程序发行的股票都不产生效力。

(1) 设立发行原始股的程序

① 发起人议定公司资本,并认缴股款。

② 提出发行股票申请。

③ 公告招股说明书,制作认股书,签订承销协议。

④ 招认股份,缴纳股款。

⑤ 召开创立大会,选举董事会、监事会。

⑥ 办理公司设立登记,交割股票。

（2）增资发行新股的程序

① 公司做出发行股票的决议，做好发行的准备工作，编写必要的文件资料，获取有关的证明材料。

② 提出发行股票的申请，并经有关机构审核批准。

③ 签订承销协议，公告招股说明书。

④ 招股认股、缴纳股款、交割股票。

⑤ 改组董事会、监事会，办理变更登记。

4．股票发行的方法与推销方式

股票发行的方法与推销方式对于及时筹集和筹足资本都具有非常重要的意义。

（1）股票发行的方法

股票发行的方法主要包括有偿增资、无偿配股、有偿无偿并行增资 3 种形式。

① 有偿增资。有偿增资是指投资人须按股票面额或市价，用现金或实物购买股票。有偿增资又分为公募发行、股东优先认购、第三者分摊等具体做法。

公募发行是指向社会公众公开招募认股人认购股票。它又分为直接公募发行和间接公募发行两种。直接公募发行是发行公司通过证券商等中介机构，向社会公众发售股票，发行公司承担发行风险，证券商只收取一定手续费。间接公募发行是发行公司通过投资银行发行、包销股票，由投资银行先将股票购入再售予社会公众，投资银行承担发行风险。

股东优先认购是发行公司对现有股东按一定比例配给公司新发行股票的认购权，准许其优先认购新股。凡发行新股时在股东名册上记载的股东，均有优先认购新股的权利。股东可以优先认购的新股股数的比例与其现持旧股股数的比例相同。

第三者分摊是指股份公司在发行新股时，给予与本公司有特殊关系的第三者（如其他公司或银行）以新股摊认权。

② 无偿配股。无偿配股是公司不向股东收取现金或实物资产，而无代价地将公司发行的股票配予股东。按照国际惯例，无偿配股通常有三种具体做法，即无偿交付、股票派息、股票分割。

无偿交付是指股份公司用资本公积转增股本，按照股东现有比例无偿交付新股票。股票派息是指股份公司以当年利润分派新股代替对股东支付现金股利。股票分割是指将大面额股票分割为若干股小面额股票。实行股票分割的目的在于降低股票票面金额，便于个人投资者购买，以促进股票的发行和流通。

③ 有偿无偿并行增资。采用这种方法时，股份公司发行新股给予股东时，股东只需交付一部分股款，其余部分由公司公积金抵充，即可获取一定数量的新股。这种做法兼有增加资本和调整资本结构的作用，可鼓励股东缴纳股款购入新股。

（2）股票推销方式

股票发行是否成功，最终取决于能否将股票全部推销出去。股份公司公开向社会发行股票，其推销方式不外乎两种选择，即自销方式和承销方式。

① 自销方式。自销方式是指股份公司自行直接将股票出售给投资者，而不经过证券经营机构承销。自销方式可节约股票发行成本，但发行风险完全由发行公司自行承担。这种推销方式一般仅适用于发行风险较小、手续较为简单、数额不多的股票发行。

② 承销方式。承销方式是指发行公司将股票销售业务委托给证券承销机构代理。证券承销机构是指专门从事证券买卖业务的金融中介机构，在我国主要为证券公司、信托投资公司等。我国《公司法》规定，公司向社会公开发行股票，不论是募集设立时首次发行股票还是设立后再次发行新股，均应当由依法设立的证券承销机构承销。承销方式包括包销和代销两种具体办法。

股票发行的包销，是由发行公司与证券承销机构签订承销协议，全权委托证券承销机构代理股票的出售业务。采用这种办法，一般由证券承销机构买进股份公司公开发行的全部股票，然后将所购股票转销给社会上的投资者。在规定的募股期限内，若实际招募股份数达不到预定发行股份数，剩余部分由证券承销机构全部承购。包销方式可以及时筹足资本，免于承担发行风险；但将股票以略低的价格出售给承销商会损失部分溢价。

股票发行的代销，是由证券承销机构代理股票发售业务，若实际募集股份数达不到发行股数，承销机构不负承购剩余股份的责任，而是将未售出的股份归还给发行公司，发行风险由发行公司自己承担。代销方式将股票以略高的价格出售给承销商，实际发行费用低；但发行风险由发行公司自己承担。

5. 股票发行价格的确定

股票发行价格，是股份公司发行股票时，将股票出售给投资者所采用的价格，也就是投资者认购股票时所支付的价格。股票发行价格通常由发行公司根据股票面额、股市行情和其他因素决定。股票发行价格在以募集设立方式设立公司首次发行股票时，由发起人决定；在公司成立以后再次增资发行新股时，由股东大会或董事会决定。

股份公司在不同时期对不同股票，可采用不同的方法确定其发行价格。股票发行价格通常有等价、时价和中间价 3 种。

（1）等价

等价是以股票面值为发行价格发行股票，即股票的发行价格与其面值相等，也称平价发行。等价发行股票一般比较容易推销，但发行公司不能取得溢价收入。

（2）时价

时价，也称市价，是以发行公司发行同种股票的现行市场价格为基准选择增发新股的发行价格。选用时价发行股票，由于考虑了股票的现行市场价值，可促进股票的顺利发行。

（3）中间价

中间价是以股票等价与时价的中间值作为股票的发行价格。例如，某种股票的现行市价为 80 元，每股面额为 40 元，如果发行公司按每股 60 元的价格增发该种新股票，就是按中间价发行。显然，中间价兼具等价和时价的特点。

我国《公司法》规定，股票发行价格可以是票面金额（即等价），也可以超过票面金额（即溢价），但不得低于票面金额（即折价）。①

通常在确定股票的发行价格时应考虑以下主要因素。

① 市盈率。市盈率是指股票的每股市价与每股盈余的比值，是进行股票估价的重要参数，通常可把每股净利与市盈率的乘积作为股票发行价格。

---

① 实务中股票定价的方法很多，常见的有未来收益现值法、每股净资产法、清算价值法和市盈率乘数法等。

② 每股净值。每股净值是指每一股份所代表的公司净资产数额。通常认为，股票的每股净值越高，股票的价格可定得越高。

③ 公司市场地位。市场地位较高的公司，其经营水平、盈利能力和发展前景等一般都比较好，因而其股票的发行价格也比较高。

④ 证券市场的供求关系。证券市场的供求关系对股票价格有着重要影响，当供过于求时股价一般较低；当供不应求时股价一般较高。一般地讲，股票价格不宜与股票市场的总体水平背离太多，否则容易使投资人持怀疑观望态度。

⑤ 国家有关政策规定。如我国禁止股票折价发行。

6. 股票上市对公司的影响

股票上市是指股份有限公司公开发行的股票经批准在证券交易所挂牌交易。经批准在证券交易所上市交易的股票称为上市股票。我国《公司法》规定，股东转让其股份（即股票流通）必须在依法设立的证券交易所进行。

股票上市对公司的有利影响主要体现在以下 5 个方面。

① 通过股票上市，增强融资能力。公司通过股票上市可迅速筹集一笔可观的资本，使公司财务状况发生改变，同时为今后在证券市场增资扩股和向金融机构借贷创造了便利条件。

② 通过股票上市，评价公司价值。对上市公司来说，股票市价是评价公司价值大小的标准与尺度，每日每时的股市，都是对企业客观的市场估价，也反映了投资人对上市公司的认可程度。

③ 通过股票上市，提高公司的知名度。一般来讲，上市公司因经营状况较佳而具有良好的声誉，股票上市更有利于企业拓宽销售市场，吸引众多用户。

④ 通过股票上市，防止股份过于集中，同时还可以利用股票收购其他公司。由于上市公司股票具有良好的流通性，变现能力强，因此被收购企业乐意接受上市公司出让的股票，从而减轻了上市公司的付现压力，降低了财务风险。

⑤ 利用股票股权和期权可有效激励员工，尤其是企业关键人员，如营销、科技、管理等方面的人才。因为公开的股票市场提供了股票的准确价值，也可使员工所持股票得以兑现。

股票上市对公司的不利影响主要表现在以下两个方面。

① 容易泄露商业秘密，使公司失去隐私权。公开上市的公司必须向社会公众公布其经营成果及重大经营事项等，以便社会公众和股东随时了解公司的经营状况。这就使得上市公司隐私权消失，从而加大了经理人员的操作难度。

② 公开上市需要很高的费用，包括资产评估费用、股票承销佣金、律师费、注册会计师费、材料印刷费、登记费等。这些费用的具体数额取决于每一个企业的具体情况、整个上市过程的难易程度等因素。公司上市后尚需花费一些费用为证券交易所、股东等提供资料，聘请注册会计师、律师等。

7. 股票筹资的评价

（1）股票筹资的优点

① 增强公司举债能力。发行股票筹集的是权益资本，普通股股本和留存收益构成公司

借入一切债务的基础。发行股票筹资既可以提高公司的信用程度，又可以为使用更多的债务资本提供有力的支持。

② 没有固定的到期日。发行股票筹集的资本是永久性资本，在公司持续经营期间可长期使用，能充分保证公司生产经营的资本需求。

③ 没有固定的股利负担。公司有盈余，并且认为适合分配股利，就可以分给股东；公司盈余少，或虽然有盈余但资金短缺，或存在有利的投资机会，就可以少支付或者不支付股利。

④ 筹资风险小。由于普通股没有固定的到期日，不用支付固定的利息，不存在还本付息的风险。

(2) 股票筹资的缺点

① 资本成本较高。一般来说，股票筹资的成本要大于债务资本，股票投资者要求有较高的报酬。股利要从税后利润中支付，而债务资本的利息可以在税前扣除。

② 容易分散控制权。当企业发行新股时，出售新股票，引进新股东，会导致公司原有股东控制权的分散。

③ 新股东摊薄利润。

④ 发行新股会导致股票价格下跌。

4.3 债务资本筹集

债务资本是指企业向银行、其他金融机构、其他企业单位吸收的资本，它反映债权人的权益。债务资本的出资人是企业的债权人，对企业拥有债权，有权要求企业按期还本付息。企业债务资本的筹资方式主要包括银行借款、发行债券、融资租赁、商业信用等[①]。

4.3.1 银行借款

银行借款是指企业根据借款合同向银行及其他金融机构借入的需要还本付息的款项。利用银行借款是企业筹集债务资本的一种重要方式。

1. 银行借款的种类

(1) 按提供借款的机构分为政策性银行借款、商业性银行借款和其他金融机构借款

政策性银行借款是指执行国家政策性贷款业务的银行向企业发放的贷款，通常为长期贷款。如国家开发银行借款，主要满足企业承建国家重点建设项目的资金需要；中国进出口银行借款，主要为大型设备的进出口提供买方信贷或卖方信贷；中国农业发展银行借款，主要用于确保国家对粮、棉、油等政策性收购资金的供应。商业性银行借款是指由各商业银行，如中国工商银行、中国建设银行、中国农业银行、中国银行等，向企业提供的贷款，用以满足企业生产经营的资金需要。其他金融机构借款，如从信托投资公司取得实物或货

[①] 企业是否负债有其财务上的考虑，但更有其文化传统，它反映了一种财务风格。就像我国人喜欢储蓄而外国人喜欢信贷消费一样，它反映了两种不同的风险意识和文化传统，最终体现为不同的理财风格。正是国外企业喜欢借款，所以它们才格外强调风险控制与防范。

币形式的信托投资借款，从财务公司取得的各种中长期借款，从保险公司取得的借款等。其他金融机构借款一般较商业银行借款的期限长，要求的利率较高，对借款企业的信用要求和担保的选择比较严格。

（2）按借款条件分为抵押借款和信用借款

抵押借款的抵押品可以是不动产、机器设备等实物资产，也可以是股票、债券等有价证券，企业到期不能还本付息时，银行等金融机构有权处置抵押品，以保证其贷款的安全。信用借款是凭借款企业的信用或者其保证人的信用而发放的贷款。不论属于何种类型，双方都要严格书立借款合同，信守约定。特别是对于信用借款，只有那些经商业银行审查、评估，确认借款资信良好，并确能偿还贷款的企业，方可取得。由于信用借款的风险比抵押借款的风险大，因此利率通常较高，且往往附加一些苛刻的限制条件。

（3）按借款的用途分为基本建设借款、专项借款和流动资金借款

基本建设借款是指企业因为从事新建、改建、扩建等基本建设项目需要资本时而向银行申请借入的款项。专项借款是指企业因为专门用途而向银行申请借入的款项，包括更新改造技改借款、大修理借款、研发和新产品研制借款、小型技术措施借款、出口专项借款、引进技术转让费周转金借款、进口设备外汇借款、进口设备人民币借款及国内配套设施借款等。流动资金借款是指企业为满足流动资金的需求而向银行申请借入的款项，包括生产周转借款、临时借款、结算借款和卖方信贷。

2. 银行借款的程序

企业办理长期借款和短期借款的程序基本相同，但也有一定的差别，总的来说有以下几个步骤。

（1）企业提出借款申请

企业申请借款一般应具备以下6个条件。

① 借款企业实行独立核算，自负盈亏，具有法人资格。

② 借款企业的经营方向和业务范围符合国家产业政策，借款用途属于银行贷款办法规定的范围。

③ 借款企业具有一定的物资和财产保证，担保单位具有相应的经济实力。

④ 借款企业具有偿还借款本金的能力。

⑤ 借款企业财务管理和经济核算健全，资本使用效益及企业经济效益良好。

⑥ 借款企业在银行开立结算账户。

（2）银行审查借款申请

银行针对企业的借款申请，按有关政策和贷款条件，对借款企业进行审查，依据审批权限，核准企业申请的借款金额和用款计划。

（3）签订借款合同

借款合同（又称借款契约）是规定借款单位和银行双方权利、义务和经济责任的法律文件。借款合同应具备以下8个基本条款。

① 借款种类。

② 借款用途。

③ 借款金额。

④ 借款利率。
⑤ 借款期限。
⑥ 还款资金来源及还款方式。
⑦ 保证条款。
⑧ 违约责任等。

提供借款的银行避免和降低贷款风险的一个重要措施是要求借款人接受基本条款以外的其他限制性条款,包括但不限于以下 8 个方面。

① 持有一定的现金及其他流动资产,保持合理的资产流动性及还款能力。
② 限制现金股利的支付,限制资本支出的规模。
③ 限制借入其他长期债务。
④ 定期向银行报送财务报表。
⑤ 及时偿还到期债务。
⑥ 限制资产出售。
⑦ 禁止应收账款出售或贴现。
⑧ 违约责任等。

银行借款合同必须采用书面形式。此外,借款申请书、有关借款的凭证、协议和当事人双方同意修改借款合同的有关材料,也是借款合同的组成部分。

(4) 企业取得借款

借款合同生效后,银行可在核定的贷款指标范围内,根据用款计划和实际需要,一次或分次将贷款转入企业的存款结算账户,以便企业使用借款。

(5) 企业偿还借款

企业应按照借款合同规定付息还本。企业偿还借款的方式通常有 3 种:到期一次偿还、分期等额偿还和分期不等额偿还。

3. 银行借款信用条件

企业向银行借款通常需要附带一些信用条件[①],主要包括信用额度、周转信用协议和补偿性余额等。

(1) 信用额度

信用额度即贷款限额,是借款企业与银行之间以正式或非正式协议规定的企业借款的最高限额。通常在信用额度内,企业可以随时按需要向银行申请借款。如果借款企业没有按规定用途使用贷款或财务状况恶化,银行可以拒绝继续提供剩余贷款,此时银行不承担法律责任。

(2) 周转信用协议

周转信用协议是银行具有法律义务地承诺提供不超过某一最高限额的贷款协议。在协议的有效期内,只要企业借款总额未超过最高限额,银行必须满足企业任何时候提出的借款要求。企业享用周转信用协议,通常要对贷款限额的未使用部分支付给银行一笔承诺费

---

① 债主和股东是不一样的。正因为他们没有对企业的最终控制权,所以他们才对所借出的资金施以另类的限制。这些限制即表现为债务合约中的各种限制性条款。

用。承诺费用一般按未使用信用额度的一定比率（如 2%）计算。

【例 4-1】 某企业与银行商定的周转信用限额为 200 万元，借款利率为 8%，承诺费率为 0.5%，借款企业年度内使用了 180 万元。计算该企业应该向银行支付的承诺费金额及该项借款的实际利率。

解 该企业应该向银行支付的承诺费金额及该项借款的实际利率计算如下。

$$承诺费 = 20 \times 0.5\% = 0.1（万元）$$

$$该项借款实际利率 = \frac{180 \times 8\% + 0.1}{180} \times 100\% = 8.06\%$$

（3）补偿性余额

补偿性余额是银行要求借款企业在银行中保持按贷款限额或实际借用金额一定百分比（通常为 10%~20%）计算的最低存款余额。补偿性余额有助于银行降低贷款风险，补偿其可能遭受的风险；对借款企业来说，补偿性余额则提高了借款的实际利率，加重了企业利息负担。

【例 4-2】 某企业向银行借款 100 万元，借款利率为 9%，银行要求保留 15%的补偿性余额，银行存款利率为 5%。计算该企业借款的实际利率。

解 该企业借款的实际利率计算如下。

$$实际利率 = \frac{100 \times 9\% - 100 \times 15\% \times 5\%}{100 \times (1 - 15\%)} = 9.71\%$$

4．银行借款筹资的评价

（1）银行借款筹资的优点

① 筹资成本较低。利用银行借款筹资，由于利息在税前支付，可减少企业实际负担的利息费用，因此比股票筹资成本要低得多；与债券筹资相比，借款利率一般低于债券利率。此外，由于借款是在借款企业与银行之间直接商定的，因而大大减少了交易成本。

② 有利于股东保持其控制权。银行借款只是一种债务，债权人无权参与企业经营管理，所以银行借款筹资不会引起控制权的转移或者稀释股东控制权。

③ 筹资速度较快。发行各种证券筹集长期资本，需要做好发行前的各种工作，发行也需一定的时间，因此时间较长；而银行借款一般时间较短，可以迅速获得资本。

④ 借款弹性较大。在借款之前，借款企业与银行直接商定借款的时间、数额和利率。在借款期间，如果企业财务状况发生某些变化，亦可与银行再协商，变更借款数量及条件。所以，借款筹集资本具有较大的灵活性。

⑤ 发挥财务杠杆作用。利用借款筹资（利息可以在所得税前支付）可以发挥财务杠杆的作用。

（2）银行借款筹资的缺点

① 筹资风险较大。企业借入资本则具有还本付息的法律义务，给企业带来了较大的财务风险。

② 限制条件较多。企业借款存在诸多的限制条款，可能会影响到企业以后的筹资和

投资活动。

③ 筹资数额有限。通过银行借款筹资一般不能像发行债券、发行股票那样一次筹集到大笔资金。

4.3.2 发行债券

债券是企业依照法定程序发行的、约定在一定期限内还本付息的有价证券,是持券人拥有公司债权的书面证明,代表持券人同公司之间的债权债务关系。持券人可按其取得固定利息,到期收回本金,但无权参与公司经营管理,也不参加分红,持券人对企业的经营盈亏不承担责任。发行债券是企业筹集债务资本的一个重要途径。

1. 债券的种类

债券种类很多,可按不同的标准进行分类。

(1) 按有无抵押品担保分为抵押债券和信用债券

抵押债券,也称有担保债券,是指发行公司以特定财产作为抵押的债券。按抵押物的不同,抵押债券可分为不动产抵押债券、动产抵押债券、证券信托抵押债券等。其中,证券信托抵押债券是指公司以其持有的有价证券担保而发行的债券。对于抵押债券,若发行企业不能按期偿还本息,持有人可以行使其抵押权,拍卖抵押品进行抵偿。

信用债券,也称无担保债券,是指发行公司没有抵押品担保,完全凭信用发行的债券。这种债券通常由信誉良好的公司发行,利率一般略高于抵押债券。信用债券又可进一步分为无担保债券和附属信用债券,其中附属信用债券是指对发行公司的普通资产和收益拥有次级要求权的债券,即当公司清偿时,受偿权排列顺序低于其他债券。

(2) 按偿还期限长短分为短期债券、中期债券和长期债券

短期债券的筹资期限在 1 年以内,中期债券的筹资期限在 1 年以上 5 年以内,长期债券的筹资期限在 5 年以上。

(3) 按是否记名分为记名债券和无记名债券

记名债券是指在债券票面上记载债券持有人的姓名或名称,同时在发行公司的债权人名册上进行登记的债券。转让记名债券时,要在债券上背书,同时还要到发行公司更换债权人的姓名或名称。无记名债券是指在债券票面上未记载债券持有人的姓名或名称,也不用在发行公司的债权人名册上进行登记的债券。转让无记名债券时,无需背书,交付债券即生效。

(4) 按债券能否转换为公司股票分为可转换债券和不可转换债券

可转换债券是指债券持有者可以在规定时间内按规定的价格转换为公司股票的一种债券。这种债券在发行时,对债券转换为股票的价格和比率等都做了详细规定。《公司法》规定,可转换债券的发行主体是股份有限公司中的上市公司。不可转换债券是指不能转换为公司股票的债券,大多数公司债券属于这种类型。

此外,债券还可以按其能否提前收兑分为可提前收兑债券和不可提前收兑债券;按其能否参与公司盈余分配分为参加公司债券和不参加公司债券;按其能否上市分为上市债券和非上市债券;按其票面利率是否固定分为固定利率债券和浮动利率债券;按其偿还方式分为到期一次偿还债券和分期偿还债券。

2. 发行债券的资格和条件

（1）发行债券的资格

我国《公司法》规定，股份有限公司和有限责任公司具有发行债券的资格。这种规定对发行债券资格的限制包括两个方面：一是发行主体必须符合要求；二是所筹资本的用途必须符合要求，即发行债券筹集的资本必须用于审批机关批准的用途，不得用于弥补亏损和非生产性支出。

（2）发行债券的条件

我国《证券法》规定，发行公司债券必须符合下列条件。

① 股份有限公司的净资产不低于人民币 3 000 万元，有限责任公司的净资产不低于人民币 6 000 万元。

② 累计债券余额不超过公司净资产的 40%。

③ 最近 3 年平均可分配利润足以支付公司债券一年的利息。

④ 筹集的资金投向符合国家产业政策。

⑤ 债券的利率不得超过国务院限定的利率水平。

⑥ 国务院规定的其他条件。

我国《公司法》还规定，属于下列情况的企业，不得再次发行债券：

① 前次发行的公司债券尚未募足的；

② 对其债务或已发行的债券有违约或延迟支付本息的事实，且仍然处于继续状态的；

③ 最近 3 年平均可分配利润不足以支付公司债券一年利息的。

3. 发行债券的程序

公司发行债券的基本程序如下。

① 做出发行债券的决议。根据我国《公司法》的规定，股份有限公司、有限责任公司发行债券，由董事会制定方案，股东会（或股东大会）做出决议；国有独资公司发行债券，应由国家授权投资的机构或国家授权批准的部门做出决议。这种规定表明，发行债券的决议应由公司最高权力机构做出。

② 提出发行债券的申请。公司在决定公开发行债券后，应当向国务院证券管理部门申请，未经批准不得发行债券。在申请批准发行债券时，公司应提交公司登记证明、公司章程、债券募集办法、资产评估报告和验资报告等证明文件。

③ 公告债券的募集办法。在债券发行申请批准之后，公司应当向社会公告债券募集办法，公告内容包括公司名称、债券总额、债券票面金额、债券利率、还本付息期限和方法、债券发行起止日期、公司净资产、已发行尚未到期的债券总额、债券承销机构等。

④ 委托证券承销机构发行债券。我国《证券法》规定，证券的发行只能采用间接发行的方式。在间接发行方式下，发行债券的申请被批准后，发行企业要与证券承销机构正式签订证券承销合同。承销机构按照合同规定，在发行期间向投资者出售债券。

⑤ 交付债券，收缴债券款。投资者直接向承销机构付款购买，承销机构代为收取债券款，交付债券；到债券出售截止日，发行公司向承销机构收缴债券款并结算预付的债券款，债券发行即告结束。公司发行的债券，应在置备的公司债券存根登记簿中登记。

4. 债券发行价格的确定

债券发行价格的高低受以下 4 个因素的影响。

① 票面金额。一般而言，债券票面金额越大，发行价格越高。

② 票面利率。一般而言，债券票面利率越高，发行价格越高。

③ 市场利率，即债券有效期内资本市场的平均利率。一般而言，市场利率越高，债券发行价格越低。

④ 债券期限。一般而言，债券期限越长，债券投资者的风险越大，要求的债券投资收益率越高，债券的发行价格越低。

从货币时间价值考虑，债券发行价格由两部分组成：债券到期还本面额的现值和债券各期利息的年金现值。债券发行价格的计算公式如下。

$$债券发行价格 = \frac{债券面值}{(1+市场利率)^n} + \sum_{t=1}^{n} \frac{债券面值 \times 票面利率}{(1+市场利率)^t}$$

式中，n 为债券期限；t 为付息期数；市场利率是指债券出售时的市场利率。

【例4-3】某公司发行面值为 1 000 元的长期债券，票面利率为 12%，期限为 5 年，每年年末支付利息。如果债券发行时的市场利率分别为 12%、10% 和 15%，计算债券的发行价格。

解 在不同的市场利率情况下，债券发行价格的计算如下。

（1）如果发行时的市场利率为 12%，则该债券的发行价格为

$1\ 000 \times (P/F, 12\%, 5) + 1\ 000 \times 12\% \times (P/A, 12\%, 5)$
$= 1\ 000 \times 0.567\ 4 + 120 \times 3.604\ 8$
$= 1\ 000$（元）

（2）如果发行时的市场利率为 10%，则该债券的发行价格为

$1\ 000 \times (P/F, 10\%, 5) + 1\ 000 \times 12\% \times (P/A, 10\%, 5)$
$= 1\ 000 \times 0.620\ 9 + 120 \times 3.790\ 8$
$= 1\ 075.8$（元）

（3）如果发行时的市场利率为 15%，则该债券的发行价格为

$1\ 000 \times (P/F, 15\%, 5) + 1\ 000 \times 12\% \times (P/A, 15\%, 5)$
$= 1\ 000 \times 0.497\ 2 + 120 \times 3.352\ 2$
$= 899.5$（元）

可见，债券之所以存在溢价发行和折价发行，主要原因是资本市场上的利息率经常变化。债券从印制到正式发行期间，如果市场利率发生变化，就无法调整票面利率，只能通过改变发行价格调整其收益。在市场利率高于票面利率时，通常采取折价发行，折价可视作以后少付利息而提前付给投资者的补偿；当市场利率低于票面利率时，通常采取溢价发行，溢价可视作以后多支付利息而提前向投资者取得的补偿。

5. 发行债券筹资的评价

（1）债券筹资的优点

发行债券是企业筹集债务资本的重要方式，其优点如下。

① 债券成本较低。与股票筹资支付的股利相比，债券利息允许在所得税前支付，发

行公司可享受税收上的利益，故公司实际负担的债券成本一般低于股票成本。

② 具有财务杠杆作用。无论发行公司盈利多少，债券持有人一般只收取固定的利息，而更多的收益可用于分配给股东或用于公司经营，从而增加股东和公司的财富。

③ 保障股东控制权。债券持有人无权参与发行公司的管理决策，公司发行债券不会像增发新股那样可能会分散股东对公司的控制权。

④ 便于调整资本结构。在公司发行可转换债券及可提前赎回债券的情况下，便于公司合理调整资本结构。

（2）债券筹资的缺点

① 财务风险高。债券有固定的到期日，并定期支付利息。利用债券筹资要承担还本付息的义务。在企业经营不景气时，向债券持有人还本付息无异于釜底抽薪，会给企业带来更大的财务困难，甚至导致企业破产。

② 限制条件多。发行债券的契约书中往往约定一些限制条件。这种限制条件比优先股及长期借款要严格得多，这可能会影响企业的正常发展和未来的筹资能力。

③ 筹资数额有限。利用债券筹资在数额上有一定的限度，当公司负债超过一定程度后，债券筹资成本会迅速上升，有时甚至难以发行出去。

4.3.3 融资租赁

租赁是指在一定期间内，出租人将资产的使用权让与承租人以获取租金的合同。租赁行为实质上具有借贷属性，不过它直接涉及的是物而不是钱。在租赁业务中，出租人主要是各种专业租赁公司，承租人主要是各类企业，租赁物大多为设备等固定资产。

1. 租赁的种类和特征

租赁按照与租赁资产所有权有关的全部风险和报酬是否转移分为经营租赁和融资租赁。

（1）经营租赁

经营租赁，也称营业租赁、服务租赁，是由出租人向承租人提供租赁资产，并提供维修、保养和人员培训等的服务性业务。经营租赁的特点主要包括以下 5 个方面。

① 租赁资产由出租人选定，一般是具有通用性、容易找到接替用户的资产。

② 租赁期限较短。

③ 租赁合同具有可撤销性。

④ 出租人提供专门的服务，并承担租赁资产维护、保养、保险等责任。

⑤ 租赁期满时，租赁资产应退还给出租人。

从以上特征可以看出，在经营租赁方式下，与租赁资产所有权有关的全部风险和报酬实质上没有转移给承租人。

（2）融资租赁

融资租赁，也称资本租赁、财务租赁，是指由出租人（租赁公司）按照承租人（租赁企业）的要求融资购买设备，并在契约或合同规定的较长时期内提供给承租企业使用的租赁业务，它是现代租赁的主要类型。承租企业采用融资租赁的主要目的是融通资本。一般融资的对象是资本，而融资租赁集融资与融物于一身，具有借贷性质，是承租企业筹集长期债务资本的一种特殊方式。融资租赁通常为长期租赁，可适应承租企业对设备的长期需要，其主要特点包括以下 5 个方面。

① 出租的设备根据承租企业提出的要求购买，或者由承租企业直接从制造商或销售商那里选定。

② 租赁期较长，接近于资产的有效使用期，在租赁期间双方无权取消合同。

③ 在规定的租赁期内非经双方同意，任何一方不得中途解约。这有利于维护双方的权益。

④ 由承租企业负责设备的维修、保养和保险，但承租企业无权拆卸改装。

⑤ 租赁期满时，按事先约定的办法处置设备。租赁期满时设备的处置一般有退租、续租、留购三种方法可供选择，一般选择留购的方式，即以很少的"名义价格"（相当于设备残值）买下设备。

我国《企业会计准则第 21 号——租赁》第三十六条指出，一项租赁属于融资租赁还是经营租赁取决于交易的实质，而不是合同的形式。如果一项租赁实质上转移了与租赁资产所有权有关的几乎全部风险和报酬，出租人应当将该项租赁分类为融资租赁。一项租赁存在下列一种或多种情形的，通常分类为融资租赁：在租赁期届满时，租赁资产的所有权转移给承租人；承租人有购买租赁资产的选择权，所订立的购买价款与预计行使选择权时租赁资产的公允价值相比足够低，因而在租赁开始日就可以合理确定承租人将行使该选择权；租赁资产的所有权虽然不转移，但租赁期占租赁资产使用寿命的大部分；在租赁开始日，租赁收款额的现值几乎相当于租赁资产的公允价值；租赁资产性质特殊，如果不做较大改造，只有承租人才能使用。一项租赁存在下列一项或多项迹象的，也可能分类为融资租赁：若承租人撤销租赁，撤销租赁对出租人造成的损失由承租人承担；资产余值的公允价值波动所产生的利得或损失归属于承租人；承租人有能力以远低于市场水平的租金继续租赁至下一期间。

在现代企业实务中，融资租赁的形式多种多样，常见的有以下 3 种类型。

① 直接租赁。这是最简单的融资租赁形式，承租人直接向制造企业租赁资产或承租人先向出租人申请，出租人按承租人要求购买资产，然后出租给承租人。

② 售后回租。在这种形式下，制造企业按照协议先将其资产卖给租赁公司，再作为承租企业将所售资产租回使用，并按期向租赁公司支付租金。采用这种融资租赁形式，承租企业因出售资产而获得了一笔现金，同时因将其租回而保留了资产的使用权。

③ 杠杆租赁。杠杆租赁是国际上比较流行的一种融资租赁形式，它一般涉及承租人、出租人和贷款人三方当事人。从承租人的角度看，它与其他融资租赁形式并无区别，同样是按合同的规定，在租期内获得资产的使用权，按期支付租金。但对出租人却不同，出租人只垫支购买资产所需现金的一部分（一般为 20%~40%），其余部分（60%~80%）则以该资产为担保向贷款人筹资支付。因此，在这种情况下，租赁公司既是出租人又是筹资人，据此既要收取租金又要支付债务。由于租赁收益一般大于筹资成本，出租人借款购物出租可获得财务杠杆利益，所以称为杠杆租赁。

2. 融资租赁的基本程序

（1）选择租赁公司，提出委托申请

企业决定采用租赁方式获取某项设备时，首先需了解各家租赁公司的经营范围、业务能力、资信情况，以及与其他金融机构（如银行）的关系，取得租赁公司的融资条件和租赁费用等相关资料,加以分析比较,从中择优选择。

企业选定租赁公司后应向租赁公司提交租赁申请,办理租赁委托。承租企业需填写"租赁申请书",同时还要向租赁公司提供近几年的财务报表、租赁项目的可行性研究报告等。出租人在收到企业的租赁申请后,依据企业所提供的资料判断承租人的偿债能力、评估租赁项目的可行性、估算租赁项目的风险,以确定是否接受租赁申请。

(2) 选择租赁设备,探询设备价格

一般情况下,承租人根据自身生产和销售的需要,确定需要引进的设备,然后根据对市场有关产品和技术状况的了解,选定有关供货人或制造企业并洽谈设备的品种、规格、型号、性能、交货期、价格等有关事宜。在这种情况下,选择设备可提前进行,作为融资租赁的第一步程序。

有的承租人对市场和供应企业缺乏调查研究,则可委托租赁公司代为联系物色。承租人只需把设备的品名、规格、型号、用途、性能等具体要求告知租赁公司,由租赁公司对外进行联系和询价。但是在洽购设备的过程中,租赁公司须始终和承租人保持密切的联系,特别是设备的性能和技术条件方面,必须征得承租人的同意。

(3) 签订购货协议

由承租企业和租赁公司中的一方或双方,与选定的设备供应企业进行购买设备的技术谈判和商务谈判,在此基础上与设备供应企业签订购货协议。

(4) 签订租赁合同

租赁合同由承租企业与租赁公司签订,它是租赁业务的重要文件,具有法律效力。融资租赁合同的内容可分为一般条款和特殊条款两部分。

一般条款主要包括:合同说明,名词释义,租赁设备条款,租赁设备交货、验收和使用条款,租赁期限及起租日期条款,租金支付条款等。

特殊条款主要包括:购货合同与租赁合同的关系,租赁设备的产权归属,租赁期间不允许退租,对出租人和承租人的保障,违约补偿,设备的使用、保管、维修、保障责任,保险条款,租赁保证金和担保条款,租赁期满时设备的处置条款等。

承租企业与租赁公司签订租赁设备的合同,如需要进口设备,还应办理设备进口手续。

(5) 交货验收、结算货款与投保

承租人收到供应企业发来的设备后,应进行验收。验收合格后承租人向租赁公司签发验收证明,租赁公司据以向供应企业支付货款,同时由承租人向保险公司投保。

(6) 支付租金

承租企业按照租赁合同的规定,分期支付租金,这也是承租企业对所筹集资本的分期偿还。

(7) 租赁期满处置设备

租赁期满后,承租人根据租赁合同约定对设备续租、退租或留购。

3. 融资租赁租金的计算

1) 决定租金的因素

融资租赁每期支付的租金取决于下列 5 个因素。

① 设备购置成本。设备购置成本通常包括设备买价、运输费、安装调试费、保险费等。

② 设备预计残值。设备预计残值是指设备租赁期满时预计的可变现净值。设备预计残值越高,每期支付的租金越低。

③ 利息。利息是指租赁公司为承租企业购置设备融资而应计的利息。

④ 租赁手续费。租赁手续费是指租赁公司承办租赁设备所发生的业务费用和必要的利润。租赁手续费一般无固定标准,通常按照设备成本的一定比例计算确定。

⑤ 租赁期限。一般而言,租赁期限的长短既影响租金总额,也影响每期租金的数额。

2)租金的支付方式

租金的支付方式也影响每期租金的多少。一般而言,租金支付次数越多,每次支付的租金越少。支付租金的方式可按不同的标准进行分类。

① 按支付间隔期划分,可分为年付租金、半年付租金、季付租金和月付租金。

② 按租金支付时点的不同,可分为先付租金和后付租金。

③ 按每次收付是否等额划分,可分为等额支付租金和不等额支付租金。

在财务管理中,承租企业与租赁公司议定的租金支付方式,通常为后付等额租金方式。

3)租金的计算方法

租金的计算方法很多,大多采用平均分摊法和等额年金法。

(1)平均分摊法

平均分摊法是先以约定的利息率和手续费率计算出租赁期间的利息和手续费,然后连同设备购置成本按支付次数平均计算每期租金的方法。这种方法没有考虑货币时间价值因素,适用于按单利计算每期租金的情况。每期租金的计算公式如下。

$$A = \frac{(C-S)+I+F}{N}$$

式中:A——每期租金;

C——租赁设备购置成本;

S——租赁设备预计残值;

I——租赁期间利息;

F——租赁期间手续费;

N——支付租金期数。

【例4-4】某企业于2×21年1月1日从租赁公司租入一套设备,价值100 000元,租期为5年,预计租赁期满时的残值为6 000元(归租赁公司),年利率按9%计算,租赁手续费率为设备价值的2%,租金每年年末支付一次。计算租赁该套设备每次支付的租金。

解 租赁该套设备每次支付的租金计算如下。

$$每次支付租金 = \frac{(100\,000 - 6\,000) + [100\,000 \times (1+9\%)^5 - 100\,000] + 100\,000 \times 2\%}{5}$$

$$= 29\,972(元)$$

(2)等额年金法

等额年金法是运用年金现值的计算原理计算每期应付租金的方法,适用于按复利计算每期租金的情况。在这种方法下,通常需要根据利息率和手续费率确定一个租费率,作为贴现率。

根据本书第 2 章后付年金现值的计算公式，经推导可得到后付等额租金方式下每次支付租金的计算公式，即

$$A = \frac{P_A}{(P/A, i, n)}$$

式中：A——每次支付租金；
　　　P_A——等额租金现值；
　　　$(P/A, i, n)$——等额租金现值系数；
　　　n——支付租金期数；
　　　i——租费率。

【**例 4−5**】根据例 4−4 资料，假定设备残值归承租企业，租费率为 11%。计算承租企业每年年末支付的租金。

解　承租企业每年年末支付的租金计算如下。

$$A = 100\,000/(P/A, 11\%, 5) = 100\,000/3.695\,9 = 27\,056（元）$$

为了便于安排租金支付，承租企业可编制租金摊销计划表。下面根据例 4−5 的有关资料编制租金摊销计划，具体如表 4−2 所示。

表 4−2　租金摊销计划表　　　　　　　　　　　　　　　　　　　单位：元

日期	支付租金（1）	应计租费（2）=（4）×11%	本金减少（3）=（1）−（2）	应还本金（4）
2×21.01.01				100 000
2×22.12.31	27 056	11 000	16 056	83 944
2×23.12.31	27 056	9 234	17 822	66 122
2×24.12.31	27 056	7 274	19 782	46 340
2×25.12.31	27 056	5 098	21 959	24 382
2×26.12.31	27 056	2 684	24 382	0
合　计	135 280	35 280	100 000	—

4. 租赁筹资的评价

（1）租赁筹资的优点

① 迅速获得所需资产。在资金缺乏的情况下，融资租赁能迅速获得所需资产。融资租赁集"融资"与"融物"于一身，使企业在资金短缺的情况下引进设备成为可能。特别是针对中小企业、新创企业而言，融资租赁是一个重要的融资途径。大型企业的大型设备、工具等固定资产，也经常通过融资租赁方式解决巨额资金的需要，如商业航空公司的飞机，大多是通过融资租赁取得的。

② 租赁筹资限制较少。企业运用股票、债券、长期借款等筹资方式，通常受到许多资格条件的限制，相比之下，租赁筹资的限制条件很少。

③ 免遭设备陈旧过时的风险。随着科学技术的不断进步，设备陈旧过时的风险很高，

而多数租赁协议规定由出租人承担,承租企业可免遭这种风险。

④ 偿付风险低。全部租金通常在整个租期内分期支付,可以适当降低到期不能偿付的风险。

⑤ 税收负担轻。租金费用可在企业所得税前扣除,承租企业能够享受一定的税收利益。

(2) 租赁筹资的缺点

① 资本成本较高。租金总额通常要高于设备价值的30%。

② 租金支付负担重。承租企业在财务困难时期,支付固定的租金将构成一项沉重的负担。

③ 采用租赁筹资方式如果不能享有设备残值,也可视为承租企业的一种机会损失。

4.3.4 商业信用

商业信用是最常见的短期筹资方式之一。通过商业信用获得短期资本比通过银行借款获得短期资本方便得多,因为企业往往更愿意通过商业信用笼络客户,而金融机构借款的条件往往苛刻得多。

1. 商业信用的概念和形式

商业信用是企业在商品购销活动中因延期支付或预收货款而形成的借贷关系,是由商品交易中货与钱在时间和空间上的分离而形成的企业之间的直接信用行为。商业信用是企业间相互提供的,多数情况下属于"免费"资本[①]。

商业信用是企业短期资本的重要来源,其主要形式有应付账款、应付票据、合同负债等。

(1) 应付账款

应付账款是企业购买商品暂未付款而对销货方形成的债务。如果销货方允许购货方在购进商品后的一定时期内支付货款,就构成了销货方与购货方的商业信用所形成的资金结算关系,这种资金结算关系的实质是资金借贷关系。对于销货方来说,可以利用这种方式促销;对于购货方来说,延期付款则等于向销货方借用资金,可以满足短期资本的需要。应付账款是由赊购商品形成的、以记账方式表达的商业信用。赊购商品是一种最典型、最常见的商业信用形式。在这种情况下,购销双方发生商品交易,购货方收到商品后不应立即支付现金,可延到一定时间以后付款。在这种形式下,账款的支付主要依赖于销货方的信用条件。如销货方为促使购货方及时支付货款,一般均给予对方一定的现金折扣。例如,"2/10,n/30"即表示货款在10天内付清,可以享受货款金额2%的现金折扣;货款在30天内付清(即信用期为30天),则要支付全部货款。

(2) 应付票据

应付票据是指企业根据购销合同的要求,在进行延期付款的商品交易时开具的反映债权债务关系的商业票据。根据承兑人的不同,商业汇票可以分为商业承兑汇票和银行承兑汇票。商业汇票是一种期票,是反映应付账款和应收账款的书面证明。对于购货方来说,

---

① 注意"免费陷阱":提供免费资本的供货方,可能其货物的市场销售情况不妙;接受免费资本的购货方也许将成为下一家企业商业信用的提供者。因此,需要从多方面认识这种资本的潜在效应。

它是一种短期融资方式。

不管承兑人是谁，最终的付款人仍是购货人。从应付票据的付款期限看，最长不超过6个月[①]，并有带息票据和不带息票据两种。即使是带息票据，其利率通常也比银行借款利率低，一般无其他可能导致资本成本升高的附加条件，所以应付票据的资本成本通常低于银行借款。

（3）合同负债

合同负债是指销货方按合同或协议规定，在交付商品之前向购货方预收部分或全部货款的信用形式。通常购买方对于紧俏商品乐意采用这种形式，以便顺利获得所需商品。另外，生产周期长、售价高的商品，如轮船、飞机等，生产企业也经常向订货者分次预收货款，以缓解资金占用过多的矛盾。

此外，企业在生产经营活动中往往还形成一些费用，如应付职工薪酬、应交税费、应付利息等。这些费用的发生受益在前、支付在后，支付期晚于发生期，因此也属于"自然筹资"的范围。由于这些应付项目的支付具有时间规定性，其负债额度因而较为稳定，企业习惯上称之为"定额负债"或视同"自有资本"。

2. 商业信用的条件

所谓信用条件，是指销货方对付款时间和现金折扣所做的具体规定，如"2/10, n/30"，就属于一种信用条件。信用条件从总体上来看，主要有以下3种形式。

（1）预付货款

这是购货方在销货方发出货物之前支付货款，一般用于以下两种情况。

① 销货方已知购货方的信用欠佳。

② 销售生产周期长、售价高的产品。

在这种信用条件下销货方可以得到暂时的资金来源，但是购货方不但不能获得资金来源，还需预先垫支一笔资金。

（2）延期付款，但不提供现金折扣

在这种信用条件下，销货方允许购货方在交易发生后一定时期内按发票面额支付货款。例如"net 45"，是指在45天内按发票金额付款。这种条件下的信用期间一般为30~60天，但是有些季节性的生产企业可能为其顾客提供更长的信用期间。在这种情况下，购销双方存在商业信用，购货方可因延期付款而取得资金来源。

（3）延期付款，但提供现金折扣

在这种条件下，购货方若提前付款，销货方可以给予一定的现金折扣，如购货方不享受现金折扣，则必须在一定的时期内付清账款。例如"2/10, n/30"便属于此种信用条件。西方企业在各种信用交易活动中广泛地应用现金折扣，主要是为了加速账款的收现。

在这种条件下，双方存在信用交易。购货方若在折扣期内付款，则可获得短期的资金来源，并能够得到现金折扣；若放弃现金折扣，则可在稍长时间内占用销货方的资金。

如果销货方提供现金折扣，购买方应尽量争取获得此项折扣，因为丧失现金折扣的机会成本很高，可按下式计算。

[①] 电子承兑汇票的付款期限自出票日至到期日不超过1年。

$$放弃现金折扣成本 = \frac{CD}{1-CD} \times \frac{360}{N}$$

式中：CD——现金折扣百分比；

N——失去现金折扣后延期付款天数。

【例4-6】某企业拟以"2/10，n/30"信用条件购入一批商品，价值100万元。试问该企业是否应该争取享受这个折扣？

解 如果在10天内即第10天付款，无成本占用，故可设想供货人真正想取得货价为98万元的商品。但如果购买人在第10天后付款，即放弃了2%的现金折扣，则从第11天起就负担了隐含的拖欠成本。设在30天付款，即要付100万元，98万元拖欠20天的代价是牺牲了获取优惠2万元的机会。

$$放弃现金折扣成本 = \frac{2\%}{1-2\%} \times \frac{360}{30-10} \times 100\% = 36.73\%$$

一般情况下，各个企业都规定有取得现金折扣的付款原则，因为放弃现金折扣的成本还是相当高的。企业在选择是否放弃现金折扣时，一定要在放弃现金折扣的成本和多使用一段时间资金带来的收益之间进行权衡。

① 如果能以低于放弃现金折扣成本的利率借入资金，企业就应该享受现金折扣。此时，企业在现金折扣期内即使是用借入资金支付货款也是有利可图的。

② 如果在折扣期内将应付账款用于短期投资，所得的投资收益率高于放弃现金折扣成本，那么企业应该放弃折扣而去追求更高的收益。

③ 如果企业因缺乏资金而欲展期付款，则需在降低了的放弃现金折扣成本与展期付款带来的损失之间做出选择。

④ 如果有两家以上的销货方提供不同的信用条件，企业应衡量放弃现金折扣成本的大小，选择放弃现金折扣成本最小的销货方。

【例4-7】现有两家供应商分别提供不同的信用条件，甲企业为"2/10，n/30"，乙企业为"1/20，n/30"。试问应该选择哪一家供应商？

解 供应商的选择分析计算如下。

$$甲企业放弃现金折扣成本 = \frac{2\%}{1-2\%} \times \frac{360}{30-10} = 36.7\%$$

$$乙企业放弃现金折扣成本 = \frac{1\%}{1-1\%} \times \frac{360}{30-20} = 36.4\%$$

通过比较可知，选择乙企业的放弃现金折扣成本较低。如果购货方估计会拖延付款，那么应选择乙企业。

3. 商业信用筹资的评价

（1）商业信用筹资的优点

商业信用是在商品交易活动中吸收外部资金的一种行为，具有以下3个方面的优点。

① 筹资较便利。利用商业信用筹措资金非常方便，不需要企业另外做非常正规的安排。

② 限制条件少。如企业利用银行借款筹措资金，银行对贷款的使用大都规定一些限制条件，而商业信用筹资限制较少。

③ 筹资成本低。如果企业在现金折扣期的后期付款，则可利用一段时间的资金而不需要支付成本。

（2）商业信用筹资的缺点

商业信用筹资也有不足之处，主要表现在以下2个方面。

① 期限较短。商业信用属于短期筹资方式，不能用于长期资产占用。

② 风险较大。由于各种应付款项目经常发生，次数频繁，因此需要企业随时安排现金以考虑支付的需要。

4.4 资本成本

资本成本是公司筹资管理的主要依据，也是公司投资管理的重要标准。本节着重从长期资本的角度，阐述资本成本的作用和计算方法。

4.4.1 资本成本的概念及性质

1. 资本成本的概念

在现实经济生活中，企业从各种渠道取得和使用资本都不是无偿的，都需要付出代价。企业为筹集和使用资本而付出的代价称为资本成本。从广义上看，企业获得和使用的资本包括短期资本和长期资本。从狭义上看，资本仅指长期资本，资本成本仅指企业获得和使用长期资本付出的代价。

2. 资本成本的内容

资本从其构成看，包括用资费用和筹资费用两个部分。

（1）用资费用

用资费用是指企业在生产经营和对外投资活动中因使用资金而支付的代价，如向债权人支付的利息、向股东分配的股利等。用资费用是因为占用了他人资金而必须支付的，是资本成本的主要内容。

（2）筹资费用

筹资费用是指企业在筹集资金过程中支付的代价。例如，向银行支付的借款手续费，因发行股票，债券而支付的发行费用等。筹资费用与用资费用不同，它通常是在筹资时一次性支付的，在获得资金后的用资过程中不再发生，因而属于固定性资本成本，可视作对筹资总额的一项扣除。

资本成本可以用绝对数表示，也可以用相对数表示。在财务管理中，一般用相对数表示，即用资费用与实际筹集资金的比例，其计算公式如下。

$$K = \frac{D}{P-f} \times 100\%$$

或

$$K = \frac{D}{P(1-F)} \times 100\%$$

式中：K——资本成本；
D——用资费用；
P——筹资数额；
f——筹资费用；
F——筹资费率。

公式中，分母（$P-f$）至少包括三层含义：一是筹资费用属于一次性费用，不同于经常性的用资费用，因而不能用（$D+f$）/P 代替 D/（$P-f$）；二是筹资费用是在筹资时支付的，可看作筹资总额的扣除额，（$P-f$）为筹资净额；三是用公式 D/（$P-f$）而不用 D/P，表明资本成本同利息率或股利率在含义和数量方面都有差别。

3. 资本成本的性质

从资本成本的价值属性看，它属于投资收益再分配，属于利润范畴。资本成本的产生是由于资本所有权与使用权的分离，它属于资本使用者向其所有者或中介人支付的费用，构成资本所有者或中介人的一种投资收益。尽管资本成本属于利润范畴，但在会计核算中，有的资本成本是计入企业的成本费用之中，如利息；有的则作为利润分配项目，如股息。

从资本成本的应用价值看，它属于预测成本。计算资本成本与其说是一种计算，倒不如说是一种预计或预测。预计资本成本的目的在于通过资本成本的比较规划筹资方案，因此规划方案在前，实施方案在后。作为规划筹资方案的一种有效手段，预计不同筹资方式下的资本成本，有利于降低未来项目的投资成本。因此，资本成本预计是规划筹资方案前的一项基础性工作。

4. 资本成本的作用

资本成本对于企业筹资及投资管理都具有非常重要的作用。

① 资本成本是比较筹资方式、选择筹资方案的依据。企业筹措长期资本有多种方式可供选择，它们的筹资费用与使用费用各不相同，可以通过资本成本的计算与比较，并按资本成本高低进行排序，从中选出资本成本较低的筹资方式。不仅如此，由于企业全部长期资本通常是采用多种方式筹资组合构成的，这种筹资组合有多个方案可供选择，因此综合资本成本是比较各种筹资组合方案、做出资本结构决策的依据。

② 资本成本是评价投资项目、比较投资方案的主要标准。一般而言，项目投资收益率只有大于其资本成本，才是经济合理的，否则投资项目不可行。这表明资本成本是企业项目投资的"最低收益率"或者是判断项目可行性的"取舍率"。

③ 资本成本可作为评价企业经营成果的依据。从资本所有者角度看，资本成本是所有者的收益，这种收益是对资本使用者所获利润的一种分割，如果资本使用者不能使企业的经营产生收益，从而不能满足投资者的收益需要，那么投资者将不会把资本再投资于企业，企业的生产经营活动就无法正常开展。所以，资本成本在一定程度上成为判断企业经营业绩的重要依据，只有在企业资产报酬率大于资本成本时，投资者的收益期望才能得到

满足，才能表明企业经营有方。

4.4.2 个别资本成本

个别资本成本是指各种长期资本的成本。企业的长期资本一般有长期借款、长期债券、优先股、普通股、留存收益等，其中前两者可统称为债务资本，后三者可统称为权益资本。个别资本成本相应地有长期借款成本、债券成本、优先股成本、普通股成本、留存收益成本等，前两者称为债务资本成本，后三者称为权益资本成本。

1. 债务资本成本

债务资本成本主要有长期借款成本和债券成本。按照企业所得税法的规定，债务利息允许在企业所得税前支付。因此，企业实际负担的利息为：名义利息×（1－企业所得税税率）。

（1）长期借款成本

长期借款成本是指借款利息和筹资费用。由于借款利息计入税前成本费用，可以起到抵税的作用，因此长期借款成本可按下列公式计算。

$$K_L = \frac{I_L(1-T)}{L(1-F_L)} = \frac{R_L(1-T)}{1-F_L}$$

式中：K_L——长期借款成本；

I_L——长期借款利息；

T——企业所得税税率；

L——长期借款筹资总额；

F_L——长期借款筹资费率；

R_L——长期借款利率。

【例 4-8】甲公司欲从银行取得一笔长期借款 1 500 万元，手续费率为 0.1%，年利率为 5%，期限为 3 年，每年结息一次，到期一次还本。如果企业所得税税率为 25%，试计算这笔借款的资本成本。

解 这笔借款的资本成本计算如下。

$$K_L = \frac{1\,500 \times 5\% \times (1-25\%)}{1\,500 \times (1-0.1\%)} = 3.75\%$$

一般情况下，企业借款的筹资费用很少，可以忽略不计。此时长期借款资本成本可按下列公式计算。

$$K_L = R_L(1-T)$$

【例 4-9】根据例 4-8，如果不考虑手续费，试计算这笔借款的资本成本。

解 这笔借款的资本成本计算如下。

$$K_L = 5\% \times (1-25\%) = 3.75\%$$

在借款合同附加补偿性余额条款的情况下，企业可动用的借款筹资数额应扣除补偿性余额，这时借款资本成本将会增加。

【例 4–10】 甲公司欲获得借款 1 500 万元，年利率为 5%，期限为 3 年，每年结息一次，到期一次还本，但银行要求补偿性余额为 20%。如果企业所得税税率为 25%，试计算这笔借款的资本成本。

解 这笔借款的资本成本计算如下。

$$K_L = \frac{1\,500 \times 5\% \times (1-25\%)}{1\,500 \times (1-20\%)} = 4.69\%$$

在借款年度内结息次数超过一次时，借款实际利率也会高于名义利率，从而资本成本上升。这时，长期借款资本成本的计算公式为

$$K_L = \left[\left(1+\frac{R_L}{M}\right)^M - 1\right](1-T)$$

式中：M——借款年度内借款结息次数。

【例 4–11】 甲公司欲获得借款 1 500 万元，年利率为 5%，期限为 3 年，每季结息一次，到期一次还本，企业所得税税率为 25%。试计算这笔借款的资本成本。

解 这笔借款的资本成本计算如下。

$$K_L = \left[\left(1+\frac{5\%}{4}\right)^4 - 1\right](1-25\%) = 3.82\%$$

（2）债券成本

债券成本包括债券利息和筹资费用。由于债券利息在税前支付，具有抵税效应，其债券利息的处理与长期借款相同。发行债券的筹资费用一般较高，应予全面考虑。债券的筹资费用即债券发行费用，包括手续费、注册费、印刷费、上市交易费及推销费用等。

债券发行价格通常有等价、溢价、折价 3 种类型。债券利息按本金和票面利率确定，但债券筹资额应按发行价格计算。债券成本的计算公式为

$$K_B = \frac{I_B(1-T)}{B(1-F_B)}$$

式中：K_B——债券成本；
　　　I_B——债券年利息；
　　　T——企业所得税税率；
　　　B——债券筹资额，按发行价格确定；
　　　F_B——债券筹资费率。

【例 4–12】 某公司拟等价发行面值 1 000 元、期限 5 年、票面利率为 8%的债券，每年结息一次，发行费用为发行价格的 5%，企业所得税税率为 25%。试计算该债券的资本成本。

解 债券资本成本的计算如下。

$$K_B = \frac{1\,000 \times 8\% \times (1-25\%)}{1\,000 \times (1-5\%)} = 6.32\%$$

如果按溢价 1 100 元发行,则其资本成本计算如下。

$$K_B = \frac{1\,000 \times 8\% \times (1-25\%)}{1\,100 \times (1-5\%)} = 5.74\%$$

如果按折价 850 元发行,则其资本成本计算如下。

$$K_B = \frac{1\,000 \times 8\% \times (1-25\%)}{850 \times (1-5\%)} = 7.43\%$$

由于债券票面利率通常高于长期借款利率,债券发行费用较多,因此债券成本一般高于长期借款成本。

2. 权益资本成本

权益资本成本包括优先股成本、普通股成本、留存收益成本等。由于这类资本的使用费用(股利或利润等)均从税后支付,因此不存在节税功能。

(1) 优先股成本

企业发行优先股,既要支付筹资费用,又要定期支付股利。它与债券的区别在于股利在税后支付,且没有固定到期日。优先股成本的计算公式为

$$K_p = \frac{D_p}{P_p(1-F_p)} \times 100\%$$

式中:K_p——优先股成本;
D_p——优先股年股息,等于优先股面额乘固定股息率;
P_p——优先股筹资总额,按发行价格计算;
F_p——优先股筹资费率。

【例 4—13】某公司拟发行面值总额为 100 万元的优先股,固定股息率为 15%,筹资费率为 5%;该股票溢价发行,其筹资总额为 120 万元。试计算该优先股的资本成本。

解 该优先股的资本成本计算如下。

$$K_p = \frac{100 \times 15\%}{120 \times (1-5\%)} \times 100\% = 13.16\%$$

由于优先股股利在税后支付,而债券利息在税前支付,当公司破产清算时,优先股股东的求偿权在债券持有人之后,故其风险大于债券。因此,优先股成本明显高于债券成本。

(2) 普通股成本

普通股成本的确定方法与优先股成本的确定方法基本相同。但是普通股股利一般不是固定的,是逐年增长的。假定每年以固定比率 g 增长,如果第一年股利为 D_1,第二年股利

为 $D_1(1+g)$，第三年股利为 $D_1(1+g)^2$，…，第 n 年为 $D_1(1+g)^{n-1}$。因此，普通股成本的计算公式经推导可简化如下。

$$K_c = \frac{D_1}{P_c(1-F_c)} + g$$

式中：K_c——普通股成本；
　　　D_1——第一年预计股利额；
　　　P_c——筹资额；
　　　F_c——筹资费率；
　　　g——股利年增长率。

【例 4–14】某公司发行面值为 1 元的普通股 500 万股，筹资总额为 1 500 万元，筹资费率为 4%，已知第一年的每股股利为 0.25 元，以后各年按 5% 的比率增长。试计算该普通股成本。

解 该普通股成本计算如下。

$$K_c = \frac{500 \times 0.25}{1\,500 \times (1-4\%)} \times 100\% + 5\% = 13.68\%$$

上述普通股成本的计算方法，通常称为股利增长模型，是一种常用的方法。此外，还有风险收益调整法、资本资产定价模型法等[1]，在此不再阐述。

（3）留存收益成本

留存收益，也称保留盈余或留用利润，属于企业内部股权资本，是企业长期资本的一种重要来源。留存收益作为内部融资的资本再投资时，等于股东对企业进行追加投资，股东对这部分投资要求与普通股等价的报酬。如果企业将留存收益用于再投资所获得的收益低于股东自己进行另一项风险相似的投资的收益，股东将不愿意把其留存于公司而希望作为股利派发。所以，留存收益也要计算成本，它是一种机会成本。

留存收益成本的计算与普通股成本的计算基本相同，但不用考虑筹资费用，其计算公式如下。

$$K_r = \frac{D}{P_c} + g$$

式中：K_r——留存收益成本，其他符号含义同前。

在公司全部资本中，普通股及留存收益的风险最大，要求的报酬相应最高，因此其资本成本也最高。

4.4.3 综合资本成本

企业往往通过多种渠道、采用多种方式筹集资本，其筹资成本各不相同，而企业的资

---

[1] 王斌.财务管理.北京：中央广播电视大学出版社，2002：111.

本往往不可能是单一形式的,需要将各种筹资方式进行组合。为了正确地进行筹资和投资,必须计算企业的综合资本成本。

综合资本成本是指企业全部长期资本的成本,通常以各种资本占全部资本的比重为权数,对个别资本成本进行加权平均确定,也称加权平均资本成本。综合资本成本是由个别资本成本和加权平均数两个因素决定的,其计算公式如下。

$$K_W = \sum_{j=1}^{n} K_j W_j$$

式中:K_W——综合资本成本,即加权平均资本成本;

K_j——第 j 种个别资本成本;

W_j——第 j 种个别资本占全部资本的比重,即 $\sum_{j=1}^{n} W_j = 1$。

综合资本成本的计算,存在权数价值的选择问题,即各项个别资本按什么权数确定资本比重。通常,可供选择的价值形式有账面价值、市场价值、目标价值等。

1. 账面价值权数

账面价值权数,是以各项个别资本的会计报表账面价值为基础计算资本权数,确定各类资本占总资本的比重。其优点是资料容易取得,可以直接从资产负债表中得到,而且计算结果比较稳定。其缺点是当债券和股票的市价与账面价值差距较大时,导致按账面价值计算的资本成本不能反映目前从资本市场上筹集资本的现实机会成本,不适合评价现实的资本结构。

2. 市场价值权数

市场价值权数,是以各项个别资本的现行市价为基础计算资本权数,确定各类资本占总资本的比重。其优点是能够反映现时的资本成本水平,有利于进行资本结构决策。但现行市价处于经常变动之中,不容易取得,而且现行市价反映的只是现时的资本结构,不适用未来的筹资决策。

3. 目标价值权数

目标价值权数,是以各项个别资本预计的未来价值为基础确定资本权数,确定各类资本占总资本的比重。目标价值是目标资本结构要求下的产物,是公司筹措和使用资金对资本结构的一种要求。对于公司筹措新资金,需要反映期望的资本结构来说,目标价值是有益的,适用于未来的筹资决策,但目标价值的确定难免具有主观性。

【例 4-15】某企业共有资本 1 000 万元,其中长期借款 100 万元,资本成本为 6.73%;债券 300 万元,资本成本为 7.42%;优先股 100 万元,资本成本为 10.42%;普通股 400 万元,资本成本为 14.57%;留存收益 100 万元,资本成本为 14%。试计算该企业的加权平均资本成本。

解 该企业加权平均资本成本的计算如表 4-3 所示。

表 4-3 加权平均资本成本计算表

筹资方式	资本成本/%	筹资数额/万元	比重/%	加权平均资本成本/%
长期借款	6.73	100	10	0.673
债券	7.42	300	30	2.226
优先股	10.42	100	10	1.042
普通股	14.57	400	40	5.828
留存收益	14	100	10	1.4
合计	—	1 000	100	11.169

4.4.4 边际资本成本

边际资本成本是指企业追加筹资的成本。企业在追加筹资决策中必须考虑资本成本的高低[①]。边际资本成本的计算和应用通过例题说明。

【例 4-16】某公司拥有长期资本 200 万元,其中长期借款 20 万元,长期债券 40 万元,普通股 140 万元。现在公司为满足投资的需要,准备筹集新资本。公司财务人员经过分析后认为,应该继续保持目前的资本结构,即长期借款占 10%,长期债券占 20%,普通股占 70%。为了计算边际资本成本,公司财务人员计算出了随着筹资规模的扩大,各种资本成本的变化情况,具体如表 4-4 所示。

表 4-4 各种筹资资本成本随筹资规模变动情况表

筹资方式	资本结构	资本成本	筹资数额/元
长期借款	10%	4% 5% 6%	0~30 000 >30 000~70 000 70 000 以上
长期债券	20%	8% 9% 10%	0~150 000 >150 000~300 000 300 000 以上
普通股	70%	10% 11% 12%	0~280 000 >280 000~700 000 700 000 以上

第一步,计算筹资突破点。

筹资突破点是指在现有资本结构确定且保持某一资本成本的条件下可以筹集到的资本总额的最高限额。如果筹资总额超过筹资突破点,由于某种资本的筹资成本上升,即使现有的资本结构保持不变,总的资本成本会上升;反之,在筹资突破点以内,资本成本将保持不变。筹资突破点的计算公式为

$$筹资突破点 = \frac{某一特定资本成本可筹集的某种资金数额}{该种资金比重}$$

按照公式,可以计算该公司的筹资突破点,结果如表 4-5 所示。

[①] 边际意味着增量,增量意味着风险提高、成本加大。因此,边际资本成本如果要描出一条线,应该是一条阶梯状的线。

第4章 筹资管理

表 4-5 筹资突破点计算表

筹资方式	资本结构	资本成本	筹资数额/元	筹资突破点/元
长期借款	10%	4% 5% 6%	0～30 000 >30 000～70 000 70 000 以上	300 000 700 000
长期债券	20%	8% 9% 10%	0～150 000 >150 000～300 000 300 000 以上	750 000 1 500 000
普通股	70%	10% 11% 12%	0～280 000 >280 000～700 000 700 000 以上	400 000 1 000 000

第二步，计算边际资本成本。

根据第一步计算的分界点，可以得出 7 组筹资总额范围：0～300 000 元；300 000～400 000 元；400 000～700 000 元；700 000～750 000 元；750 000～1 000 000 元；1 000 000～1 500 000 元；1 500 000 元以上。对以上 7 组筹资总额分别计算加权平均资本成本，即可得到各筹资范围的边际资本成本，计算结果如表 4-6 所示。

表 4-6 边际资本成本

筹资范围/元	筹资方式	资本结构	资本成本	边际资本成本
0～300 000	长期借款 长期债券 普通股	10% 20% 70%	4% 8% 10%	0.4% 1.6% 7% 9%
300 000～400 000	长期借款 长期债券 普通股	10% 20% 70%	5% 8% 10%	0.5% 1.6% 7% 9.1%
400 000～700 000	长期借款 长期债券 普通股	10% 20% 70%	5% 8% 11%	0.5% 1.6% 7.7% 9.8%
700 000～750 000	长期借款 长期债券 普通股	10% 20% 70%	6% 8% 11%	0.6% 1.6% 7.7% 9.9%
750 000～1 000 000	长期借款 长期债券 普通股	10% 20% 70%	6% 9% 11%	0.6% 1.8% 7.7% 10.1%
1 000 000～1 500 000	长期借款 长期债券 普通股	10% 20% 70%	6% 9% 12%	0.6% 1.8% 8.4% 10.8%
1 500 000 以上	长期借款 长期债券 普通股	10% 20% 70%	6% 10% 12%	0.6% 2% 8.4% 11.0%

从表 4-6 可以看出，在不同的筹资范围内，加权平均资本成本是不同的，并且随着筹资额的增加不断上升。所以企业在增加投资时，应该将投资的内含报酬率和新增筹资的边际资本成本进行比较，如果前者大于后者，则该投资方案可取，否则是不可取的。

4.5 杠杆效应

财务管理中存在类似于物理学中的杠杆效应，表现为：由于特定固定支出或费用的存在，当某一财务变量以较小幅度变动时，另一相关变量会以较大幅度变动。财务管理中的杠杆效应，包括经营杠杆、财务杠杆和总杠杆三种效应形式。杠杆效应既可以产生杠杆利益，也可能带来杠杆风险。

4.5.1 经营杠杆与经营风险

1. 经营杠杆

经营杠杆，是指由于固定性经营成本的存在而使得资产报酬（息税前利润）变动率大于业务量变动率的现象。经营杠杆的大小可以用经营杠杆系数（DOL）表示，它是企业息税前利润变动率与业务量变动率之间的比率。经营杠杆系数可用公式表示如下。

$$DOL = \frac{\frac{\Delta EBIT}{EBIT}}{\frac{\Delta X}{X}}$$

式中：DOL——经营杠杆系数；

$\Delta EBIT$——息税前利润变动额；

EBIT——基期息税前利润；

ΔX——业务量变动额；

X——基期业务量。

在实际工作中，为了计算方便，往往对上述公式加以简化。

在考虑单一产品的情况下，如果以 p，b，a 分别表示产品销售单价、单位变动成本和固定成本总额，则有下面的等式

$$EBIT = pX - bX - a = (p-b)X - a$$
$$\Delta EBIT = (p-b)\Delta X$$

将这两个公式代入前面的经营杠杆系数的计算公式可得

$$DOL = \frac{\frac{\Delta EBIT}{EBIT}}{\frac{\Delta X}{X}} = \frac{\frac{(p-b)\Delta X}{(p-b)X-a}}{\frac{\Delta X}{X}} = \frac{(p-b)X}{(p-b)X-a}$$

在考虑多种产品的情况下,就不能直接采用上述公式计算经营杠杆系数。根据息税前利润和固定经营成本之间的关系,可以得到多种产品情况下的经营杠杆系数计算公式的变化形式,即

$$\text{DOL} = \frac{\sum pX - \sum bX}{\sum pX - \sum bX - a}$$

【例4-17】某企业生产一种产品,固定成本总额为40万元,该产品销售单价和单位变动成本分别为8元、4元。试计算销售量为50万件、80万件时的经营杠杆系数。

解 该企业不同销售量下的经营杠杆系数计算如下。

$$盈亏临界点销售量 = \frac{40}{8-4} = 10（万件）$$

当企业产品销售量分别为50万件、80万件时,有关经营杠杆系数计算如下。

$$\text{DOL}_{50} = \frac{50 \times (8-4)}{50 \times (8-4) - 40} = 1.25$$

$$\text{DOL}_{80} = \frac{80 \times (8-4)}{80 \times (8-4) - 40} = 1.14$$

采用同样的方法,可以计算出企业在下列不同销售水平时的经营杠杆系数,如表4-7所示。

表4-7 不同销售水平经营杠杆系数计算表

销售量/万件	息税前利润/万元	经营杠杆系数
2	−32	−0.25
4	−24	−0.67
8	−8	−4.00
10	0	无穷大
12	8	6.00
16	24	2.67
20	40	2.00
40	120	1.33

从以上的计算可以得出以下结论。

① 在销售量超过盈亏临界点销售量的情况下,经营杠杆系数的大小说明了销售量(额)变动引起息税前利润变动的程度。销售量(额)越大,经营杠杆系数越小;反之,销售量(额)越小,经营杠杆系数越大。例如,在销售量为20万件的情况下,经营杠杆系数为2.00,说明销售量增加(或减少)会引起息税前利润2倍的增加(或减少);在销售量为12万件的情况下,经营杠杆系数为6.00,说明销售量增加(或减少)会引起息税前利润6倍的增加(或减少)。

② 当销售量(额)小于盈亏临界点(10万件)时,经营杠杆系数为负值;当销售量(额)大于盈亏临界点时,经营杠杆系数为正值。越接近盈亏临界点,经营杠杆系数的绝

对值越大,表明息税前利润对销售水平的敏感度越高。在销售量达到盈亏临界点时,经营杠杆系数趋于无穷大。

③ 在固定成本不变的情况下,如果不能改变产品销售单价和单位变动成本,则改变经营杠杆系数的方法只能是改变销售量。也就是说,此时只能通过增加销售量才能降低经营杠杆系数。

2. 经营风险

经营风险是指由于企业经营原因造成息税前利润波动的风险,通常用预期息税前利润的标准离差率衡量。经营风险是由公司的经营决策所决定的,即公司的资产结构决定了它所面临的经营风险的大小。

影响经营风险的因素主要有产品需求的变化、市场竞争程度、产品成本、销售价格、经营杠杆、发展前景等。

(1) 产品需求的变化

该因素主要取决于市场需求变动及企业销售对市场需求变动的敏感性。在不考虑其他因素变动的条件下,市场对企业产品的需求越稳定,产品需求弹性越小,则经营风险越低;反之,企业销售状况对经济波动和市场需求环境变化的反应越敏感,则经营风险越高。

(2) 市场竞争程度

企业的市场竞争能力越强,拥有的市场份额越大,企业的经营风险越小;反之,市场的竞争对手具有较强的竞争实力,保持着较大的市场份额,则企业的经营风险越大。

(3) 产品成本

在生产经营中,原材料、燃料和动力、人工等投入费用的价格较稳定,会保持变动成本和企业收益的稳定性,使经营风险较低;反之,在生产经营中,投入费用的价格不稳定,会造成变动成本和企业收益的变动,使经营风险加剧。

(4) 销售价格

在同类产品竞争的条件下,如果能保持相对稳定的销售价格,或者具有较强的价格调整能力,企业承受的经营风险就相对较小;反之,在同类产品竞争的条件下,销售价格不稳定或价格调整能力较差,企业的收益就不稳定,经营风险较大。

(5) 经营杠杆

经营风险与经营杠杆有着密切的关系,经营杠杆效应扩大了市场和生产等不确定因素对息税前利润的影响。经营杠杆系数越高,表明息税前利润受业务量变动的影响程度越大,经营风险也就越大。

(6) 发展前景

企业产品市场具有较大的发展空间,企业所进行的市场扩展会导致预期收益的大幅度波动,使经营风险加剧。

以上因素对经营风险的作用因行业差异而各异。

4.5.2 财务杠杆与财务风险

1. 财务杠杆

财务杠杆是指由于固定性资本成本的存在而导致每股利润变动率大于息税前利润变动率的现象。不论企业息税前利润如何,债务利息和优先股股利通常都是固定不变的。当息税前利润增大时,每元利润所负担的固定性资本成本就会相对减少,这会给普通股股东带来额外的收益;反之,当息税前利润降低时,每元利润所负担的固定性资本成本就会相对增加,这就会大幅度减少普通股利润。

财务杠杆效应可以用财务杠杆系数(DFL)表示,它是普通股每股利润变动率与息税前利润变动率之间的比率。财务杠杆系数可用公式表示如下。

$$\text{DFL} = \frac{\dfrac{\Delta \text{EPS}}{\text{EPS}}}{\dfrac{\Delta \text{EBIT}}{\text{EBIT}}}$$

式中:DFL——财务杠杆系数;
ΔEPS——普通股每股利润变动额;
EPS——基期普通股每股利润。

财务杠杆系数公式可作以下变换。由于

$$\text{EPS} = \frac{(\text{EBIT} - I) \times (1 - T)}{N}$$

$$\Delta \text{EPS} = \frac{\Delta \text{EBIT} \times (1 - T)}{N}$$

所以

$$\text{DFL} = \frac{\dfrac{\Delta \text{EPS}}{\text{EPS}}}{\dfrac{\Delta \text{EBIT}}{\text{EBIT}}} = \frac{\dfrac{\Delta \text{EBIT} \times (1 - T)}{N}}{\dfrac{\Delta \text{EBIT}}{\text{EBIT}}} = \frac{\text{EBIT}}{\text{EBIT} - I}$$

即

$$财务杠杆系数 = \frac{息税前利润}{息税前利润 - 债务利息}$$

式中:I——债务利息;
N——普通股股数。

同理,当企业存在优先股时,财务杠杆系数的计算公式为

$$\text{DFL} = \frac{\dfrac{\Delta \text{EPS}}{\text{EPS}}}{\dfrac{\Delta \text{EBIT}}{\text{EBIT}}} = \frac{\dfrac{\Delta \text{EBIT} \times (1 - T)}{N}}{\dfrac{\Delta \text{EBIT}}{\text{EBIT}}} = \frac{\text{EBIT}}{\text{EBIT} - I - \dfrac{D}{1 - T}}$$

即

$$财务杠杆系数 = \frac{息税前利润}{息税前利润 - 利息 - \dfrac{优先股股利}{1 - 所得税税率}}$$

式中：D——优先股股利。

【例 4–18】有甲、乙两家公司，2×20 年和 2×21 年的资本结构和利润计算情况如表 4–8 所示。

表 4–8　甲、乙公司资本结构和利润计算表

	项　目	甲公司	乙公司
2×20 年	普通股股数（股）	100 000	50 000
	普通股股本（每股面值 10 元）	1 000 000	500 000
	债务资本（利率6%）	0	500 000
	资本总额	1 000 000	1 000 000
	息税前利润	100 000	100 000
	债务利息	0	30 000
	税前利润	100 000	70 000
	企业所得税（税率25%）	25 000	17 500
	净利润	75 000	52 500
	每股利润	0.75	1.05
2×21 年	息税前利润增长率	10%	10%
	增长后的息税前利润	110 000	110 000
	债务利息	0	30 000
	税前利润	110 000	80 000
	企业所得税（税率25%）	27 500	20 000
	净利润	82 500	60 000
	每股利润	0.825	1.2

由表 4–8 可知，虽然甲、乙两公司资本总额相等、息税前利润相等、息税前利润增长率也相等，但是资本结构不同。甲公司所有资本全是普通股股本，乙公司则是普通股股本和债务资本各占 50%。虽然 2×20 年两家公司的息税前利润都增长了 10%，但是甲公司的每股利润只增长了 10%（从 0.75 增长到 0.825），乙公司却增长了 14.3%（从 1.05 增长到 1.2）。这说明乙公司债务资金的存在，使得在企业息税前利润增长时，乙公司每股利润的增长率超过了甲公司每股利润的增长率，这就是财务杠杆效应。不过，如果公司的息税前利润下降，乙公司每股利润的下降幅度也会超过甲公司每股利润的下降幅度。

上述财务杠杆效应的大小可以用财务杠杆系数衡量。利用前面给出的财务杠杆系数计算公式，可以计算出甲、乙公司 2×20 年的财务杠杆系数。

$$DFL_{甲公司} = \frac{100\,000}{100\,000 - 0} = 1$$

$$\text{DFL}_{\text{乙公司}} = \frac{100\,000}{100\,000 - 30\,000} = 1.43$$

利用同样方法,可以计算出甲、乙两家公司 2×21 年的财务杠杆系数分别为 1 和 1.38。

2. 财务风险

财务风险,也称融资风险或筹资风险,是指企业由于筹资原因产生的资本成本而导致的普通股收益波动的风险。企业为取得财务杠杆利益,就要增加债务资本,一旦企业息税前利润下降,不足以补偿固定利息支出,企业每股收益下降得更快,甚至会引起企业破产。

一般情况下,财务杠杆系数越大,财务杠杆利益越大,财务风险也越大;反之,财务杠杆系数越小,财务杠杆利益越小,财务风险也越小。

影响财务风险的因素主要有以下几种。

(1) 资本供求的变化

资本市场资本供求的变化,会引起企业资本需求及投资规模的变化,从而使企业股东收益变得不确定,加剧了企业的财务风险。企业通过资本市场取得资金的渠道越多,筹资越顺利,企业的财务风险越小;反之,企业通过资本市场取得资金的渠道越少,筹资越困难,企业的财务风险越大。

(2) 利率水平的变动

资本市场利率水平的变动,会引起企业债务资本成本和综合资本成本的变动,从而导致股东收益的变动,加大了企业的财务风险。市场利率水平越稳定,企业的财务风险越小;反之,市场利率水平越不稳定,企业的财务风险越大。

(3) 获利能力的变化

企业获利能力即经营利润水平的变化,会引起股东收益的变动甚至产生不能偿债的风险。企业的获利能力越高,负债的风险越小;反之,企业获利能力较弱,则企业进行负债经营的风险也就越高。

(4) 资本结构的变化

资本结构的变化即财务杠杆的利用程度。企业负债比率的变化或者说财务杠杆利用程度变化,会引起投资者收益的变动。财务杠杆水平越高,股东收益及公司破产的风险越大;反之,随着负债比率的降低,财务杠杆的作用减弱,企业的财务风险随之降低。

以上对企业财务风险的影响因素中,资本结构的变化对财务风险的影响最为综合。

4.5.3 复合杠杆与企业风险

1. 复合杠杆

由于固定经营资本的存在,会产生经营杠杆作用,从而使息税前利润的变动率大于业务量的变动率;同时,在负债经营情况下,由于固定性债务成本的存在,会产生财务杠杆作用,从而使普通股每股收益的变动率大于息税前利润的变动率。由这两个杠杆效应可知,经营杠杆是通过扩大销售影响息税前利润,而财务杠杆则是通过扩大息税前利润影响每股收益,两者最终都影响到普通股每股收益。如果两种杠杆共同发挥作用,那么销售量(额)的微小变动就会使每股收益产生更大的变动。通常把固定经营资本和固定资本成本的共同作用而导致每股利润的变动率大于业务量变动率的杠杆效应称为复合杠杆,也称为总杠杆。

通常用复合杠杆系数衡量复合杠杆的作用程度。所谓复合杠杆系数,是指普通股每股收益变动率相当于业务量变动率的倍数。复合杠杆系数可用公式表示如下。

$$DCL = \frac{\Delta EPS/EPS}{\Delta X/X}$$

式中:DCL——复合杠杆系数。

上述公式可作以下变换

$$DCL = \frac{\Delta EPS/EPS}{\Delta X/X} \times \frac{\Delta EBIT/EBIT}{\Delta EBIT/EBIT} = DOL \times DFL$$

上述公式又可变换为

$$DCL = \frac{(p-b)X}{(p-b)X-a-I}$$

或者

$$DCL = \frac{pX-bX}{pX-bX-a-I}$$

如果企业存在优先股,则

$$DCL = \frac{(p-b)X}{(p-b)X-a-I-D/(1-T)}$$

式中:D——优先股年股利。

【例4–19】某公司本年度只经营一种产品,产品销售单价为250元,单位变动成本为100元,固定成本总额为60万元,债务筹资的年利息为40万元,预计每年产品销售数量为10 000台。试计算该公司的复合杠杆系数。

解 该公司的复合杠杆系数计算如下。

$$DCL = \frac{10\,000 \times (250-100)}{10\,000 \times (250-100) - 600\,000 - 400\,000} = 3$$

或

$$DOL = \frac{10\,000 \times (250-100)}{10\,000 \times (250-100) - 600\,000} = 1.67$$

$$DFL = \frac{EBIT}{EBIT-I} = \frac{10\,000 \times (250-100) - 600\,000}{10\,000 \times (250-100) - 600\,000 - 400\,000} = 1.8$$

$$DCL = 1.67 \times 1.8 = 3$$

2. 企业风险

企业风险是指企业综合运用经营杠杆效应和财务杠杆效应所带来的风险。由于复合杠杆系数反映了企业每股收益变动率随企业业务量变动率变动的倍数,这种放大作用是经营杠杆效应和财务杠杆效应共同作用的结果,它体现了企业风险的大小。在其他因素不变的情况下,复合杠杆系数越大,企业风险越大;反之,复合杠杆系数越小,企业风险越小。

改变复合杠杆效应程度,就可以改变企业税后利润随销售变动的程度,而复合杠杆效应程度可以通过多种经营杠杆和财务杠杆的组合获得。所以,熟练掌握经营杠杆、财务杠杆与复合杠杆之间的关系,对于合理选择经营杠杆和财务杠杆的组合方式,正确估计企业面临的税后利润变动风险有着重要的意义。

一般来说,固定资产比重较大的资本密集型企业,经营杠杆系数越高,经营风险越大,企业筹资主要依靠权益资本,以保持较小的财务杠杆系数和财务风险;变动成本比重较大的劳动密集型企业,经营杠杆系数越低,经营风险越小,企业筹资主要依靠债务资本,以保持较大的财务杠杆系数和财务风险。在企业初创阶段,产品市场占有率低,经营杠杆系数大,此时企业筹资主要依靠权益资本,在较低程度上使用财务杠杆;在企业扩张成熟期,产品市场占有率高,经营杠杆系数小,此时企业资本结构中可扩大债务资本比重,在较高程度上使用财务杠杆。

4.6 资 本 结 构

资本结构及其管理是企业筹资管理的核心问题。在企业筹资管理过程中,采用适当的方法确定最佳资本结构,是筹资管理的主要任务之一。

4.6.1 资本结构概述

1. 资本结构的概念

筹资管理中,资本结构有广义和狭义之分。广义资本结构是指全部债务与股东权益的构成及其比例关系;狭义资本结构是指长期负债与股东权益的构成及其比例关系。本书所指的资本结构,是指狭义的资本结构。

2. 最佳资本结构的概念

所谓最佳资本结构,是指企业在一定期间内使加权平均资本成本最低、企业价值最大的资本结构。最佳资本结构的判断标准有以下 3 个。

① 有利于最大限度地增加所有者财富,能使企业价值最大化。
② 企业加权平均资本成本最低。
③ 资产保持适宜的流动,并使资本结构具有弹性。

其中,加权平均资本成本最低是其主要标准。

从资本成本及财务风险的分析可以看出,债务筹资具有节税、降低资本成本、提高净资产收益率等杠杆作用,因此对外负债是企业的主要筹资方式。但随着债务比例的不断扩大,负债利率趋于上升,企业破产风险加大。所以,如何找出最佳的负债点(即最佳资本结构),使得负债筹资的优势得以充分发挥,同时又避免其不足,是筹资管理的关键。财务管理上将最佳负债点的选择称之为资本结构决策。

3. 资本结构理论

资本结构理论是现代财务领域的核心部分，美国学者莫迪利安尼（Franco Modigliani）与米勒（Mertor Miller）提出了著名的 MM 理论，标志着现代资本结构理论的建立。

（1）MM 理论

最初的 MM 理论是建立在以下基本假设基础上的：

① 企业只有长期债券和普通股票，债券和股票均在完善的资本市场上交易，不存在交易成本；

② 个人投资者与机构投资者的借款利率与企业的借款利率相同且无借债风险；

③ 经营风险可以用息税前利润的方差衡量；

④ 每一个投资者对企业未来收益、风险的预期都相同；

⑤ 所有的现金流量都是永续的，债券也是。

该理论认为，不考虑企业所得税，有无负债不改变企业的价值。因此企业价值不受资本结构的影响。而且，有负债企业的股权资本随着负债程度的增大而增大。

在考虑企业所得税带来的影响后，提出了修正的 MM 理论。该理论认为企业可利用财务杠杆增加企业价值，因负债利息可带来避税利益，企业价值会随着资产负债率的增加而增加。具体而言，有负债企业的价值等于同一风险等级中某一无负债企业的价值加上赋税节余的价值；有负债企业的股权成本等于相同风险等级的无负债企业的股权成本加上与以市值计算的债务与股权比例成比例的风险报酬，且风险报酬取决于企业的债务比例及企业所得税税率。

之后，米勒进一步将个人所得税因素引入修正的 MM 理论，并建立了同时考虑企业所得税和个人所得税的 MM 资本结构理论模型。

（2）权衡理论

修正的 MM 理论只是接近现实。在现实经济实践中，各种负债成本随负债比率的增大而上升，当负债比率达到某一程度时，企业负担破产成本的概率会增加。经营良好的企业通常会维持其债务不超过某一限度。为解释这一现象，权衡理论应运而生。

权衡理论通过放宽 MM 理论完全信息以外的各种假定，考虑在税收、财务困境成本存在的条件下，资本结构如何影响企业市场价值。权衡理论认为，有负债企业的价值等于无负债企业价值加上税赋节约现值，再减去财务困境成本的现值。

（3）代理理论

代理理论认为企业资本结构会影响经理人员的工作水平和其他行为选择，从而影响企业未来现金收入和企业市场价值。该理论认为，债务筹资有很强的激励作用，并将债务视为一种担保机制。这种机制能够促使经理人员努力工作，减少个人享受，并且做出更好地投资决策，从而降低由于两权分离而产生的代理成本；但是，债务筹资可能导致另一种代理成本，即企业接受债权人监督而产生的成本。均衡的企业所有权结构是由股权代理成本和债务代理成本之间的平衡关系决定的。

（4）优序融资理论

优序融资理论以非对称信息条件及交易成本的存在为前提，认为企业外部融资要多支付各种成本，使得投资者可以从企业资本结构的选择判断企业市场价值。企业偏好内部融资，当需要进行外部融资时，债务筹资优于股权筹资。从成熟的证券市场分析，企业的筹资优序模式首先是内部筹资，其次是借款、发行债券、可转换债券，最后是发行新股筹资。但是，该理论显然难以解释现实生活中所有的资本结构现象。

值得一提的是，积极主动地改变企业的资本结构牵涉到交易成本，企业很可能不愿意改变资本结构，除非资本结构严重偏离了最优水平。由于股权的市值随股价的变化而波动，所以大多数企业的资本结构变动很可能是被动发生的。

4. 影响资本结构的因素

资本结构是一个产权结构问题，是社会资本在企业经济组织形式中的资源配置结果。资本结构的优化，将直接影响社会资本所有者的利益。

（1）经营状况的稳定性和增长率

企业产销量的稳定程度对资本结构有重要影响。如果产销业务稳定，企业可较多地负担固定资本成本；如果产销量和盈余有周期性，则负担固定资本成本将承担较大的财务风险。经营发展能力表现为未来产销量的增长率，如果产销量能够以较高的水平增长，企业可以采用高负债的资本结构，以提升权益资本的报酬。

（2）财务状况和信用等级

企业财务状况良好，信用等级高，债权人愿意向企业提供信用，企业容易获得债务资金。相反，如果企业财务状况欠佳，信用等级不高，债权人投资风险大，就会降低企业获得信用的能力，加大债务资金筹资的资本成本。

（3）资产结构

资产结构是企业筹集资本后进行资源配置和使用后的资金占用问题，包括长短期资产构成和比例，以及长短期资产内部的构成和比例。资产结构对企业资本结构的影响主要包括：拥有大量固定资产的企业主要通过发行股票融通资金；拥有较多流动资产的企业更多地依赖流动负债融通资金；资产适用于抵押贷款的企业负债较多，以技术研发为主的企业则负债较少。

（4）投资人和管理当局的态度

从企业所有者的角度看，如果企业股权分散，企业可能更多地采用权益资本筹资以分散企业风险。如果企业为少数股东控制，股东通常重视企业控股权问题，为防止控股权稀释，企业一般尽量避免普通股筹资，而是采用优先股或债务资金筹资。从企业管理当局的角度看，高负债资本结构的财务风险高，一旦经营失败或出现财务危机，管理当局将面临市场接管的威胁或者被董事会解聘。因此，稳健的管理当局偏好于选择低负债比例的资本结构。

（5）行业特征和企业发展周期

不同行业的资本结构差异较大。产品市场稳定的成熟产业经营风险低，因此可提高债务资金比重，发挥财务杠杆作用。高新技术企业产品、技术、市场尚不成熟，经营风险高，因此可降低债务资金比重，控制财务杠杆风险。同一企业不同发展阶段上，资本结构安排不同。企业初创阶段，经营风险高，在资本结构安排上应控制负债比例；企业发展成熟阶段，产品产销量稳定且持续增长，经营风险低，可适度增加债务资金比重，发挥财务杠杆效应；企业收缩阶段，产品市场占有率下降，经营风险逐步加大，应逐步降低债务资金比重，保证经营现金流量能够偿付到期债务，保持企业持续经营能力，减少破产风险。

(6) 财税政策和货币政策

资本结构决策必然要研究理财环境，特别是宏观经济状况。政府调控经济的手段包括财税政策和货币政策，当企业所得税税率较高时，债务资金的抵税作用大，企业充分利用这种作用以提高企业价值。货币政策影响资本供给，从而影响利率水平的变动，当国家执行了紧缩的货币政策时，市场利率较高，企业债务资本成本增大。

5. 资本结构决策的意义

企业资本结构决策是企业筹资决策的核心问题。在企业资本结构决策中，合理安排权益资本和债务资本的比例关系，对企业具有重要意义。

(1) 资本结构决策有利于降低资本成本

由于债务资本需要定期支付利息和按时偿还本金，且企业清算时债权人的受偿权优先于股东，债权人的投资风险一般小于股东，企业因此支付给债权人的报酬通常会低于股东。另外，债务利息在税前支付，企业使用债务资本可以获得利息减税的利益，从而使得债务资本成本低于权益资本成本。因此，企业在一定限度内合理提高债务资本的比例，可以降低企业综合资本成本。

(2) 资本结构决策有利于发挥财务杠杆作用

由于债务利息是固定不变的，当息税前利润增加时，每元营业利润所负担的固定利息费用就会随之降低，从而使股东获得的收益提高，这就是财务杠杆作用所带来的利益。所以，在一定限度内合理利用债务资本，特别是在公司营业利润预计有较大幅度增长时，适当增加负债，有利于发挥财务杠杆作用，获取财务杠杆利益。

(3) 资本结构决策有利于提高公司价值

公司价值是公司权益资本市场价值与债务资本市场价值之和。公司价值的计量与资本结构相关联，因为资本结构的安排会直接影响到权益资本和债务资本的市场价值，进而影响公司总价值。因此，合理安排资本结构有利于公司价值的提高。

4.6.2 资本结构决策

根据现代资本结构理论分析，企业最佳资本结构是存在的。在资本结构最佳点上，企业价值达到最大，同时加权平均资本成本达到最小。

由于筹资活动及筹资环境的复杂性，难以找到各种筹资方式之间的最佳比例（即最佳资本结构），只能通过一定的方法判断、选择相对合理的资本结构。通常运用比较资本成本法、每股收益无差别点分析法等进行资本结构决策。

1. 比较资本成本法

比较资本成本法是指在适度财务风险条件下，计算可供选择的不同资本结构（或筹资组合方案）的综合资本成本，并以此为标准确定最佳资本结构的方法。

企业筹资可分为初始筹资和追加筹资两种情况。与此相应，企业的资本结构决策可以分为初始筹资资本结构决策和追加筹资资本结构决策。

(1) 初始筹资资本结构决策

在企业筹资实务中，企业对拟定的筹资总额，可采用多种筹资方式筹集，每种筹资方式的筹资额也可有不同的安排，由此会形成若干备选资本结构或者筹资组合方案。在比较资本成本法下，可以通过综合资本成本的计算及比较做出选择。

【例 4-20】某企业创立初期有 3 个筹资方案可供选择，有关资料计算如表 4-9 所示。

表 4-9　筹资方案有关资料计算表　　　　　　　　　　　　　单位：万元

筹资方式	筹资方案Ⅰ		筹资方案Ⅱ		筹资方案Ⅲ	
	筹资额	资本成本/%	筹资额	资本成本/%	筹资额	资本成本/%
长期借款	40	6	50	6.5	80	7.0
债券	100	7	150	8.0	120	7.5
优先股	60	12	100	12.0	50	12.0
普通股	300	15	200	15.0	250	15.0
合　计	500	—	500	—	500	—

下面分别计算 3 个筹资方案的加权平均资本成本，从而确定最佳筹资方案（即最佳资本结构）。

（1）方案Ⅰ

① 各种筹资占筹资总额的比重计算如下。

$$长期借款：40/500=0.08$$
$$债券：100/500=0.2$$
$$优先股：60/500=0.12$$
$$普通股：300/500=0.6$$

② 加权平均成本计算如下。

$$K_{\text{Ⅰ}}=0.08\times6\%+0.2\times7\%+0.12\times12\%+0.6\times15\%=12.32\%$$

（2）方案Ⅱ

① 各种筹资占筹资总额的比重计算如下。

$$长期借款：50/500=0.1$$
$$债券：150/500=0.3$$
$$优先股：100/500=0.2$$
$$普通股：200/500=0.4$$

② 加权平均成本计算如下。

$$K_{\text{Ⅱ}}=0.1\times6.5\%+0.3\times8\%+0.2\times12\%+0.4\times15\%=11.45\%$$

（3）方案Ⅲ

① 各种筹资占筹资总额的比重计算如下。

长期借款：80/500=0.16
债券：120/500=0.24
优先股：50/500=0.1
普通股：250/500=0.5

② 加权平均资本成本计算如下。

$$K_{Ⅲ}=0.16×7\%+0.24×7.5\%+0.1×12\%+0.5×15\%=11.62\%$$

比较以上3个筹资方案的加权平均资本成本，方案Ⅱ的加权平均资本成本最低，即在其他因素相同的条件下，方案Ⅱ是最好的筹资方案，其形成的资本结构可确定为该企业的最佳资本结构。

（2）追加筹资资本结构决策

企业在持续生产经营活动过程中，由于经营业务或对外投资的需要，有时需要追加筹措新的资金。因追加筹资及筹资环境的变化，企业原定的最佳资本结构未必仍是最优的，需要进行调整，即企业需要随着筹资数额的不断变化寻求最佳资本结构。

企业追加筹资可能有多个筹资组合方案可供选择。按照最佳资本结构的要求，在适度财务风险的前提下，企业有两种选择追加筹资组合方案的方法：一是直接计算各备选追加筹资方案的边际资本成本，比较选择最佳筹资组合方案；二是分别将备选追加筹资方案与原有最佳资本结构汇总，计算各个追加筹资方案的综合资本成本。

【例4-21】某企业现有两个追加筹资方案可供选择，有关资料整理后如表4-10所示。

表4-10 追加筹资方案的有关资料　　　　　　　　　　　单位：万元

筹资方式	追加筹资方案甲		追加筹资方案乙	
	追加筹资额	资本成本/%	追加筹资额	资本成本/%
长期借款	50	7.0	60	7.5
优先股	20	13.0	20	13.0
普通股	30	16.0	20	16.0
合计	100		100	

追加筹资方案甲的加权平均资本成本计算如下。

$$K_{甲}=(50/100)×7\%+(20/100)×13\%+(30/100)×16\%=10.9\%$$

追加筹资方案乙的加权平均资本成本计算如下。

$$K_{乙}=(60/100)×7.5\%+(20/100)×13\%+(20/100)×16\%=10.3\%$$

方案乙的边际资本成本低于方案甲的边际资本成本，因此追加筹资方案乙优于方案甲。

如果该企业原有的资本结构为：长期借款50万元，债券150万元，优先股100万元，普通股（含留存收益）200万元，资本总额500万元，将其与追加筹资甲、乙方案汇总列示，具体如表 4-11 所示。

表 4-11 初始筹资方案和追加筹资方案的有关资料　　　　　单位：万元

筹资方式	原资本结构		追加筹资方案甲		追加筹资方案乙		筹资后资本结构	
	资本额	资本成本/%	追加筹资额	资本成本/%	追加筹资额	资本成本/%	方案甲	方案乙
长期借款	50	6.5	50	7.0	60	7.5	100	110
债券	150	8					150	150
优先股	100	12	20	13.0	20	13	120	120
普通股	200	15	30	16.0	20	16	230	220
合计	500	11.45	100	10.9	100	10.3	600	600

下面选择追加筹资方案的第二种方法，对第一种方法的上述计算结果进行验证。

① 若采用方案甲，追加筹资后的综合资本成本计算如下。

$$K_{甲} = \frac{50+50}{600} \times \frac{50 \times 6.5\% + 50 \times 7\%}{100} + \frac{150}{600} \times 8\% + \frac{100}{600} \times 12\% + \frac{20}{600} \times 13\% + \frac{200+30}{600} \times 16\%$$
$$= 11.69\%$$

② 若采用方案乙，追加筹资后的综合资本成本计算如下。

$$K_{乙} = \frac{50+60}{600} \times \frac{50 \times 6.5\% + 60 \times 7.5\%}{110} + \frac{150}{600} \times 8\% + \frac{100}{600} \times 12\% + \frac{20}{600} \times 13\% + \frac{200+20}{600} \times 16\%$$
$$= 11.59\%$$

显然方案乙追加筹资后的综合资本成本低于方案甲追加筹资后的综合资本成本，因此追加筹资方案乙优于方案甲。

2. 每股收益无差别点分析法

每股收益无差别点分析法是利用每股收益无差别点进行资本结构决策的方法。每股收益无差别点是指两种筹资方式下普通股每股收益相等时的息税前利润水平，即息税前利润平衡点。根据每股收益无差别点，可以分析判断在什么样的息税前利润水平下，适于采用何种筹资组合方式，进而确定企业的最佳资本结构。

根据财务杠杆的原理，随着企业息税前利润（EBIT）的增加，高负债资本结构下每股收益的增长速度会超过低负债资本结构下每股收益的增长速度。所以，在某一个 EBIT 水平达到之前，低负债资本结构下的 EPS 会超过高负债资本结构下的 EPS；而超过这一 EBIT 水平之后，高负债资本结构下的 EPS 则会超过低负债资本结构下的 EPS。换句话说，存在一个 EBIT 水平，在这一水平上，高负债资本结构和低负债资本结构的每股收益相同。这一 EBIT 水平就称为每股收益无差别点（用 $EBIT_0$ 表示）。

由于每股收益的计算公式为

$$EPS = \frac{(EBIT - I) \times (1 - T) - D}{N}$$

如果用 EPS_1、EPS_2 分别表示两个不同筹资方案的每股收益，则在每股收益无差别点上，有 $EPS_1=EPS_2$，即

$$\frac{(EBIT_0-I_1)\times(1-T)-D_1}{N_1}=\frac{(EBIT_0-I_2)\times(1-T)-D_2}{N_2}$$

将两种资本结构对应的债务利息、优先股股利、普通股股数和企业所得税税率代入上式，就可以得到使两种筹资方式的 EPS 相等的息税前利润水平 $EBIT_0$，即每股收益无差别点。

【例 4-22】假设某企业原有资本 1 000 万元，其中债务资本 400 万元，债务利息 40 万元，普通股资本 600 万元（10 万股）。由于业务需要，企业需要筹资 600 万元，筹资后企业的年息税前利润将达到 200 万元，企业所得税税率为 25%。为了筹集所需的 600 万元，企业可以选用的筹资方案有两个。

方案甲：全部采用发行普通股方式，增发 10 万股，每股 60 元；
方案乙：全部采用长期借款方式，年利率为 10%，年利息 60 万元。
将上述资料的数据代入前面的公式，得到

$$\frac{(EBIT_0-40)\times(1-25\%)}{10+10}=\frac{(EBIT_0-100)\times(1-25\%)}{10}$$

通过上述等式可得 $EBIT_0=160$ 万元，此时

$$EPS=4.50（元）$$

上述关系可以用图 4-1 来描述。

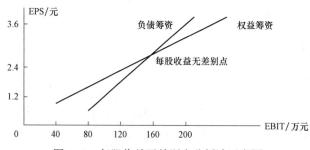

图 4-1 每股收益无差别点分析法示意图

从图 4-1 可以看出，当企业息税前利润高于无差别点水平 160 万元时，运用债务筹资能够获得更高的每股收益；当企业息税前利润低于 160 万元时，运用权益筹资可以获得更高的每股收益。由于上例中企业筹资后的息税前利润可以达到 200 万元，所以该企业应采用债务筹资的方案。

1. 什么是筹资？企业筹资的动机有哪些？

2. 企业的筹资渠道与筹资方式有哪些？
3. 什么是吸收直接投资？吸收直接投资有何优缺点？
4. 简述发行股票筹资的优缺点。
5. 简述银行借款筹资的信用条件。
6. 简述发行债券筹资的优缺点。
7. 简述租赁筹资的类型及租金的确定方法。
8. 什么是商业信用？如何理解商业信用成本？
9. 什么是资本成本？资本成本的作用有哪些？
10. 什么是经营杠杆？经营杠杆与经营风险有何关系？
11. 什么是财务杠杆？财务杠杆与财务风险有何关系？
12. 什么是资本结构？资本结构的决策方法有哪些？
13. 简述资本结构相关理论观点。
14. 影响资本结构的因素有哪些？

计算分析题

1. 企业拟发行面值为 100 元，票面利率为 12%，期限为 3 年的债券。试计算当市场利率分别为 10%、12%和 15%时的债券发行价格。

2. 某公司拟发行一种面值 1 000 元的债券，票面利率为 8%，期限为 4 年，每年支付一次利息。问：
（1）若投资者要求报酬率为 15%，则债券价值是多少？
（2）若投资者要求报酬率为 12%，则债券价值是多少？

3. 某企业融资租入设备一台，价款为 200 万元，租期为 4 年，到期后设备归企业所有，租赁期间贴现率为 15%，采用普通年金方式支付租金。试计算每年应支付租金的数额。

4. 某企业购入一批设备，对方提供的信用条件是"2/10, n/30"。该公司是否应该享受这个现金折扣，并说明原因。

5. 某公司发行面值为 1 元的股票 1 000 万股，筹资总额为 6 000 万元，筹资费率为 4%，已知第一年股利为每股 0.4 元，以后每年按 5%的比例增长。试计算该普通股的资本成本。

6. 某公司发行期限为 5 年，面值为 2 000 万元，利率为 12%的债券 2 500 万元，发行费率为 4%，企业所得税税率为 25%。试计算该债券的资本成本。

7. 某企业有一投资项目，预计报酬率为 35%，目前银行借款利率为 12%，企业所得税税率为 25%，该项目需投资 120 万元。该企业欲保持自有资本利润率 24%的目标，应如何安排负债与自有资本的筹资数额？

8. 假设某企业与银行签订了周转信用协议，在此协议下，企业可以按 12%的利率借到 100 万元的贷款，但必须按实际所借资本保留 10%的补偿性余额。如果该企业在此协议下，全年借款为 40 万元，那么借款的实际利率为多少？

9. 承上题，假如企业另外还需为信贷额度中未使用部分支付 0.5%的承诺费，那么实际利率为多少？

· 财务管理

10. 假设某公司资本来源包括以下两种形式。

① 100 万股面值为 1 元的普通股。假设公司下一年度的预期股利是每股 0.10 元，并且以后每年将以 10% 的比例增长。该普通股目前的市价是每股 1.8 元。

② 面值为 800 000 元的债券，该债券在三年后到期，每年年末要按面值的 11% 支付利息，三年后将以面值购回。该债券目前的市场价格是每张 95 元（面值 100 元）。

假设该公司适用的企业所得税税率为 25%。试计算该公司的加权平均资本成本。

11. 某公司拟筹资 2 500 万元，其中发行债券 1 000 万元，筹资费率为 2%，债券年利率为 10%，企业所得税税率为 25%；优先股 500 万元，年股息率为 7%，筹资费率为 3%；普通股 1 000 万元，筹资费率为 4%，第一年预期股利 10%，以后各年增长 4%。试计算该筹资方案的加权平均资本成本。

12. 某企业目前拥有资本 1 000 万元，其中负债资本 20%（年利息 20 万元），普通股权益资本 80%（发行普通股 10 万股，每股面值 80 元）。现准备追加筹资 400 万元，有两种筹资方案可供选择：

① 全部发行普通股，增发 5 万股，每股面值 80 元。
② 全部筹措长期债务，利率为 10%，利息为 40 万元。

企业追加筹资后，息税前利润预计为 160 万元，企业所得税税率为 25%。

（1）计算 EBIT；
（2）计算 EPS 并确定筹资方案。

13. 某企业年销售额为 280 万元，税前利润为 80 万元，固定成本为 32 万元，变动成本率为 60%。该公司全部资本为 200 万元，负债比率为 45%，负债利率为 12%。试计算该公司的财务杠杆系数、经营杠杆系数和复合杠杆系数。

14. 某企业由于扩大经营规模的需要，拟筹集新资金，有关资料如表 4-12 所示。

表 4-12　某企业筹资资料

资金种类	目标资本结构	新筹资额	资本成本
长期借款	15%	45 000 元以内	3%
		45 000 元以上	5%
长期债券	25%	200 000 元以内	10%
		200 000 元以上	11%
普通股	60%	300 000 元以内	13%
		300 000 元以上	14%

（1）计算筹资总额突破点；
（2）计算边际资本成本。

第 5 章

投 资 管 理

本章内容提要
- 投资的概念及类型；
- 现金流量的概念、构成及其计算；
- 固定资产投资管理指标：投资回收期、投资报酬率、净现值、获利指数和内含报酬率；
- 无形资产投资管理需要考虑的因素；
- 证券投资的对象、风险及步骤；
- 债券估价和股票估价模型；
- 证券投资分析方法。

5.1 投资管理概述

5.1.1 投资的概念

所谓投资，是指投资主体为获得未来收益而向一定对象投入一定量物力、财力的经济行为。例如，购建厂房设备、兴建电站、购买股票债券等，均属于投资行为。一般而言，投资行为完全或部分不可逆，投资未来的收益也不确定，投资决策只能评估代表较高或较低收益结果的概率，但投资者在投资时机上可完全自主把握。

5.1.2 投资的分类

将企业投资进行科学分类，有利于分清投资的性质，按不同的特点和要求进行管理。

1. 按照投资回收期分为短期投资和长期投资

短期投资，又称为流动资产投资，是指能够随时变现、收回时间不超过一年（含一年）的投资，如企业投资于短期证券、存货等。短期投资资金一般是企业暂时闲置的资金，这部分资金一般要求具有很高的流动性，能够及时收回。企业通过短期投资可以获得一定的收益。

长期投资是指收回时间在一年以上的投资，如固定资产投资、无形资产投资等。长期投资数额比较大，变现能力比较差，投资风险比较大，对以后各期的经营和损益都有较大的影响。

2. 按照投资方向分为对内投资和对外投资

对内投资是指在本企业范围内部的资金投放，如投资于固定资产、无形资产等。对内投资的资金直接应用于企业的生产经营活动，都是直接投资。

对外投资是指向本企业范围以外的其他单位的资金投放。对外投资多以现金、有形资产、无形资产等资产形式，通过联合投资、合作经营、换取股权、购买证券资产等投资方式，向企业外部其他单位投放资金。对外投资主要是间接投资，也可能是直接投资。

3. 按照投资对象分为直接投资和间接投资

直接投资是指将资金直接投放于形成生产经营能力的实体性资产，直接谋取经营利润的企业投资。直接投资的资金一般使用期限比较长，短期内不能收回。因此，直接投资也属于长期投资的范畴。

间接投资，也称证券投资，是指企业通过购买股票、债券等有价证券的形式进行的投资。之所以称为间接投资，是因为股票、债券的发行方在筹集到资金后会再把这些资金投放于形成生产经营能力的实体性资产，获取经营利润。而间接投资方不直接介入具体生产经营过程，通过股票、债券上所约定的收益分配权利，获取股利或利息收入，分享直接投资的经营利润。间接投资可以是长期的，也可以是短期的。企业进行间接投资时应注意效益性、安全性和流动性之间的协调平衡。

4. 按投资作用分为初始投资和后续投资

初始投资是指创建企业时所进行的各种投资，这部分投资资金通常构成企业的原始资本。

后续投资是指为巩固和扩大企业规模所进行的各种再投资，包括为维持简单再生产进行的更新性投资、为实现扩大再生产进行的追加性投资等。

此外，投资还可以按照投资内容分为固定资产投资、无形资产投资、流动资产投资、证券投资等；按投资对象的存在形态和性质分为项目投资和证券投资；按投资活动对企业未来生产经营前景的影响分为发展性投资和维持性投资；按投资项目之间的相互关联关系分为独立投资和互斥投资。

5.1.3 投资管理的原则

企业投资的目的是获得收益，最终达到企业价值最大化的目标。企业在投资中要综合考虑安全性、收益性和流动性几个方面，企业的投资管理工作也应遵循以下3项原则。

1. 可行性分析原则

投资项目的金额大，资金占用时间长，对企业的财务状况和经营前景影响重大。因此，在投资决策之时，必须建立严密的投资决策程序，进行科学的可行性分析。

投资项目可行性分析是投资管理的重要组成部分，其主要任务是对投资项目实施的可行性进行科学的论证，包括环境可行性、技术可行性、市场可行性、财务可行性等。项目可行性分析将对项目实施后未来的运行和发展前景进行预测，通过定性分析和定量分析比较项目的优劣，为投资决策提供参考。

环境可行性要求投资项目对环境的不利影响最小，并能带来有利影响，包括对自然环境、社会环境和生态环境的影响。技术可行性要求投资项目形成的生产经营能力具有技术上的适应性和先进性，包括工艺、装备、地址等。市场可行性要求投资项目形成的产品能够被市场所接受，具有一定的市场占有率。财务可行性要求投资项目在经济上具有效益性，这种效益性是明显的和长期的。

财务可行性是在相关的环境、技术、市场可行性分析完成的前提下，着重围绕技术可行性和市场可行性开展的专门经济性评价。财务可行性分析是投资项目可行性分析的主要内容，因为投资项目的根本目的是获得经济效益，市场可行性和技术可行性的落脚点也是经济上的效益性，项目实施后的业绩绝大部分表现在价值化的财务指标上。财务可行性分析的主要内容包括：收入、费用和利润等经营成果指标的分析；资产、负债、所有者权益等财务状况指标的分析；资产筹集和配置的分析；资金流转和回收等资金运行过程的分析；项目现金流量、净现值、内含报酬率等项目经济性效益指标的分析；项目收益与风险关系的分析等。

2. 结构平衡原则

由于投资往往是一个综合性的项目，不仅涉及固定资产等生产能力和生产条件的购建，还涉及使生产能力和生产条件正常发挥作用所需要的流动资产的配置。同时，由于受到资金来源的限制，投资也常常会遇到资金需求超过资金供应的矛盾。如何合理配置资源，使有限的资金发挥最大的效用，是投资管理中资金投放所面临的重要问题。

可以说，一个投资项目的管理就是综合管理。资金既要投放于主要生产设备，又要投放于辅助设备；既要满足长期资产的需要，又要满足流动资产的需要。投资项目在资金投放时，要遵循结构平衡原则，合理分布资金，具体包括固定资金与流动资金的配套关系、生产能力与经营规模的平衡关系、资金来源与资金运用的匹配关系、投资进度与资金供应的协调关系、流动资产内部的资产结构关系、发展性投资与维持性投资的配合关系、对内投资与对外投资的顺序关系、直接投资与间接投资的分布关系等。

投资项目在实施后，资金就较长期地固化在具体项目上，退出和转向都不太容易。只有遵循结构平衡原则，投资项目实施后才能正常顺利地运行，才能避免资源的闲置和浪费。

3. 动态监控原则

投资的动态监控，是指对投资项目实施过程中的进程控制。特别是对于那些工程量大、工期长的建造项目来说，需要按工程预算实施有效的动态投资控制。

投资项目的工程预算，是对总投资中各工程项目及所包含的分步工程和单位工程造价规划的财务计划。建设性投资项目应当按工程进度，对分项工程、分步工程、单位工程的完成情况，逐步进行资金拨付和资金结算，控制工程的资金耗费，防止资金浪费。在项目建设完工后，通过工程决算，全面清点所建造的资产数额和种类，分析工程造价的合理性，合理确定工程资产的账面价值。

对于间接投资而言，投资前首先要认真分析投资对象的投资价值，根据风险与收益均衡原则合理选择投资对象。在持有金融资产的过程中，要广泛收集投资对象和资本市场的相关信息，全面了解、识别投资单位的财务状况和经营成果，保护自身的投资权益。证券资产投资，其投资价值不仅由被投资单位的经营业绩决定，而且还受资本市场制约。这就需要分析资本市场上资本的供求关系状况,预计市场利率的波动和变化趋势,动态地估算投资价值,寻找转让证券资产和收回投资的最佳时机。

5.2 固定资产投资管理

固定资产投资管理是指从收集资料进行固定资产投资可行性研究开始,到最终选择最优投资方案的决策过程。

5.2.1 固定资产投资的特点

根据《企业会计准则第 4 号——固定资产》的规定,固定资产是指为生产产品、提供劳务、出租或经营管理而持有的且使用寿命超过一个会计年度的有形资产。其中,使用寿命是指企业使用固定资产的预计期间,或者该固定资产所能生产产品或提供劳务的数量。作为企业生产经营的主要劳动资料,固定资产投资一般具有以下特点。

(1)决策影响期限长

固定资产一般使用时间较长,能在较长的时期内多次参加企业的生产经营活动,且仍然保持原物质形态。固定资产投资决策一旦做出,将在较长时间内影响企业的经营成果和财务状况。

(2)变现能力较差

固定资产主要是一些厂房和设备等,往往是该企业从事经营活动的必要劳动工具,特别是设备类,换到其他企业不一定能适用。因此,固定资产投资管理一旦完成,要想改变用途或出售是比较困难的。

(3)资金占用数量相对稳定

固定资产投资一经完成,在资金占用数量上便保持相对稳定,不像流动资产那样经常变动。因为业务量在一定范围内增加,往往并不需要立即增加固定资产投资,通过挖掘潜力、提高效率可以完成增加的业务量。而业务量在一定范围内减少,企业为维持一定的生产能力,也不必大量出售固定资产。

(4)实物形态和价值形态可以分离

固定资产在使用过程中会不断磨损,其磨损的一部分价值以折旧形式逐渐转移到产品成本中去,并随着产品价值的实现而转化为货币资金,脱离其实物形态。这样,留存在实物形态上的价值不断减少,转化为货币资金的价值不断增加,直至固定资产报废再重新购置,在实物形态上进行更新。由于企业各种资产的新旧程度不同,实物更新时间不同,企业可以在固定资产需要更新之前,利用脱离实物形态的折旧款项去进行其他投资,然后再利用新固定资产所形成的折旧资金去更新旧的固定资产。

(5)投资次数少、金额大

与流动资产相比,固定资产投资并不经常发生,一般要隔几年甚至十几年才投资一次,但每次投资的金额都比较大。[①]

---

① 王庆成,郭复初. 财务管理学. 北京:高等教育出版社,2000.

5.2.2 固定资产投资管理的程序

固定资产种类繁多,但各类固定资产在投资过程中都要经历以下 4 个步骤。

① 投资项目提出。生产部门、营销部门等提出企业需要投资的各种方案,其中生产部门主要负责设备方面的投资方案。

② 投资项目评价。根据调查研究,估计每一种方案可能引起的现金流量的变化,要求估计的结果尽量准确,根据需要计算投资回收期、净现值等指标进行决策。

③ 投资项目决策。把计算出来的价值指标和可接受的指标进行比较,决定是否接受该方案。

④ 投资项目再评价。这一过程是固定资产投资管理中非常重要的环节,企业对已接受的方案在执行过程中可能会出现一些新的情况,通过投资方案的再评价可以根据新的情况随时做出调整,减少或避免损失的发生。

5.2.3 固定资产投资项目的现金流量及估算

进行固定资产投资管理时,不仅要考虑企业投资决策所面临的环境,还应计算投资项目产生的现金流量。现金流量为投资决策指标的计算奠定了基础。

1. 现金流量的概念

在项目投资决策中,现金流量是指该项目投资所引起的现金流入量和现金流出量的统称,它可以动态反映该投资项目投入和产出的相对关系。其中,"现金"是一个广义的概念,不仅包括各种货币资金,而且还包括项目投资所需投入的非货币资源的变现价值;"现金流量"是增量现金流量,而且是由特定投资项目引起的。

现金流量是计算项目投资决策评价指标的主要依据和重要信息,其本身也是评价项目投资是否可行的一个基础性指标。为方便项目投资现金流量的确定,首先做出以下假设。

① 财务可行性分析假设。假设项目投资决策从企业投资者的立场出发,只考虑该项目是否具有财务可行性,而不考虑该项目是否具有国民经济可行性和技术可行性。

② 全投资假设。假设在确定投资项目的现金流量时,只考虑全部投资资金的运动情况,而不具体区分哪些是自有资金,哪些是借入资金,即使是借入资金也将其视为自有资金处理。

③ 建设期间投入全部资金假设。假设项目投资的资金都是在建设期投入的,在生产经营期内没有投资。

④ 经营期限和折旧年限一致假设。假设项目的主要固定资产折旧年限与经营期限相同。

⑤ 时点指标假设。为了便于利用货币时间价值形式,将项目投资决策所涉及的价值指标都作为时点指标处理。其中,建设投资在建设期内有关年度的年初或年末发生;流动资金投资则在建设期期末发生;经营期内各年的收入、成本、摊销、利润、税金等项目的确认均在年末发生;项目最终报废或清理所产生的现金流量均发生在终结点。

2. 现金流量的作用

① 采用现金流量能够使投资决策更符合客观实际情况。现金流量对整个项目投资期间的现实货币资金收支情况进行了全面揭示,序时动态地反映了项目投资的流向与回收之

② 采用现金流量有利于科学地考虑货币时间价值因素。由于项目投资的时间较长，所以货币时间价值的作用不容忽视。采用现金流量确定每次支出款项和收入款项的具体时间，将使在评价投资项目财务可行性时考虑货币时间价值成为可能。

③ 采用现金流量指标作为评价项目投资经济效益的信息，可以摆脱在遵循财务会计权责发生制时必然面临的困境，即由于不同的投资项目可能采取不同的固定资产折旧方法、存货估价方法或费用摊销方法，从而导致不同方案的利润相关性差、可比性差的问题。

④ 采用现金流量信息，排除了非现金收付内部周转的资本运动形式，从而简化了有关投资决策评价指标的计算过程。

3. 现金流量的构成

现金流量按其动态的变化状况可分为现金流入量、现金流出量和现金净流量3种类型。

（1）现金流入量

现金流入量是指项目投资方案所引起的企业现金收入的增加额，主要表现为货币资金增加。这种现金流入量在项目购建期间表现为固定资产更新改造或扩建过程中淘汰旧资产的残值变现收入；在项目经营期间表现为以货币资产增加为特征且与投资项目有联系的各种收入，如营业现金收入、计提的固定资产折旧等；在项目终结期间表现为固定资产报废的残值变现收入和收回垫支的流动资金。

（2）现金流出量

现金流出量是指项目投资方案所引起的企业现金支出的增加额，主要表现为货币资金减少。这种现金流出量在项目建设期间表现为购建固定资产的各种支出、垫支的流动资金、其他费用的支出（如开办费、职工培训费）等；在项目经营期间表现为以货币资产减少为特征的各种支出（即付现支出），包括支付的工薪、税金、设备维修费等；在项目终结期间表现为付现的清理支出、偿债支出等。

（3）现金净流量

现金净流量是指在项目计算期内每年现金流入量与现金流出量之间的差额所形成的序列指标，一般用 NCF 表示，这一指标的计算在项目经营期间表现得较为突出。

在进行固定资产投资管理时，通常按照项目计算期计算各阶段的现金净流量。在整个项目计算期内，现金净流量可分为初始现金流量、营业现金流量和终结现金流量。

① 初始现金流量。初始现金流量是指项目投资时发生的现金流量，这部分现金流量一般表现为现金流出量，主要包括固定资产投资、流动资金垫支及支付其他费用（如员工的培训费）等。其中，流动资产垫支资金属于暂时垫支在流动资产上的，在项目终结时可以收回。

② 营业现金流量。营业现金流量是指投资项目投入使用后，在其经营期内由于生产经营所带来的现金流入量和现金流出量。营业现金流量一般按年计算。其中，营业现金流入主要是指营业现金收入，营业现金流出主要是指营业期间各种付现营业费用、利息费用及缴纳的税金等。

③ 终结现金流量。终结现金流量是指项目终结时引起的现金流量，主要包括固定资

产的残值收入和垫支流动资金的回收。

4. 现金净流量的计算

现金净流量的计算可以区分为新建项目和更新改造项目两类。

（1）新建项目现金净流量的计算

建设期现金净流量的计算公式如下。

$$初始现金净流量 = -（固定资产原始投资额 + 垫支流动资金）$$

经营期现金净流量的计算公式如下。

$$营业现金净流量 = 营业收入 - 付现成本 - 企业所得税$$
$$= 营业收入 - （总成本 - 非付现成本）- 企业所得税$$
$$= 净利润 + 非付现成本$$

上述公式中，"非付现成本"包括固定资产折旧、无形资产摊销、开办费摊销等。例如将固定资产作为分析对象时，非付现成本通常只考虑折旧费，因此上述公式可简化为

$$营业现金净流量 = 净利润 + 折旧$$

终结期现金净流量的计算公式如下。

$$终结现金净流量 = 固定资产残值收入 + 垫支流动资金回收额$$

（2）更新改造项目现金净流量的计算

对于更新改造项目，在进行现金净流量的计算时，往往采用差额计算法，即分别考虑建设期、经营期和终结期新固定资产与旧固定资产现金净流量的差额。

建设期现金净流量的计算公式如下。

$$初始现金净流量 = -（新固定资产投资额 - 旧固定资产变现净收入 + 垫支流动资金增加额）$$

经营期现金净流量的计算公式如下。

$$营业现金净流量 = 营业收入增加额 - 付现成本增加额 - 企业所得税$$
$$= 净利增加额 + 折旧增加额$$

终结期现金净流量的计算公式如下。

$$终结现金净流量 = 固定资产残值收入 + 垫支流动资金增加额$$

在更新改造项目中，应特别注意旧固定资产的变现收入。如果固定资产的变现收入大于固定资产的账面净值，其差额需要考虑企业所得税的缴纳。

【例5-1】 胜利公司准备购入一设备以扩充生产能力，现有甲、乙两个方案可供选择，有关资料如表5-1所示。

表 5-1　甲、乙方案有关资料　　　　　　　　　　　　　　单位：元

方案	投资额	使用寿命/年	残值	每年营业收入	每年付现成本
甲	100 000	5	0	60 000	20 000
乙	120 000	5	20 000	80 000	30 000（第一年）

乙方案随着设备的使用，需逐年增加修理费 4 000 元，另需垫支营运资金 30 000 元。假设该设备采用直线法计提折旧，企业所得税税率为 25%，资本成本为 10%。试计算甲、乙两个方案的现金净流量。

解　首先计算甲、乙两个方案的营业现金净流量，计算过程如表 5-2 和表 5-3 所示。

$$甲方案每年折旧额 = \frac{100\,000}{5} = 20\,000（元）$$

$$乙方案每年折旧额 = \frac{120\,000 - 20\,000}{5} = 20\,000（元）$$

表 5-2　甲方案营业现金净流量计算表　　　　　　　　　　单位：元

年　数	1	2	3	4	5
营业收入①	60 000	60 000	60 000	60 000	60 000
付现成本②	20 000	20 000	20 000	20 000	20 000
折旧③	20 000	20 000	20 000	20 000	20 000
税前利润④=①-②-③	20 000	20 000	20 000	20 000	20 000
所得税⑤=④×25%	5 000	5 000	5 000	5 000	5 000
净利润⑥=④-⑤	15 000	15 000	15 000	15 000	15 000
现金流净量⑦=①-②-⑤=③+⑥	35 000	35 000	35 000	35 000	35 000

表 5-3　乙方案营业现金净流量计算表　　　　　　　　　　单位：元

年　数	1	2	3	4	5
营业收入①	80 000	80 000	80 000	80 000	80 000
付现成本②	30 000	34 000	38 000	42 000	46 000
折旧③	20 000	20 000	20 000	20 000	20 000
税前利润④=①-②-③	30 000	26 000	22 000	18 000	14 000
所得税⑤=④×25%	7 500	6 500	5 500	4 500	3 500
净利润⑥=④-⑤	22 500	19 500	16 500	13 500	10 500
现金流净量⑦=①-②-⑤=③+⑥	42 500	39 500	36 500	33 500	30 500

计算甲、乙两个方案全部期间现金净流量，计算过程如表 5-4 和表 5-5 所示。

表 5-4　甲方案现金净流量计算表　　　　　　　　　　　　单位：元

年　数	0	1	2	3	4	5
固定资产投资	-100 000					
营业现金净流量		35 000	35 000	35 000	35 000	35 000
现金净流量合计	-100 000	35 000	35 000	35 000	35 000	35 000

表 5-5　乙方案现金净流量计算表　　　　　　　　　　　　　　　　　单位：元

年　　数	0	1	2	3	4	5
固定资产投资	-120 000					
流动资金垫支	-30 000					
营业现金净流量		42 500	39 500	36 500	33 500	30 500
固定资产残值收入						20 000
回收垫支流动资金						30 000
现金净流量合计	-150 000	42 500	39 500	36 500	33 500	80 500

注：上表中的零年可以看成是第一年年初。

5.2.4　固定资产投资管理评价指标

投资决策评价指标是指用于衡量和比较投资项目财务可行性，据以进行方案决策的定量标准与尺度，是由一系列综合反映投资效益、投入产出关系的量化指标构成的。这些指标按其是否考虑货币时间价值可分为两类：一类是非贴现现金流量评价指标，即不考虑货币时间价值因素的指标，主要包括投资回收期、投资报酬率等；另一类是贴现现金流量评价指标，即考虑货币时间价值因素的指标，主要包括净现值、获利指数、内含报酬率等。

1. 非贴现现金流量评价指标

（1）投资回收期

投资回收期是指由于项目投资引起的现金流入累积到与原始投资额相等时所需要的时间，一般以年为单位。一般而言，投资者总希望尽快地收回投资，回收期越短越好。

投资回收期的计算公式如下。

$$投资回收期 = \frac{原始投资额}{年现金净流量}$$

或

$$投资回收期 = (N-1) + \frac{第(N-1)年尚未收回的原始投资额}{第N年现金净流量}$$

其中，N 为累积现金净流量开始出现正值的年份。

如果经营期和终结期年现金净流量相等，可以用前一个公式计算投资回收期；如果经营期和终结期年现金净流量不相等，一般使用后一个公式计算投资回收期。

在使用投资回收期进行项目投资评价时，首先计算出该项目的投资回收期，然后与标准回收期进行比较。标准回收期是国家根据各行业、各部门的具体情况规定的回收期限，如机械设备的标准回收期为 7 年，机床为 4~6 年，汽车为 5 年，电器设备为 4 年。企业也可以根据实际情况制定相应投资项目的标准回收期。如果备选项目的投资回收期大于标准回收期，则不宜采纳。在进行互斥性投资方案评价时，在满足财务可行性的情况下，应选择投资回收期较短的投资项目。

【例5-2】 以例5-1中的数据为基础,计算甲、乙两个方案的投资回收期。

解 甲、乙两个方案的投资回收期计算如下。

$$甲方案投资回收期 = \frac{100\,000}{35\,000} = 2.86(年)$$

乙方案每年累积的现金净流量计算如表5-6所示。

表5-6 乙方案每年累积现金净流量计算表   单位:元

年 数	0	1	2	3	4	5
每年现金净流量	-150 000	42 500	39 500	36 500	33 500	80 500
累积现金净流量	-150 000	-107 500	-68 000	-31 500	2 000	82 500

$$乙方案投资回收期 = 3 + \frac{31\,500}{33\,500} = 3.94(年)$$

假设投资者期望的投资回收期为3年,则甲方案可行,乙方案不可行。

投资回收期直观、计算方便,能反映还本期限。不足之处是没有考虑货币时间价值,也没有考虑项目回收期以后的收益情况,不能在不同投资项目之间进行完整的比较。

(2) 投资报酬率

投资报酬率是指生产经营期内每年平均营业现金净流量与原始投资额的比例。投资报酬率越大,投资方案越有利;反之,投资方案越不利。

投资报酬率的计算公式如下。

$$投资报酬率 = \frac{年平均营业现金净流量}{原始投资额} \times 100\%$$

投资报酬率是一个非贴现的正指标,采用投资报酬率评价投资项目可行性的判断标准是:如果投资项目的投资报酬率高于企业要求的最低收益率或资本成本,则该投资项目可行;如果投资项目的投资报酬率低于企业要求的最低收益率或资本成本,则该投资项目不可行。在多个投资项目的互斥性决策中,项目的投资报酬率越高,说明该投资项目的投资效果越好,应该选择投资报酬率高的投资项目。

【例5-3】 以例5-1中的数据为基础,计算甲、乙两个方案的投资报酬率。

解 甲、乙两个方案的投资报酬率计算如下。

$$甲方案投资报酬率 = \frac{35\,000}{100\,000} \times 100\% = 35\%$$

$$乙方案投资报酬率 = \frac{(42\,500 + 39\,500 + 36\,500 + 33\,500 + 80\,500)/5}{150\,000} \times 100\% = 31\%$$

比较甲、乙两个方案,甲方案的投资报酬率高于乙方案。因此甲方案为最优方案。

投资报酬率计算简便，考虑了投资方案在整个项目计算期内的全部现金净流量，但仍然没有考虑货币的时间价值。由于投资报酬率的计算没有考虑货币时间价值，所以在实际工作中运用投资报酬率进行决策的情况非常少。

2. 贴现现金流量评价指标

贴现现金流量评价指标是指考虑了货币时间价值的投资决策指标，主要包括净现值、获利指数和内含报酬率。

（1）净现值

净现值是指特定投资项目未来现金流入量的现值与未来现金流出量的现值之间的差额。净现值的计算用公式表示如下。

$$NPV = \sum_{t=0}^{n} \frac{I_t}{(1+i)^t} - \sum_{t=0}^{n} \frac{O_t}{(1+i)^t}$$

式中：NPV——净现值；

I_t——第 t 年的现金流入量；

n——项目计算期，包括建设期和经营期；

O_t——第 t 年的现金流出量；

i——资本成本。

净现值的计算一般包括以下几个步骤。

① 计算出各期的现金净流量，包括现金流出量和现金流入量。

② 按行业基准收益率或企业设定的贴现率，通过查表确定投资项目各期所对应的复利现值系数。

③ 将各期现金净流量与其对应的复利现值系数相乘计算出现值。

④ 最后加总各期现金净流量的现值，即得到该项目的净现值。

净现值是贴现的绝对数正指标。采用净现值评价投资项目的判断标准如下。

① 单项决策时，若 NPV≥0，则项目可行；若 NPV<0，则项目不可行。

② 多项互斥投资决策时，在净现值大于零的投资项目中，选择净现值较大的投资项目。

【例 5-4】 以例 5-1 中的数据为基础，计算甲、乙两个方案的净现值。

解 甲、乙两个方案的净现值计算如下。

$NPV_甲 = 35\,000 \times (P/A, 10\%, 5) - 100\,000 = 32\,685$（元）

$NPV_乙 = 42\,500 \times (P/F, 10\%, 1) + 39\,500 \times (P/F, 10\%, 2) + 36\,500 \times (P/F, 10\%, 3) +$
$\qquad 33\,500 \times (P/F, 10\%, 4) + 80\,500 \times (P/F, 10\%, 5) - 150\,000$
$\qquad = 21\,545$（元）

上述计算结果表明，甲方案和乙方案均为可行性方案。若甲方案与乙方案为互斥方案，由于甲方案的净现值大于乙方案，故应选甲方案。

净现值是项目投资评价中常用的财务指标，其主要优点如下。

① 考虑了货币时间价值，增强了投资项目经济性评价的实用性。

② 系统考虑项目计算期内全部现金流量，体现了流动性与收益性的统一。

③ 考虑了投资风险，项目投资风险可以通过提高贴现率加以控制。

净现值也存在某些缺点，主要表现在以下 3 个方面。

① 净现值是一个绝对数，不能从动态角度直接反映投资项目的实际收益率。当项目投资额不等时，仅用净现值有时无法确定投资项目的优劣。

② 净现值的计算比较复杂，且较难理解和掌握。

③ 净现值的计算需要准确预测现金净流量，并且要正确选择贴现率，而实际上现金净流量的预测和贴现率的选择都比较困难。

在项目投资评价中，正确选择贴现率非常重要，它直接关系到项目投资的评价结果。如果选择的贴现率过低，则会使本来不应该采纳的投资项目得以通过，这样一方面会浪费有限的资源，另一方面会加大企业的经营风险；如果选择的贴现率过高，则会导致一些经济效益较好的投资项目不能通过，从而一方面使有限的社会资源得不到充分的运用，另一方面使企业失去有利的投资机会。在实务中，一般可以采取以下几种方法确定投资项目的贴现率。

① 以投资项目的资本成本作为贴现率。

② 以投资项目的机会成本作为贴现率。

③ 根据项目计算期的不同阶段，分别采取不同的贴现率。例如，在计算项目建设期现金净流量的现值时，以贷款的实际利率作为贴现率；在计算项目经营期现金净流量的现值时，以社会平均资金收益率作为贴现率。

④ 以行业平均资金收益率作为贴现率。

（2）获利指数

获利指数是指按照一定的资本成本折现的未来现金流入量的现值与未来现金流出量的现值的比例。获利指数的计算用公式表示如下。

$$PI = \sum_{t=0}^{n} \frac{I_t}{(1+i)^t} / \sum_{t=0}^{n} \frac{Q_t}{(1+i)^t}$$

式中，PI 为获利指数，其他字母含义同前。

获利指数是一个贴现的相对数评价指标。采用获利指数的判断标准是：如果 PI≥1，则该投资项目可行；如果 PI<1，则该投资项目不可行。如果几个投资项目的获利指数都大于 1，那么获利指数越大，投资项目越好。但在进行互斥性投资决策时，不是选择获利指数最大的项目，而是在保证获利指数大于 1 的情况下使追加投资收益最大化。

【例 5-5】以例 5-1 中的数据为基础，计算甲、乙两个方案的获利指数。

解 甲、乙两个方案的获利指数计算如下。

$$PI_{甲} = \frac{132\,685}{100\,000} = 1.33$$

$$PI_{乙} = \frac{171\,545}{150\,000} = 1.14$$

上述计算结果表明，甲方案和乙方案均为可行性方案。若甲方案与乙方案为互斥方案，应选择获利指数大的方案，即甲方案。

从获利指数与净现值的计算原理看，这两种财务指标存在以下联系。

① 获利指数与净现值本质相同，特别是在进行投资项目的可行性分析时。采用这两种评价指标将得到相同的结果。如果一个投资项目的 NPV＞0，则一定有 PI＞1。

② 两者都着眼于现金净流量及其货币时间价值，都需要准确地预测投资项目有效期内的现金净流量。

③ 在原始投资额不同的两个方案之间进行决策分析时，采用获利指数与净现值进行评价，所得结果可能不一致。由于获利指数是相对指标，而净现值是绝对指标，一般情况下应以获利指数为准，选择获利指数较大的投资项目。但如果该投资项目所要求的收益率特别高，企业的资金充裕且无其他更好的投资项目时，则应以净现值为准。

获利指数的优缺点与净现值的优缺点基本相同。但获利指数可以从动态的角度反映投资项目的资金投入与总产出之间的关系，可以弥补净现值在投资额不同的项目之间不便比较的缺陷，使各种不同投资额的项目之间可直接用获利指数进行对比。获利指数除了无法直接反映投资项目的实际收益率外，其计算过程比净现值的计算过程复杂，计算口径也不一致。

（3）内含报酬率

内含报酬率，是指项目投资真正的投资报酬率，即投资项目的净现值等于零时的贴现率。内含报酬率的计算可用公式表示如下。

$$\sum_{t=0}^{n} \frac{I_t}{(1+\mathrm{IRR})^t} - \sum_{t=0}^{n} \frac{O_t}{(1+\mathrm{IRR})^t} = 0$$

式中：IRR——内含报酬率，其他字母含义同前。

内含报酬率是一个贴现正指标，采用该评价指标的决策标准是：当内含报酬率≥资本成本（或预期收益率）时，项目可行，否则项目不可行；在进行多项目互斥方案决策时，内含报酬率越大越好。

内含报酬率的计算步骤可以分为两种情况。

第一种情况：每年现金净流量相等。内含报酬率的计算步骤如下。

① 计算年金现值系数，其公式为

$$年金现值系数 = \frac{原始投资额}{年现金净流量}$$

② 根据年金现值系数表，在相同年数内找出与上述年金现值系数相邻近的两个贴现率。

③ 根据上面两个邻近的贴现率及其年金现值系数，采用插值法计算内含报酬率。

【例 5-6】以例 5-1 中的数据为基础，计算甲方案的内含报酬率。

解 甲方案的内含报酬率计算如下。

$$甲方案年金现值系数 = \frac{100\,000}{35\,000} = 2.857\,1$$

甲方案项目计算期为5年,年金现值系数为2.857 1,邻近的两个贴现率为20%和24%,其年金现值系数为2.990 6和2.745 4。

$$甲方案内含报酬率 = 20\% + \frac{24\% - 20\%}{2.990\ 6 - 2.745\ 4} \times (2.990\ 6 - 2.857\ 1) = 22.18\%$$

第二种情况:每年现金净流量不相等。若项目营业期内每年现金净流量不相等,通常采用"逐步测试法"计算内含报酬率。即首先估计一个贴现率计算项目的净现值,如果净现值为正数,说明项目本身的投资报酬率超过估计的贴现率,应提高贴现率进一步测试;如果净现值为负数,说明方案本身的投资报酬率低于估计的贴现率,应降低贴现率进一步测试。经过多次测试,尽可能从相互对应的方向逼近零,采用插值法计算出方案的内含报酬率。

【例5-7】以例5-1中的数据为基础,计算乙方案的内含报酬率。

解　乙方案的内含报酬率的逐步测试过程如表5-7所示。

表5-7　逐步测试计算表　　　　　　　　　　单位:元

年数	现金净流量	18%		16%		14%	
		复利现值系数	现值	复利现值系数	现值	复利现值系数	现值
0	-150 000	1	-150 000	1	-150 000	1	-150 000
1	42 500	0.847 5	36 018.75	0.862 1	36 639.25	0.877 2	37 281
2	39 500	0.718 2	28 368.9	0.743 2	29 356.4	0.769 5	30 395.25
3	36 500	0.608 6	22 213.9	0.640 7	23 385.55	0.675 0	24 637.5
4	33 500	0.515 8	17 279.3	0.552 3	18 502.05	0.592 1	19 835.35
5	80 500	0.437 1	35 186.55	0.476 2	38 334.1	0.519 4	41 811.7
净现值	—	—	-10 932.6	—	-3 782.65	—	3 960.8

$$乙方案内含报酬率 = 16\% - \frac{(16\% - 14\%) \times 3\ 782.65}{3\ 782.65 + 3\ 960.8} = 15.02\%$$

从上面的计算结果看,甲方案和乙方案的内含报酬率都大于资本成本,均是可行的方案。若甲方案和乙方案为互斥方案,应选择内含报酬率高的甲方案,放弃乙方案。

内含报酬率的优点如下。

① 考虑了货币时间价值。

② 可以反映投资项目的真正报酬率,且不受行业基准收益率的影响,有利于对投资额不同项目的决策。

内含报酬率的缺点如下。

① 计算比较复杂,特别是每年营业现金净流量不相等的投资项目,一般要经过多次测试才能求得。

② 当经营期大量追加投资时,有可能导致多个IRR出现,或偏高或偏低,缺乏实际意义。

③ 再投资收益率假设与实际可能不符。

净现值、获利指数和内含报酬率的比较如表 5-8 所示。

表 5-8 净现值、获利指数和内含报酬率的比较

	净现值	获利指数	内含报酬率
概念	净现值是指按照一定的资本成本折现的未来现金流入量的现值与未来现金流出量的现值的差额	获利指数是指按照一定的资本成本折现的未来现金流入量的现值与未来现金流出量的现值之间的比例	内含报酬率是指未来现金流入量的现值等于未来现金流出量的现值时的贴现率
计算公式	$NPV = \sum_{t=0}^{n} \frac{I_t}{(1+i)^t} - \sum_{t=0}^{n} \frac{O_t}{(1+i)^t}$	$PI = \sum_{t=0}^{n} \frac{I_t}{(1+i)^t} / \sum_{t=0}^{n} \frac{O_t}{(1+i)^t}$	$\sum_{t=0}^{n} \frac{I_t}{(1+IRR)^t} - \sum_{t=0}^{n} \frac{O_t}{(1+IRR)^t} = 0$
决策标准	NPV≥0，方案可行 NPV<0，方案不可行	PI≥1，方案可行 PI<1，方案不可行	IRR≥必要报酬率，方案可行 IRR<必要报酬率，方案不可行
优点	① 考虑了货币时间价值 ② 考虑了项目计算期的全部现金净流量 ③ 考虑了投资风险	与净现值基本相同，区别是：获利指数是一个相对数，可以从动态的角度反映项目投资的资金投入与产出的关系，可以弥补净现值在投资额不同方案之间不能比较的缺陷	① 考虑货币时间价值 ② 从动态的角度直接反映投资项目的实际收益 ③ 不受行业基准收益率的影响，比较客观
缺点	① 不能直接反映投资项目的实际收益率 ② 净现金流量的测量和贴现率的确定比较困难 ③ 净现值计算麻烦，且较难理解和掌握	无法直接反映投资项目的实际收益率，计算起来比净现值指标复杂，计算口径也不一致	① 计算麻烦 ② 经营期大量追加投资时，可能导致多个 IRR 出现，缺乏实际意义

5.2.5 固定资产投资管理评价指标的比较[①]

在 20 世纪 50 年代以前，企业在进行投资决策时，一般都以非贴现的现金流量评价指标为主。20 世纪 50 年代以后，贴现现金流量的评价指标开始受到重视，并且在投资决策中发挥越来越大的作用，至 20 世纪 70 年代，贴现现金流量评价指标已经占据主导地位。

1. 非贴现现金流量评价指标与贴现现金流量评价指标的比较

① 非贴现现金流量评价指标把不同时点上的现金流入量和现金流出量当作毫无差别的资金进行对比，忽略了货币时间价值因素，这是不科学的。而贴现现金流量评价指标则把不同时点流入或流出的现金按统一的贴现率折算到同一时点上，使不同时期的现金流量具有可比性，有利于做出正确的投资决策。

② 非贴现现金流量评价指标中的投资回收期只能反映投资的回收速度，不能反映投资的主要目标——现金净流量的多少。同时，回收期没有考虑货币时间价值因素，因而夸大了投资的回收速度。

③ 投资回收期、投资报酬率等非贴现现金流量评价指标对项目计算期不同、资本投入的时间和提供收益的时间不同的投资方案缺乏鉴别能力。而贴现现金流量评价指标则可以通过净现值、内含报酬率和获利指数等对投资项目进行综合分析，从而做出正确合理的决策。

[①] 陆正飞. 财务管理. 大连：东北财经大学出版社，2001.

④ 非贴现现金流量评价指标中的投资报酬率指标，没有考虑货币时间价值，因而夸大了项目的盈利水平。而贴现现金流量评价指标中的内含报酬率是以预计的现金流量为基础，考虑货币时间价值以后计算出的真实利润率。

⑤ 在运用投资回收期这一指标时，标准回收期是方案取舍的依据，但标准回收期一般都是以经验或主观判断为基础确定的，缺乏客观依据。而贴现现金流量评价指标中的净现值和内含报酬率等指标实际上都是以企业的资本成本为取舍依据的，任何企业的资本成本都可以通过计算得到，因此这一取舍标准符合客观实际。

⑥ 管理人员水平的不断提高和电子计算机的广泛应用，加速了贴现现金流量评价指标的使用。在20世纪五六十年代，只有很少企业的财务人员能真正了解贴现现金流量评价指标的真正含义，而今天几乎所有大企业的高级财务人员都懂得这一方法的科学性和正确性。电子计算机的广泛应用使贴现现金流量评价指标中的复杂计算变得非常容易，从而加速了贴现现金流量评价指标的推广。

正是因为非贴现现金流量评价指标中存在固有的缺陷，所以才会逐渐被贴现现金流量评价指标所取代。

2. 贴现现金流量评价指标的比较

贴现现金流量评价指标是一种科学的指标，那么各种贴现现金流量评价指标（如净现值、内含报酬率和获利指数）哪一种更好呢？

（1）净现值和内含报酬率的比较

在多数情况下，运用净现值和内含报酬率这两种评价指标得出的结论是相同的。但在以下两种情况下，会产生差异。

① 初始投资额不一致，即一个项目的初始投资额不等于另一个项目的初始投资额。

② 现金流入的时间不一致，即一个在最初几年流入的较多，另一个在最后几年流入的较多。

尽管在这两种情况下使二者产生了差异，即引起差异的原因是共同的，但两种方法都假定企业用投资期产生的现金净流量进行再投资时，会产生不同的利润率。净现值假定产生的现金流入量重新投资，会产生相当于企业资本成本的利润率；而内含报酬率却假定现金流入量重新投资，产生的利润率与未来投资项目的内含报酬率相同。

（2）净现值和获利指数的比较

净现值和获利指数使用的是相同的信息，用它们评价投资项目的优劣，结论常常是一致的，但有时也会产生分歧。

当初始投资额不同时，净现值和获利指数就会产生差异。由于净现值是用各期现金流量现值减初始投资额，而获利指数是用各期现金流量现值除以初始投资额，因而评价的结果可能会不一致。

最高的净现值符合企业的最大利益，即净现值越高，企业收益越大。而获利指数只反映投资回收的程度，不反映投资回收额的多少。因此，在没有资本限量的情况下的互斥选择决策中，应选用净现值较大的投资项目。也就是说，当获利指数与净现值得出不同结论时，应以净现值为准。

比较贴现现金流量的评价指标可以发现，净现值与内含报酬率、净现值与获利指数之间之所以会出现差异,共同的原因在于各个方案的初始投资额不同。但这并不意味着,只要项目初始投资额不同,净现值与内含报酬率、获利指数之间就一定会出现差异,而是要看各个项目初始投资额的差异程度的大小。

总之,在无资本限量的情况下,利用净现值在所有的投资评价中都能做出正确的决策;而利用内含报酬率和获利指数在采纳与否决策中也能做出正确的决策,但在互斥选择决策中有时会做出错误的决策。因此,在这三种评价指标中,净现值是最好的评价指标。

5.2.6 固定资产投资管理评价指标的应用

1. 固定资产更新决策

固定资产更新决策是指是否用新的固定资产更换在技术上或经济上不宜继续使用的旧固定资产的决策。因为固定资产在使用过程中,随着使用时间的延长,其性能不断老化,效率逐渐下降,耗费将不断增加。固定资产更新决策的关键在于比较新、旧固定资产的成本与收益,通常采用净现值作为投资决策评价的指标。

【例5-8】新亚公司考虑用一台新设备代替旧设备,以减少成本、增加收益。旧设备还可使用10年,期满后无残值;现在出售可得价款26万元,使用该设备每年可获收入50万元,每年付现成本为30万元。新设备购置成本为120万元,估计可使用10年,期满有残值20万元;使用新设备每年收入可达80万元,每年付现成本为40万元,该公司资本成本为10%。假设不考虑企业所得税因素,试问新亚公司能否进行设备的更新。

解 新亚公司能否进行设备更新的决策如下。

(1)继续使用旧设备

每年经营现金净流量为20万元(50-30),则净现值计算如下。

$$NPV = 20 \times (P/A, 10\%, 10) = 122.9（万元）$$

(2)使用新设备

建设期现金净流量现值 $= -(120-26) = -94$（万元）
经营期现金净流量现值 $= (80-40) \times (P/A, 10\%, 10) = 245.8$（万元）
终结期现金净流量现值 $= 20 \times (P/F, 10\%, 10) = 7.72$（万元）
$NPV = -94 + 245.8 + 7.72 = 159.52$（万元）

由于使用新设备的净现值大于使用旧设备的净现值,所以应该用新设备代替旧设备。

2. 固定资产租赁与购买决策

当企业需要某种固定资产而自有资金又无法解决时,企业通常有两种方案可供选择:一是借款购买固定资产;二是租入固定资产。企业需要对这两种方案的现金流量进行比较,才能做出决策。

【例5-9】某企业需要一种设备,若自行购买,其购价为100 000元,可用10年,预计残值率为3%;若采用租赁方式获得该设备,每年将支付20 000元的租赁费用,租期10年。假设贴现率为10%,企业所得税税率为25%。试对此种设备购买或租赁进行决策。

解 此种设备购买或租赁决策如下。

(1) 购买设备

$$设备残值=100\,000×3\%=3\,000（元）$$
$$年折旧额=(100\,000-3\,000)/10=9\,700（元）$$
$$因折旧税负减少现值=9\,700×25\%×(P/A,10\%,10)=14\,900.66（元）$$
$$设备残值变现收入=3\,000×(P/F,10\%,10)=1\,158（元）$$
$$设备支出现值合计=100\,000-14\,900.66-1\,158=83\,941.34（元）$$

(2) 租赁设备

$$租赁费现值=20\,000×(P/A,10\%,10)=122\,900（元）$$
$$因租赁税负减少现值=20\,000×25\%×(P/A,10\%,10)=30\,723（元）$$
$$租赁现值合计=122\,900-30\,723=92\,177（元）$$

由于购买设备需要支出的现值为 83 941.34 元，而租赁设备支出的现值为 92 177 元，故应选择现值支出较少的方案，即购买设备的方案。

3. 资本限量决策

固定资产投资管理中，有时会遇到多个投资方案进行组合的情况。如果投资总量不受限制，则所有净现值大于或等于零的项目都可以纳入投资组合中；如果投资总量一定，则只能对净现值大于或等于零的项目在资本限量内进行各种可能的组合，从这些组合中选出净现值最大的组合。

【例 5-10】 甲公司现有 A、B、C、D 四个投资方案：A 方案原始投资为 300 万元，净现值为 90 万元；B 方案原始投资为 200 万元，净现值为 70 万元；C 方案原始投资为 200 万元，净现值为 80 万元；D 方案原始投资为 150 万元，净现值为 40 万元。如果甲公司投资总额受限制，请在投资总额为 600 万元时做出方案的组合决策。

解 在投资总额为 600 万元时，可选择的组合有 AB、AC、BCD。组合为 AB 时，可获得的净现值为 160 万元；组合为 AC 时，可获得的净现值为 170 万元；组合为 BCD 时，可获得的净现值为 190 万元。比较这三种组合的净现值，BCD 组合的净现值最大。因此，当投资总额为 600 万元时，可选择 B 方案、C 方案、D 方案进行组合投资。

5.3 无形资产投资管理

无形资产是企业资产中非常重要的组成部分，是企业生产经营及长期发展的重要资源。但长期以来受计划经济影响，再加上我国知识产权制度起步较晚，企业管理当局对无形资产的认识仍停留在传统的老框架、旧模式之中，忽视了无形资产作为资产的价值或使用价值而存在的客观现实性，从而制约了无形资产的开发、利用、保护及管理工作的开展。随着市场经济的发展，特别是知识经济时代的来临，企业劳动由体力劳动向智力劳动转化，企业资本中人力资本逐步代替物质资本，无形资产占企业总资产的比例越来越高，其在企业生存、发展、竞争中显示出越来越重要的作用，具有有形资产不可替代的经济价值。无形资产不仅对企业提高劳动生产率、降低生产成本、改进产品质量、提高产品知名度和经济效益具有十分重要的意义，而且对企业开拓、占领市场，促进产品营销也具有关键作用，是企业竞争取胜的重要条件。

5.3.1 无形资产的含义及特点

1. 无形资产的含义

根据《企业会计准则第 6 号——无形资产》的规定，无形资产是指企业拥有或者控制的没有实物形态的可辨认非货币性资产，包括专利权、商标权、著作权、土地使用权、非专利技术等。作为投资性房地产的土地使用权和企业合并中形成的商誉，不包括在无形资产的范围之内。

（1）专利权

专利权是一种技术使用权，经国家专利机关审核合格后授予发明人的专有权利。例如某种产品的配方、造型、结构、制造工艺等方面都可以形成专利权。专利权具有排他性、时间性和地域性等特点。专利发明者可以自行使用专利权，也可以出售或出租给他人使用。

（2）商标权

商标权是指商标所有者对自己的商品使用某种标志的特殊权利，它是用来辨认商品的标记。在我国，企业所使用的商标必须经过工商行政管理部门核准注册后才具有法律效力。商标权可以转让、继承和交易。

（3）著作权

著作权是国家版权管理部门依法授予著作作者于一定年限内发表、再版和发行其作品的权利。著作权也可以进行出售或转让。

（4）土地使用权

土地使用权是企业根据有关规定依法享有在土地上进行生产经营等活动的权利。根据《中华人民共和国土地管理法》的规定，我国实行土地的社会主义公有制，任何单位和个人不得侵占、买卖或以其他形式将土地非法转让给单位、个人使用。土地使用权可以依法转让和取得收益。

（5）非专利技术

非专利技术，也称专有技术，是指企业所采用的先进的、未公开的、不受法律保护的、依靠保密手段所拥有的技术和诀窍。专有技术能给企业带来超额利润，但只能采用保密的方式进行保护，不受国家法律保护，也不具有有效期限。专有技术可以自制、购买或转让。

2. 无形资产的特点

相对于其他资产，无形资产具有以下 5 个特点。

① 无形资产不具有实物形态。无形资产通常不能被人们的感官所感触，是隐形存在的资产，这是无形资产区别于有形资产的主要特点。

② 无形资产计价评估不明晰。有些无形资产与企业整体的存在相关，用公认的会计准则核算其发生的费用比较困难，如自创的商标权、专有技术、商誉等。

③ 无形资产提供的经济效益具有不确定性。这是由其成本和盈利水平的不确定性造成的。有的无形资产只有在特定情况下存在并发挥作用，有的无形资产的收益期限不易确定。

④ 无形资产投资具有一定的垄断性和排他性。有些无形资产受到法律保护，有些不公开，有些是由企业的特殊条件形成的。因此，不是所有的企业都能用某种无形资产进行投资。

⑤ 无形资产具有一定的时间性。一般来说，无形资产是和企业结合在一起使用的，如果该企业因为某种原因不复存在了，无形资产亦随之消失，除非企业在此之前已经将无形资产出售出去。

5.3.2 无形资产投资的特点

与固定资产投资相比，无形资产投资更为复杂，应该更加谨慎。

① 无形资产投资具有多种形式。无形资产有的自己投资开发研制，有的可以直接从外部购入，有的可以与其他单位合作开发。

② 无形资产投资收益很难准确预测。企业直接从外部购入无形资产需要的投资期限较短，但何时获得收益不能确定。企业自行研制无形资产，需要的投资期限也很难确定。研制成功后，能在多长时间内给企业带来超额收益也无法准确确定。

③ 无形资产所增加的超额收益存在不准确性。例如，一项专有技术可能给企业带来巨额收益，但如果有更先进合理的技术出现，这种巨额收益可能会随之消失。

5.3.3 无形资产投资管理应考虑的因素

无形资产投资涉及的时间一般超过一年且投资金额很大，所以其考虑的因素基本上与固定资产投资管理所考虑的因素相同。

（1）时间

在无形资产的使用期限内，不同时点产生的现金净流量直接相加没有意义，必须折合到同一时点才能累计。因此，可以用该项无形资产投资的报酬率作为贴现率，应用货币时间价值的原理计算。

（2）现金流量

无形资产在取得和使用过程中都会发生现金的流入或流出等情况，在对无形资产投资进行决策时，需要用现金流量指标进行衡量，这一点和固定资产投资管理非常类似。无形资产现金流量的构成可参照固定资产现金流量的构成。

（3）风险

无形资产投资具有较大的风险，在对其进行投资决策分析时必须考虑风险因素。关于风险与报酬的关系，在第 2 章有专门的介绍，这里不再赘述。

综合考虑以上因素后，可参照固定资产投资管理的方法对无形资产投资进行决策，即采用净现值、内含报酬率等评价指标进行决策。

【例 5-11】新亚公司计划购买一项专利，该专利初始投资额为 100 万元，预计可使用 6 年，由于使用该专利，公司 6 年中每年的现金净流量增加 40 万元。但是无形资产投资的收益具有不确定性，需要对每年的现金净流量进行调整。公司主要领导认为每年的现金净流量发生的概率和各位领导的相关权数如表 5-9 所示。假设该公司确定的资本成本为 15%，试用净现值分析此投资项目是否可行。

表 5-9　领导相关权数

公司领导	约当系数	权数
董事长	0.90	0.30
总经理	0.80	0.20
财务经理	0.85	0.20
总工程师	0.70	0.20
销售处长	0.80	0.10

解　根据以上资料，计算加权平均约当系数如下。

$$加权平均约当系数 = 0.90\times 0.30 + 0.80\times 0.20 + 0.85\times 0.20 + 0.70\times 0.20 + 0.80\times 0.10 = 0.82$$

利用约当系数对每年 40 万元的现金净流量进行调整。

$$现金净流量 = 40\times 0.82 = 32.8（万元）$$

计算该项无形资产投资的净现值

$$NPV = 32.8\times (P/A, 15\%, 6) - 100 = 24.13（万元）$$

由于该项投资的净现值大于零，所以可以进行投资。

5.4　证券投资管理

证券投资是指通过购买股票或债券等证券资产而对被投资企业进行的投资。证券投资可以是长期的，也可以是短期的。企业在进行证券投资时应注意在效益性、安全性和流动性之间进行综合平衡。

5.4.1　证券投资的对象

证券投资的对象可分为债券、股票和证券投资基金三类。

1. 债券

债券是某一经济主体为筹措资金而向债券投资者出具的，承诺按一定利率定期支付利息，并到期偿还本金的债权凭证。债券作为一种有价证券，包含债券的票面金额、债券期限、债券利率等要素。债券的票面金额即债券的票面价值，是债券价格形成的主要依据。债券期限是指从债券发行日起至债券本息清偿日止的时间。债券期限的长短也会影响到债券的价格。债券利率是债券的发行人及投资者最关注的因素之一，它是债券投资者每年获得的利息与票面金额的比率。债券利率有固定利率和浮动利率之分。债券作为一种反映债权债务关系的书面凭证，必须在债券上注明债务人（即发行债券单位）的名称、地址、发行单位状况等。债券上除了要注明面值、期限、利率、债务人等，还要注明债券的发行日期、还本付息方式、债券类别、债券号码、批准单位等其他信息。

债券的种类繁多，按照不同的方式可进行不同的分类。

(1) 按照债券发行主体分为国家债券、金融债券和公司（企业）债券

国家债券是指由中央政府或地方政府发行的债券，如我国发行的国库券、国家重点建设债券、特种国债、地方政府债券等。

金融债券是指由银行或非银行金融结构为筹集信贷资金而向投资者发行的债券。金融债券一般为中长期债券，主要向社会公众、企业和社会团体发行，金融债券的发行必须经中央银行批准。

公司（企业）债券是由股份制公司或企业发行并承诺在未来特定日期偿还本金，并按照事先规定的利率支付利息的债权凭证。

(2) 按债券持有期限长短分为短期债券、中期债券、长期债券和永久债券

短期债券是指期限在 1 年以内的债券，如短期融资券。中期债券是指期限在 1 年以上 10 年以下的债券。期限在 10 年以上的债券为长期债券。永久债券是指不规定到期期限，债权人也不能要求清偿但可按期取得利息的一种债券。历史上，只有英、法等少数国家在战争时期为筹措军费发行过永久债券。

(3) 按利息支付方式分为附息债券和贴现债券

附息债券是指债券券面上附有各种息票的债券。附息债券一般限于中长期债券。

贴现债券是指券面上不附息票，发行时按规定的折扣率以低于票面价值的价格发行，到期按票面价值偿还本金的债券。

2. 股票

股票是股份公司发行的用以证明投资者的股东身份和权益，并据以获得股息和红利的凭证。股票只是代表股份所有权的证书，它本身没有任何价值，不是真实的资本，而是一种独立于投资资本之外的虚拟资本。

股票是一种融资工具，按不同标准可以分为不同种类。根据股票所体现的股东地位和股东权利的不同，股票可分为普通股和优先股。根据股票票面上记名与否，股票可分为记名股票和不记名股票。从股票投资的收益和风险角度划分，股票可分为蓝筹股、成长股、垃圾股等。下面简单介绍蓝筹股、红筹股、ST 股和 PT 股。

蓝筹股是指那些在其所属行业内占有重要支配性地位、业绩优良、成交活跃、红利优厚的大公司股票。"蓝筹"一词源于西方国家赌场。在西方国家赌场中，有两种颜色的筹码，其中蓝色筹码最为值钱，红色筹码次之，白色筹码最差。投资者把这些行话套用到了股票中。例如美国通用汽车公司、埃克森石油公司和杜邦化学公司等股票，都属于"蓝筹股"。蓝筹股并非一成不变。随着公司经营状况的改变及经济地位的升降，蓝筹股的排名也会变更。根据《福布斯》杂志统计，1917 年的 100 家最大公司中，目前只有 43 家公司股票仍在蓝筹股之列，而当初"最蓝"、行业最兴旺的铁路股票，如今完全丧失了入选蓝筹股的资格和实力。在香港股市中，最有名的蓝筹股当属全球最大商业银行之一的"汇丰控股"。中国内地的股票市场虽然历史较短，但发展十分迅速，也逐渐出现了一些蓝筹股。

红筹股这一概念诞生于 20 世纪 90 年代初期的香港股票市场。之所以称为红筹股，主要有两个原因：第一，中华人民共和国在国际上有时被称为红色中国，相应地，香港和国

际投资者把在境外注册、在香港上市的那些带有中国内地概念的股票称为红筹股;第二,红筹股的由来还出于一个典故,在赌场上最大银码的筹码为蓝色,其次为红色,因此红色便被选为代表实力较蓝筹股稍有不及的股票。

沪、深交易所宣布从 1998 年 4 月 22 日起对财务状况或其他状况出现异常的上市公司股票交易进行特别处理(special treatment)。由于"特别处理"在简称前冠以"ST",因此这类股票被称为 ST 股。

PT 是英文 particular transfer(特别转让)的缩写。依据《公司法》和《证券法》的规定,上市公司如果出现连续 3 年亏损等情况,其股票将暂停上市。沪、深交易所从 1997 年 7 月 9 日起,对这类暂停上市的股票实施"特别转让服务",并在其简称前冠以"PT",称为"PT 股"。

3. 证券投资基金

证券投资基金是指基金托管人经国务院证券监督管理机构核准,通过发行基金券集中投资者资金,进行股票、债券等金融工具投资,实行利益共享、风险共担的有价证券。证券投资基金通过专家理财的方式,可以为中小投资者带来较高的投资回报,同时也能降低投资风险。基金的投资风险与投资收益介于股票和债券之间。

证券投资基金的种类很多,可以按不同的标准进行不同的分类。

(1)按投资基金组织形式分为契约型投资基金和公司型投资基金

契约型投资基金是指基于一定的信托契约而形成的代理投资机构,它没有法人资格。一般由基金管理公司作为发起人,通过向社会发行受益证券的形式筹集资金。基金管理公司对投资基金进行具体的运营,但筹集的资金委托受托人保管。

公司型投资基金是依《公司法》组建的,以营利为目的的投资机构。公司型投资基金本身就是投资公司,具有法人资格。

(2)按投资基金规模能否变化分为封闭式投资基金和开放式投资基金

封闭式投资基金是指在基金的存续期间内,基金总额不得随意增减,基金持有人只能通过证券市场进行基金交易,不能要求基金公司赎回。

开放式投资基金是指在基金的存续期间内,基金总额可能会发生变化,基金持有人可以申购或赎回所持有的基金份额。开放式投资基金由于允许赎回,其资产规模经常处于变动之中。

5.4.2 证券投资的风险

由于证券资产的市价波动频繁,证券投资的风险往往较大。获取投资收益是证券投资的主要目的,证券投资的风险是投资者无法获得预期投资收益的可能性。证券投资的风险比较多,不同的风险对债券和股票的影响程度也不尽相同。

1. 债券投资的风险

债券投资的风险比较小,主要有以下 5 个方面的风险。

(1)违约风险

违约风险是指债务人无法按时足额支付本息的风险。对于政府债券,违约风险比较小。如果投资于企业债券,在投资之前应该查看该债券的信用评级,尽量选择级别比较高的企业债券,避免违约风险。但是,企业的经营状况会不断发生变化,其债券的信用级别也会不断发生变化,投资者应密切关注债券信用等级的变化情况。

(2) 利率风险

利率风险是指市场利率变动使投资者遭受损失的风险。一般来说,市场利率与债券价格成反比关系,市场利率上升,债券价格下降;市场利率下降,债券价格上升。不同期限的债券,利率风险也不相同,期限越长,风险越大。

(3) 购买力风险

购买力风险是指由于通货膨胀、货币贬值等给投资者带来货币购买力下降的风险。固定收益证券要比变动收益证券承受更大的风险,相比之下,浮动利率债券和短期债券的购买力风险相对较小。

(4) 变现力风险

变现力风险是指债券能否按照比较合理的价格出售的风险。如果一种债券很难按市价出售,说明其变现力较差,投资风险较大。一般情况下,政府债券和著名的大公司债券变现力风险较小。

(5) 再投资风险

再投资风险是指购买的短期债券到期找不到合适投资机会的风险。

2. 股票投资的风险

股票投资的风险包括系统性风险和非系统性风险两类。

(1) 系统性风险

系统性风险,也称不可分散风险,是指由于某种全局性的共同因素引起投资收益的可能变动。这些因素来自企业外部,不能通过多样化组合的方式分散。例如国家证券市场政策调整、经济周期波动等,都会对各公司的股票产生影响。

(2) 非系统性风险

非系统性风险,也称可分散风险,是指只对某个行业或个别公司的股票收益产生影响的风险,它通常由某个特殊的因素引起。非系统性风险可以通过投资多样化的形式进行分散。从公司内部管理的角度看,非系统性风险主要包括财务风险和经营风险。

5.4.3 证券投资需要考虑的因素

企业在选择证券时应考虑安全性、收益性和流动性这3个方面的因素。

(1) 安全性

安全性包括两层含义:一是风险与收益的相当程度。在证券市场上,各种证券的收益和风险有4种组合,即高风险高收益、低风险低收益、高风险低收益和低风险高收益。其中,前两种常见,后两种不常见。高风险低收益是最不可取的选择,而低风险高收益是最理想的选择。二是风险性与投资者的适合程度。企业在证券投资时要考虑自身的财力、物力及投资经验,根据实际情况确定选择高风险高收益的证券还是低风险低收益的证券。

(2) 收益性

收益性涉及收益率和证券价格两个方面。证券投资收益率是指证券投资收益占投入资金的比率。在风险相当的情况下,收益率越高越好。通过证券价格与证券内在价值的比较,可以预期投资者除了股息或利息外还可以获得多少差价收益。

（3）流动性

证券流动性是指证券的变现能力。在没有二级市场的情况下，证券的流动性取决于证券的偿还期限，期限越短，流动性越强。如果存在二级市场，证券的流动性取决于二级市场的发达程度和某种证券的热度。二级市场越发达，证券的流动性越强。

5.4.4 证券投资的步骤

企业初次进行证券投资，通常按下列步骤进行。

（1）开户

证券投资大多数要在证券交易所进行，而一般的投资者不能直接进入证券交易所进行证券买卖。投资者必须委托有资格进入证券交易所进行交易的证券商代为买卖证券。因此，企业应该首先选定证券商。选定后，投资者需要按照证券投资交易相关规定，在证券商处开立账户。投资者开立的账户有证券账户和资金账户，其中资金账户的资金由证券商代为转存银行，利息自动转入该账户。当资金账户有足够资金时，委托购买证券时就不需要向证券商交付保证金。

（2）委托买卖

投资者开立账户后就可以委托证券商进行证券的买卖。投资者在委托买卖时，必须说明委托的内容。其委托的主要内容如下。

① 购买证券的名称。投资者应考虑各种证券的盈利性、流动性和风险性，正确地选择投资对象。

② 买进的数量及价格。买进的价格可分为市价委托、限价委托等。

③ 委托的有效期。投资者要说明委托是当天有效还是几日内有效，一般当天有效的委托比较多。

（3）清算交割

证券交易成功后，买卖双方要按交易的数量和价格相互交换证券和价款。投资者买入一笔股票，买卖成交后，要向股票的卖方交付价款，收取股票；而卖方则要向投资者交付股票，收取价款，这一过程即为证券交割。投资者在证券交割过程中并不是逐笔进行的，一般采用清算制度，即将投资者证券买卖的数量、金额相互抵消，然后就抵消后的净额进行交割。这种抵消买卖金额、只支付其净额的办法就是清算制度。

（4）过户

证券过户是投资者购买证券的最后一步。我国正式上市的股票是记名股票，这些股票的所有者已在公司股东名册开户，载明所拥有的股数（包括送股、配股数）及日期，公司据此给予股东权益。股票经过交易后，新股东重新在公司股东名册上入户，即过户。我国上市的债券大部分是不记名的，因而不存在过户。小部分债券是记名的，其背面记有背书栏目，在交易完成时进行背书转让，即算完成过户。[1]

---

[1] 王玉春. 财务管理. 北京：中国财政经济出版社，2005.

5.4.5 证券投资决策

企业究竟选择何种证券、何时进行投资，需要企业的理财人员在分析和衡量风险与收益的基础上，参考国民经济形势、通货膨胀状况、金融市场利率水平，以及被投资企业所处行业特征和企业自身经营管理情况等影响因素，做出科学、合理的证券投资决策。

1. 债券投资决策

1）债券投资的特点

① 债券投资属于债权性投资。
② 债券投资风险较小。
③ 债券投资收益较稳定。
④ 债券价格波动较小。
⑤ 市场流动性好。

2）债券投资的目的

企业进行的债券投资包括短期债券投资和长期债券投资两类。企业进行短期债券投资的目的主要是配合企业对资金的需求，调节现金存量，使现金余额达到合理水平。企业进行长期债券投资的目的主要是获得稳定的投资收益。

3）债券估价

债券估价就是评价债券未来现金流量的现值。企业进行债券投资的主要目的是在较低风险的情况下获得较高的收益。因此在进行债券投资时要考虑债券价值、债券收益和债券风险。只有在债券购买价格低于债券价值时才值得进行投资。在确定债券投资前，首先要确定债券价值。

根据货币时间价值原理，债券价值是指按照一定的贴现率对未来的利息收入及收回的本金进行贴现的价值。影响债券价值的因素主要是债券面值、票面利率和市场利率。

（1）债券估价的基本模型

一般情况下，债券采取固定利率、每年按复利计算并支付利息、到期归还本金。根据货币时间价值原理，这种债券估价的基本模型如下。

$$V = \sum_{t=1}^{n} \frac{I_t}{(1+i)^t} + \frac{M}{(1+i)^n}$$

式中：V——债券价值；
I_t——第 t 期利息；
M——债券面值；
i——贴现率（投资者要求的必要报酬率）；
n——债券期限。

【例 5-12】某公司准备购买某企业发行的企业债券，该债券票面价值为 1 000 元，票面利率为 8%，期限为 3 年，每年付息一次，到期一次还本。已知具有相同风险的其他有价证券的利率为 10%。试计算该债券的价值。

解 根据题目所给的资料可知，$I_t=1\,000×8\%=80$ 元，$n=3$ 年，$M=1\,000$ 元，$i=10\%$，

则该债券价值计算如下。

$$V = \sum_{t=1}^{3} \frac{80}{(1+10\%)^t} + \frac{1\,000}{(1+10\%)^3} = 950.26 \, (元)$$

（2）一次还本付息不计复利的债券估价模型

在单利计息且到期一次还本付息的条件下，债券价值为到期一次还本付息的现值之和。根据货币时间价值原理，这种债券估价模型可用公式表示如下。

$$V = \frac{I \times n + M}{(1+i)^n}$$

式中：i——必要报酬率；
M——债券面值；
n——债券期限；
I——每期利息。

【例5-13】某公司准备购买某企业发行的企业债券，该债券票面价值为1 000元，票面利率为8%，期限为3年。该债券单利计息，到期一次还本付息。若该公司要求的必要报酬率为10%，该债券目前的市场价格为950元。试计算该债券的价值，并决定是否进行投资。

解 根据已知资料可知，$I = 1\,000 \times 8\% = 80$元，$M = 1\,000$元，$i = 10\%$，$n = 3$年，则该债券价值计算如下。

$$V = \frac{I \times n + M}{(1+i)^3} = \frac{80 \times 3 + 1\,000}{(1+10\%)^3} = 931.63 \,（元）$$

由于该债券市场价格大于债券价值，故企业不能进行投资。

4）债券投资收益

债券投资收益主要来源于两个方面：一是转让收益；二是利息收益。为了消除投资规模的影响，一般使用债券投资收益率这个指标反映债券投资收益的大小。债券投资收益率是一定时期内债券投资收益与投资额的比率，是衡量债券投资可行与否的重要指标。债券投资收益率可以用本期收益率、持有期收益率和到期收益率表示。在这里重点介绍到期收益率。债券到期收益率是指债券投资者将投资的债券保存至到期时所能获得的实际年收益率。

（1）单利计息的附息债券投资收益率的计算

单利计息的附息债券投资收益率的计算公式如下。

$$R = \frac{I + (M-P)/n}{P}$$

式中：R——债券到期收益率；
I——每年利息；
M——债券面值；

P——债券买价；

n——债券期限。

【例5-14】某投资者在2×19年5月1日买入一张票面金额为100元、票面利率为10%的企业附息债券，购买价格为105元，该债券到期日为2×21年5月1日。若单利计息，试计算该债券的投资收益率。

解 根据已知资料可知，$I=100×10\%=10$元，$M=100$元，$P=105$元，$n=2$年，则该债券投资收益率计算如下。

$$R=\frac{10+(100-105)/2}{105}=7.14\%$$

（2）单利计息的贴现债券投资收益率的计算

单利计息的贴现债券投资收益率的计算公式如下。

$$M=P×(1+n×R)$$

$$R=\frac{M-P}{P×n}×100\%$$

式中：P——债券购买价格；

M——债券面值；

n——债券期限；

R——债券投资收益率。

【例5-15】某投资者在2×19年5月1日买入一张票面金额为100元的企业贴现债券，购买价为90元，该企业债券到期日为2×21年5月1日。若该贴现债券单利计息，试计算该债券的投资收益率。

解 该债券的投资收益率计算如下。

$$R=\frac{100-90}{90×2}×100\%=5.56\%$$

（3）复利计息的附息债券投资收益率的计算

复利计息的附息债券投资收益率的计算公式如下。

$$R=\sqrt[n]{\frac{M+I×\frac{(1+r)^n-1}{r}}{P}}-1$$

式中：P——债券购买价格；

M——债券面值；

n——债券期限；

R——债券投资收益率；

r——债券利息再投资收益率（一般可用市场利率表示）。

【例5-16】某投资者在2×19年5月1日买入一张票面金额为100元、票面利率为10%的企业债券，购买价为105元，该企业债券的到期日为2×21年5月1日。若用复利计息，债券利息的再投资收益率为9%，试计算该债券的投资收益率。

解 根据已知资料可知，$I=100\times10\%=10$ 元，$M=100$ 元，$P=105$ 元，$n=2$ 年，$r=9\%$，则该债券的投资收益率计算如下。

$$R = \sqrt{\frac{100 + 10 \times \frac{(1+9\%)^2 - 1}{9\%}}{105}} - 1 = 7.3\%$$

（4）复利计息的贴现债券投资收益率的计算

复利计息的贴现债券投资收益率的计算公式如下。

$$P(1+R)^n = M$$

$$R = \sqrt[N]{\frac{M}{P}} - 1$$

式中：P——债券购买价格；

　　　M——债券面值；

　　　n——债券期限；

　　　R——债券投资收益率。

【例5-17】 某投资者在 2×19 年 5 月 1 日购入一张票面金额为 100 元的企业贴现债券，购买价格为 90 元，该企业债券的到期日为 2×21 年 5 月 1 日。若该贴现债券复利计息，试计算该债券的投资收益率。

解 该债券投资收益率计算如下。

$$R = \sqrt{\frac{100}{90}} - 1 = 5.41\%$$

2. 股票投资决策

股票投资是企业进行对外证券投资的一个重要方面。随着我国证券市场的发展，股票投资变得越来越普遍。

1）股票投资的特点

① 股票投资是股权性投资。股票是代表所有权的凭证，持有人有权据此参与公司的经营活动，并对公司的财产具有剩余索取权。

② 股票投资风险大。股票投资不像债券投资，投资者不能要求公司偿还本金。如果企业经营状况不好，投资者可能没有收益，甚至连本金也无法收回。

③ 股票投资收益高。与股票投资高风险相对应的是股票投资高收益。当经济比较繁荣、上市公司经营状况较好时，投资者可以从中获得非常高的收益，这些收益有可能来源于公司发放的股息，也有可能来源于股票升值的差价收益。

④ 股票投资收益不稳定。与债券相比，股票投资的收益不稳定，收益大小主要取决于公司的经营状况和股票市场的行情。

⑤ 股票价格波动大。由于一些投机性因素的存在，股票价格波动幅度非常大。

2）股票投资的目的

企业进行股票投资的目的主要有两个：一是获利，即作为一般的证券投资，获取股利收入及股票买卖差价；二是控股，即通过购买某一企业的大量股票达到控制该企业的目的。在第一种情况下，企业将某种股票作为证券组合的一部分，不应冒险将大量资金投资于某一企业的股票。而在第二种情况下，企业应集中资金投资于被控企业的股票，这时考虑更多的不应是目前利益——股票投资收益的高低，而应是长远利益——占有多少股权才能达到控制的目的。

3）股票估价

在证券市场上，股票的价格是不断波动的，某个交易日股票的价格可以分为开盘价、最高价、最低价、收盘价等，投资人在进行股票价值评价时主要使用收盘价。在有效的证券市场上，股票价格是紧紧围绕着股票的内在价值上下波动的。股票价格的确定实际上就是对股票价值的评估。股票价值是指投资者预期能够获得的未来现金流量的现值。由于股票没有固定的利息，也没有一定的期末价值，因此股票价值的评估方法不同于债券。

（1）未来收益折现法

股票估价的基本模型为

$$V = \sum_{t=1}^{n} \frac{d_t}{(1+k)^t} + \frac{V_n}{(1+k)^n}$$

式中：V——股票价值；

k——必要报酬率；

V_n——股票未来出售价格；

d_t——第 t 期股利；

n——预计股票持有期数。

① 长期持有、股利稳定不变的股票估价模型。

由于股票长期持有，不存在出售的问题，所以股票的内在价值就是普通股未来股利收益按投资者所要求的必要报酬率折现的现值之和。假设每年的股利稳定不变，即 $d_1 = d_2 = \cdots = d_n = d$，股票股价模型可用公式表示如下。

$$V = \sum_{t=1}^{n} \frac{d}{(1+k)^t}$$

如果企业准备长期持有股票，即 $n \to \infty$，则股票的估价模型可用公式表示如下。

$$V = \frac{d}{k}$$

式中：V——股票价值；

d——每年股利；

k——必要报酬率。

【例 5-18】 某企业拟购入一种股票长期持有,预计每年股利 2 元,预期收益率为 10%。试问企业能否进行这种股票的投资。

解 这种股票内在价值计算如下。

$$V = \frac{2}{10\%} = 20 \text{（元）}$$

如果该股票的市场价格低于 20 元,企业就可以进行投资。

② 长期持有、股利固定增长的股票估价模型。

如果股票长期持有,股票的内在价值就是各期的股利按投资者所要求的必要报酬率折现的现值之和。设 d_0 为当年每股股利,d_t 为第 t 期每股股利,g 为股利增长率,k 为必要报酬率,则

$$d_t = d_0 \times (1+g)^t$$

股票内在价值的计算公式为

$$V = \frac{d_0(1+g)}{(1+k)} + \frac{d_0(1+g)^2}{(1+k)^2} + \cdots + \frac{d_0(1+g)^n}{(1+k)^n} = d_0 \times \sum_{t=1}^{n}\left(\frac{1+g}{1+k}\right)^t$$

假设 $k > g$,$\dfrac{1+g}{1+k} < 1$,对上式用等比数列求和公式运算得

$$V = d_0 \times \frac{\dfrac{1+g}{1+k} - \dfrac{(1+g)^{n+1}}{(1+k)^{n+1}}}{1 - \dfrac{1+g}{1+k}} = d_0 \times \frac{(1+g) \times \left[1 - \left(\dfrac{1+g}{1+k}\right)^n\right]}{k-g} = \frac{d_0 \times (1+g)}{k-g}\left[1 - \left(\frac{1+g}{1+k}\right)^n\right]$$

当 $n \to \infty$ 时,$\left(\dfrac{1+g}{1+k}\right)^n \to 0$,上式可变换为

$$V = \frac{d_0(1+g)}{k-g} = \frac{d_1}{k-g}$$

这种方法能反映股票的内在投资价值,但对未来现金流量预测的准确性很难保证。

【例 5-19】 长江公司拟购买 B 公司的股票,该股票去年每股股利为 1.6 元,预计以后每年以 5% 的增长率增长,长江公司要求的必要报酬率为 10%。试问长江公司能否进行这种股票的投资。

解 这种股票内在价值计算如下。

$$V = \frac{1.6 \times (1+5\%)}{10\% - 5\%} = 33.6 \text{（元）}$$

如果 B 公司股票的市场价格低于 33.6 元，长江公司可以进行投资。

（2）市盈率法

市盈率是指股票的每股市价与每股盈余的比率，它反映投资者愿意以大于每股盈余若干倍的价格购买股票。可以通过类似公司的市盈率及本公司的盈利预测确定股票的市场价值。

$$市盈率 = \frac{每股市价}{每股盈余}$$

$$每股市价 = 市盈率 \times 每股盈余$$

这种方法的关键问题是选择适当的可比公司，从而确定可使用的市盈率。

【例 5-20】 根据 B 公司 2×21 年度财务报告，该公司股票的每股盈余为 1.2 元，B 公司所处行业的平均市盈率为 22。试计算 B 公司股票的市场价值。

解 B 公司股票的市场价值计算如下。

$$每股市价 = 市盈率 \times 每股盈余 = 22 \times 1.2 = 26.4（元）$$

4）股票投资的收益

如果不考虑货币时间价值，股票投资收益率的计算公式如下。

$$股票投资收益率 = \frac{股利 + 股票上涨收益 + 新股认购收益 + 无偿送股收益}{股票购买价格}$$

【例 5-21】 某公司于 2×18 年初以每股 1.5 元的价格购入 1 万股面值为 1 元的 B 公司股票。该股票每股每年分红 0.25 元。由于该公司经营效益较好，该公司股票价格每年上涨 8%。试计算截止到 2×21 年年底该股票的投资收益率。

解 截止到 2×21 年年底，该股票的投资收益率计算如下。

$$股票投资收益率 = \frac{10\,000 \times 0.25 + 10\,000 \times 1.5 \times [(1+8\%)^4 - 1]/4}{10\,000 \times 1.5} = 25.7\%$$

如果考虑货币时间价值，股票的投资收益率应为该股票投资净现值为零时的贴现率（即内含报酬率）。此时，股票投资收益的现值等于股票的购买价格。股票投资收益率的计算公式如下。

$$V = \sum_{t=1}^{n} \frac{d_t}{(1+k)^t} + \frac{F}{(1+k)^n}$$

式中：V——股票购买价格；

F——股票出售价格；

d_t——第 t 年股利；

n——投资期限；

k——股票投资收益率。

5.4.6 证券投资分析方法

证券投资有收益也有风险,企业进行对外证券投资时,需要分析证券市场上不同证券的基本情况,同时还要分析整个市场的行情。

1. 基本分析

基本分析是通过对决定股票内在价值和影响股票价格的宏观经济形势、行业状况、公司经营状况等进行分析,评估股票的投资价值,与股票市场价值进行比较,做出是否投资的建议。基本分析包括以下 3 个方面的内容。

① 宏观经济分析。即分析经济政策(如货币政策、财政政策、税收政策、产业政策等)、经济指标(如国内生产总值、失业率、通货膨胀率、利率、汇率等)对股票市场的影响。

② 行业分析。即分析产业前景、区域经济发展对上市公司的影响。

③ 公司分析。即具体分析上市公司行业地位、市场前景、财务状况。

2. 技术分析

技术分析是从股票的成交量、价格、成交时间、价格波动空间等因素分析走势并预测未来。目前常用的有 K 线理论、波浪理论、形态理论、趋势线理论和技术指标分析等。

在证券市场上,已在过去出现过的价格变动模式往往会重复出现,即"历史往往会重演",股价的变化具有周期波动性,这一点是技术分析的理论依据。专门从事证券投资的实际工作者多运用这种方法进行投资。使用这种方法时,多采用计算机进行定量分析,因此这种方法更受众多投资者的青睐。采用基本分析法的投资者试图回答"投资什么"的问题,而采用技术分析法的投资者试图回答"什么时候投资"的问题。技术分析法又常被认为是由供给与需求关系决定价格的分析方法。在短期证券投资中,多用此法进行投资分析。

基本分析能够比较全面地把握股票价格的基本走势,但对短期的市场变动不敏感。技术分析贴近市场,对市场短期变化反应快,但难以判断长期的趋势,特别是对于政策因素,难有预见性。基本分析和技术分析各有优缺点和适用范围。基本分析能把握中长期的价格趋势,而技术分析则为选择短期买入、卖出的时机提供参考。企业在进行证券投资时应该把两者有机结合起来,方可实现效用最大化。除此之外,还要注意以下几点。

(1)投资规模与投资时机的选择

企业的投资规模依赖于企业自身的实力和整个市场的行情变化,在自身实力允许、市场行情较好的情况下,可考虑增加投资规模。在投资时也要紧紧抓住投资时机,关注影响证券市场发展的政治因素和经济因素。

(2)投资组合方式的选择

"不要把所有的鸡蛋都放在同一个篮子里",这实际上就是说企业在投资时要进行组合投资。证券投资组合旨在通过证券组合的形式,尽可能地分散非系统性风险。根据企业对投资收益和风险偏好的不同,企业可以在保守型策略、冒险型策略和适中型策略中进行选择。

① 保守型策略。这种策略也称为跟随大市策略,认为最佳证券投资组合策略是要尽量模拟市场现状,将尽可能多的证券包括进来,以便分散掉全部可分散风险,得到与市场上所有证券的平均收益同样的收益。这是一种最简单的策略。它在具体操作时,无须进行特定组合,而只要选择足够品种的证券即可。证券投资组合理论认为,只要投资组合的数

量达到充分多时,便可分散大部分可分散风险。1976 年,美国先锋基金公司创造的指数信托基金便是这一策略的最典型代表。这种基金投资于标准普尔股票指数中所包含的全部 500 种股票,其投资比例与 500 家企业价值比重相同。这种投资组合有以下好处:能分散全部可分散风险;不需要高深的证券投资的专业知识;证券投资的管理费用比较低。但这种组合获得的收益不会高于证券市场上所有证券的平均收益。因此,这种策略属于收益不高、风险不大的策略,故称为保守型策略。

② 冒险型策略。这种策略认为,与市场完全一样的组合不是最佳组合,只要投资组合做得好,就能击败市场或超越市场,取得远远高于市场平均水平的收益。在这种组合中,一些成长型的股票比较多,而那些低风险、低收益的证券不多。另外,这种组合的随意性强,变动频繁。采用这种策略的投资者认为,收益就在眼前,何必死守苦等。对于追随市场的保守派,他们是不屑一顾的。这种策略收益高、风险大,因此称为冒险型策略。

③ 适中型策略。这种策略认为,证券的价格,特别是股票的价格,是由特定企业的经营业绩决定的。市场上股票价格的一时沉浮并不重要,只要企业经营业绩好,股票一定会升到其本来的价值水平。采用这种策略的人一般都善于对证券进行分析,如行业分析、业绩分析、财务分析等。通过分析,选择高质量的股票和债券,组成投资组合。适中型策略如果做得好,可获得较高的收益,且不会承担太大的风险。但进行这种组合的投资者必须具备丰富的投资经验,拥有进行证券投资的各种专业知识。这种投资策略风险不大,收益比较高,是一种常见的投资组合策略。各种金融机构、投资基金在进行证券投资时一般都采用这种策略。

复习思考题

1. 为什么说现金流量比利润更适合作为固定资产投资管理评价指标的基础?
2. 净现值、获利指数和内含报酬率的主要区别有哪些?
3. 企业进行证券投资应注意哪些问题?

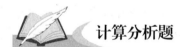

计算分析题

1. 某公司计划购置一套新设备用于新产品的生产,新设备需要一次性投入 450 000 元,预计可使用 10 年,10 年后设备的残值收入为 50 000 元。使用新设备后,公司年收入增加 300 000 元,公司每年的设备维护费和经营成本为 165 000 元。假设新设备采用直线法折旧,企业所得税税率为 25%,银行贷款利率为 14%。试计算以下财务指标:
(1)每年折旧费;
(2)每年现金净流量;
(3)该项投资的投资回收期;
(4)该项投资的净现值,并判断是否进行投资。

2. 某公司正考虑用一台新设备替换旧设备。旧设备原购置成本为 40 000 元,已使用 5 年,估计还可使用 5 年,已提折旧 20 000 元,期满后无残值,如果现在变卖可得价款 20 000 元。使用该设备每年可获得收入 50 000 元,每年的付现成本为 30 000 元。新设备的购置成本为 60 000 元,估计可使用 5 年,期满后有残值 10 000 元。使用新设备后,每年收入可达 80 000 元,每年付现成本为 40 000 元。该公司的资本成本为 10%,企业所得税税率为 25%,新、旧设备均采用直线法计提折旧。试做出该公司是否应该用新设备代替旧设备的投资决策。

3. 某公司正在考虑一个初始投资为 80 000 元的项目,预计它可以带来连续 6 年每年 20 000 元的现金净流量。公司对该项目要求的收益率为 10%。试计算下列财务指标:
(1)回收期;
(2)净现值;
(3)获利指数;
(4)内含报酬率,并判断该项目是否可行。

4. 某公司普通股每股的年股利额为 8.2 元,且维持长期不变,投资者所要求的必要报酬率为 15%。试计算该股票的内在价值。

5. 某公司普通股当年股利为 5 元,估计该股票年股利增长率为 3%,投资者期望的投资收益率为 15%。试计算该股票的内在价值。

6. A 公司 2×21 年 7 月 1 日购买 B 公司 2×19 年 1 月 1 日发行的债券。该债券面值为 1 000 元,票面利率为 8%,期限为 5 年,每半年付息一次。若市场利率为 10%,试计算该债券的价值。若市场价格为 940 元,判断是否值得购买?如果按此价格购入该债券,则债券的到期投资收益率是多少?

7. 某公司准备投资某债券,该债券的面值为 2 000 元,票面利率为 8%,期限为 5 年,该企业要求的必要投资报酬率为 10%,就下列条件计算债券的投资价值。
(1)债券每年计息一次;
(2)债券到期一次还本付息,单利计息;
(3)债券到期一次还本付息,复利计息;
(4)折价发行,到期偿还本金。

8. 大力公司是一家处于成长期的公司,公司销售收入日益增长。为满足生产的需要,公司急需购置一台新设备。有以下两个方案可供选择。

方案 A:预计新设备购置费为 220 万元,预计可使用期限为 20 年,预计残值为 0。购置的新设备将取代已使用 18 年的旧设备。旧设备最初的成本为 150 万元,按 20 年计提折旧,残值为 0,该设备目前的市价为 20 万元。使用新设备预计所带来的现金净流量在 1~10 年为每年 43 万元,在 11~20 年为每年 50 万元。

方案 B:预计新设备购置费 180 万元,预计可使用年限 20 年,无残值。购置的新设备将取代使用 16 年的旧设备。旧设备最初的成本为 100 万元,按 20 年计提折旧,残值为 0,目前可按 30 万元出售。使用新设备预计所带来的现金净流量在 1~20 年为每年 30 万元。

公司要求的投资收益率为 10%,企业所得税税率为 25%。公司对所有设备均按直线法计提折旧。
(1)计算每种方案的初始现金净流量和营业现金净流量。
(2)计算每种方案的回收期和净现值。
(3)应采用哪种方案?

第 6 章

营运资金管理

本章内容提要
- 营运资金的含义和特点;
- 营运资金管理原则和管理政策;
- 现金的管理目标、持有动机与成本,最佳现金持有量的确定;
- 应收账款的管理目标、功能与成本,信用政策;
- 存货的管理目标、功能与持有成本,经济批量模型及其扩展。

6.1 营运资金管理概述

6.1.1 营运资金的含义

营运资金是指企业生产经营活动中占用在流动资产上的资金。营运资金有广义和狭义两种概念。广义的营运资金,又称毛营运资金,是指企业的流动资产总额;狭义的营运资金,又称净营运资金,是指企业的流动资产减去流动负债后的差额。流动资产是指可以在 1 年或超过 1 年的一个营业周期内变现或耗用的资产,具有占用时间短、周转快、易变现等特点。企业拥有较多的流动资产,可在一定程度上降低财务风险。流动资产在资产负债表上主要包括货币资金、交易性金融资产、应收票据、应收及预付账款、存货等。流动负债是指需要在 1 年或超过 1 年的一个营业周期内偿还的债务。流动负债又称短期融资,具有成本低、偿还期短的特点。流动负债主要包括短期借款、应付票据、应付账款、应付职工薪酬、应交税费、应付利润等。

从会计核算的角度讲,营运资金是指流动资产与流动负债的差额。会计上不强调流动资产与流动负债的关系,而只是用它们的差额反映一个企业的偿债能力。在这种情况下,不利于财务人员对营运资金的管理和认识;从财务的角度讲,营运资金应该是流动资产与流动负债关系的总和,在这里"总和"不是数额的加总,而是关系的反映,这有利于财务人员意识到,对营运资金的管理要注意流动资产与流动负债这两个方面。因此,营运资金管理既包括对流动资产的管理也包括对流动负债的管理。

一个企业要维持正常的运转就必须拥有适度的营运资金,因此营运资金管理是企业财务管理的重要组成部分。搞好营运资金管理，必须解决好两个方面的问题：第一，企业应该投资多少在流动资产上，即资金运用的管理，主要包括现金管理、应收账款管理和存货管理；第二，企业应该怎样进行流动资产融资，即资金筹措的管理，包括银行借款管理、商业信用管理和短期融资券管理。可见，营运资金管理的核心内容就是对营运资金运用和营运资金筹措的管理。

企业营运资金管理水平直接反映企业管理水平，影响企业盈利能力和整体竞争力。一个企业的经营失败及陷入财务危机往往首先表现为营运资金管理的失败。

6.1.2 营运资金的特点

为了有效地对营运资金进行管理，必须研究营运资金的特点，以便有针对性地进行管理。营运资金一般具有以下特点。

（1）营运资金的来源具有多样性

企业筹集长期资金的方式一般较少，只有吸收直接投资、发行股票、发行债券等方式。与筹集长期资金的方式相比，企业筹集营运资金的方式较为灵活多样，通常有短期借款、短期融资券、商业信用、应交税费、应付股利、应付职工薪酬等多种内外部融资方式。

（2）营运资金的数量具有波动性

流动资产的数量会随企业内外条件的变化而变化，时高时低，波动很大。季节性企业如此，非季节性企业也如此。随着流动资产数量的变动，流动负债的数量也会相应发生变动。

（3）营运资金的周转具有短期性

企业占用在流动资产上的资金，通常会在1年或超过1年的一个营业周期内收回，对企业影响的时间比较短。根据这一特点，营运资金可以用商业信用、短期借款等短期筹资方式加以解决。

（4）营运资金的实物形态具有变动性和易变现性

企业营运资金的占用形态是经常变化的，营运资金的每次循环都要经过采购、生产、销售等过程，一般按照现金、材料、在产品、产成品、应收账款、现金的顺序转化。为此，在进行流动资产管理时，必须在各项流动资产上合理配置资金数额，做到结构合理，以促进资金周转顺利进行。同时，以公允价值计量且其变动计入当期损益的金融资产、应收账款、存货等流动资产一般具有较强的变现能力，如果遇到意外情况，企业出现资金周转不灵、现金短缺时，便可迅速变卖这些资产，以获取现金，这对财务上满足临时性资金需求具有重要意义。

6.1.3 营运资金管理的原则

企业的营运资金在全部资金中占有相当大的比重，而且周转期短、形态易变，因此对营运资金进行管理是企业财务管理的一项重要内容。企业在进行营运资金管理时，必须遵循以下原则。

（1）满足正常资金需求

企业应认真分析生产经营状况，合理确定营运资金的需要数量。企业营运资金的需求数量与企业生产经营活动有直接关系。当产销两旺时，流动资产会不断增加，流动负债也会相应增加；当产销量不断减少时，流动资产和流动负债也会相应减少。因此，企业的财务人员应认真分析生产经营状况，采用一定的方法预测营运资金的需要数量，营运资金的管理必须把满足正常合理的资金需求作为首要任务。

（2）节约资金使用成本

在营运资金管理中，必须正确处理保证生产经营需要和节约资金使用成本二者之间的关系。营运资金管理，在保证企业生产经营资金需要的前提下，尽力降低资金使用成本。一方面，遵守勤俭节约的原则，挖掘资金潜力，精打细算地使用资金。另一方面，积极拓展融资渠道，合理配置资源，筹措低成本资金，服务于生产经营。

（3）提高资金利用效果

营运资金周转是指企业的营运资金从现金投入生产经营开始，到最终转化为现金的过程。在其他因素不变的情况下，加速营运资金周转，缩短营运资金周转时间，也就相应地提高了资金的利用效果。因此，企业要千方百计地加速存货、应收账款等流动资产的周转，延长应付账款等流动负债的偿还期限，以便用有限的资金服务于更大的产业规模，为企业提高经济效益创造条件。

（4）维持短期偿债能力

流动资产、流动负债及二者之间的关系能较好地反映企业的短期偿债能力。如果一个企业流动资产比较多，流动负债比较少，说明企业的短期偿债能力较强；反之，说明企业的短期偿债能力较弱。如果企业的流动资产太多，流动负债太少，也不是正常现象，原因可能是流动资产闲置或流动负债利用不足，造成资源浪费。因此在营运资金管理中，要合理安排流动资产与流动负债的比例关系，保持流动资产结构与流动负债结构的适配性，保证企业有足够的短期偿债能力。

6.1.4　营运资金管理策略

营运资金管理策略包括营运资金投资策略和营运资金融资策略两个方面。

1. 营运资金投资策略

营运资金投资策略主要研究如何把握流动资产持有量的问题。营运资金持有量的高低，影响着企业的收益和风险。较高的营运资金持有量，意味着在固定资产、流动负债和业务量一定的情况下，流动资产数额较高，即企业拥有较多的现金、交易性金融资产和保险储备量较高的存货。这会使企业有较大的把握按时支付到期债务，及时供应生产用材料和准时向客户提供产品，从而保证经营活动平稳地进行。但是流动资产的收益能力一般低于固定资产，所以较高的流动资产比重会降低企业的整体收益。而较低的营运资金持有量带来的后果正好相反。

通过上面分析可知，营运资金持有量的确定，就是在收益和风险之间进行权衡。将持有较高的营运资金称为宽松的营运资金投资策略；而将持有较低的营运资金称为紧缩的营运资金投资策略。前者的收益、风险均较低，后者的收益、风险均较高。介于两者之间的，是适中的营运资金投资策略。在适中的营运资金投资策略下，营运资金的持有量不过高也不过低，恰好现金足够满足支付之需，存货足够满足生产和销售所用，除非利息高于资本成本（这种情况不太可能），一般企业不会保留交易性金融资产。然而，很难量化地描述适中政策的营运资金持有量。因为营运资金水平是由多种因素共同作用的结果，包括销售水平、存货和应收账款的周转速度等。所以各企业应当根据自身的具体情况和环境条件，按照适中营运资金投资策略的原则，确定适当的营运资金持有量。

2. 营运资金融资策略

营运资金融资策略主要研究如何筹集营运资金问题，是营运资金管理政策的研究重点。研究营运资金的筹集政策，需要先对构成营运资金的两个要素——流动资产和流动负债——做进一步的分析，然后再考虑两者之间的匹配。

1）流动资产和流动负债分析

对于流动资产，如果按照用途可分为临时性流动资产和永久性流动资产。临时性流动资产是指那些受季节性、周期性影响较大的流动资产，如季节性存货、销售和经营旺季（如零售业的销售旺季和春节期间等）的应收账款；永久性流动资产则指那些即使企业处于低谷也仍然需要保留的、用于满足企业长期稳定需要的流动资产。

与流动资产按照用途划分的方法相对应，流动负债也可以分为临时性流动负债和自发性流动负债。临时性流动负债是指为了满足临时性流动资金需要所发生的负债，如商业零售企业春节前为满足节日销售需要，超量购入货物而举借的债务；食品制造企业为赶制季节性食品，大量购入某种原料而发生的借款等。自发性流动负债是指直接存在于企业持续经营中的负债，如商业信用筹资和日常运营中产生的其他应付款，以及应付职工薪酬、应付利息、应交税费等。

2）流动资产和流动负债的配合

营运资金融资策略，主要是研究如何安排临时性流动资产和永久性流动资产的资金来源，一般可分为匹配融资策略、激进融资策略和保守融资策略3种类型。

（1）匹配融资策略

匹配融资策略是指对于临时性流动资产的资金需要，运用临时性负债筹集；对于永久性流动资产和固定资产（统称为永久性资产，下同）的资金需要，运用长期负债、自发性流动负债和权益资本筹集。匹配融资策略如图6-1所示。

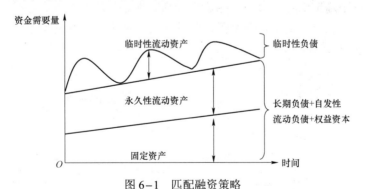

图6-1 匹配融资策略

匹配融资策略要求企业临时性负债筹资计划严密，实现资金流动与预期安排相一致。在季节性低谷时，企业应当除了自发性流动负债外没有其他流动负债；只有在临时性流动资产的需求达到高峰期时，企业才举借各种临时性债务。

这种筹资政策的基本思路是将资产和负债的期间相配合，以降低企业不能偿还到期债务的风险和尽可能降低债务的资本成本。由于资产使用寿命的不确定性，往往达不到资产和负债的完全配合。例如，在企业生产高峰时，如果销售不理想，未能取得销售现金收入，便会发生偿还临时性负债的困难。因此匹配融资策略是一种理想的、对企业有着较高的资金使用要求的营运资金融资策略。

（2）激进融资策略

激进融资策略是指临时性负债不但融通临时性流动资产的资金需要，还解决部分永久性资产的资金需要。激进融资策略如图6-2所示。

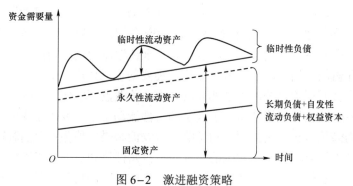

图6-2　激进融资策略

激进融资策略下的临时性负债在企业全部资金来源中所占比重大于匹配融资策略。由于临时性负债的资本成本一般低于长期负债和权益资本的资本成本，所以该政策下企业的资本成本较低。另外，为了满足永久性资产的长期资金需要，企业必然要在临时性负债到期后重新举债或申请债务展期，这样企业便会经常地举债还债，从而加大筹资困难和风险，还可能面临由于流动负债利率的变动而增加企业资本成本的风险。所以，激进融资策略是一种收益性和风险性均较高的营运资金筹资政策。

（3）保守融资策略

保守融资策略是指临时性负债只融通部分临时性流动资产的资金需要，另一部分临时性流动资产和永久性资产则由长期负债、自发性流动负债和权益资本作为资金来源。保守融资策略如图6-3所示。

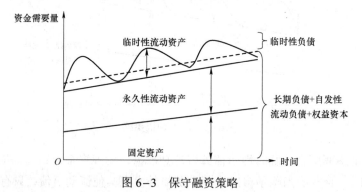

图6-3　保守融资策略

与匹配融资策略相比，保守融资策略下的临时性流动负债占企业全部资金来源的比重较小，所以企业无法偿还到期债务的风险较低，同时蒙受流动利率变动损失的风险也较低。另外，由于长期负债资本成本高于临时性负债资本成本，以及经营淡季时仍需负担长期负债利息，从而降低企业的收益，所以保守融资策略是一种风险性和收益性均较低的营运资金融资策略。

一般地，如果企业能够驾驭资金的使用，采用收益和风险均较为适中的匹配融资策略是其最佳选择。

6.2 现金管理

现金是指企业在生产经营过程中暂时停留在货币形态的资金，包括库存现金、银行存款和银行本票、银行汇票等其他货币资金。现金是变现能力最强的资产，代表着企业直接的支付能力和应变能力，可以用来满足生产经营的各种需要，也是还本付息和履行纳税义务的保证。

6.2.1 现金管理目标

拥有足够的现金对于降低企业风险、增强资产的流动性和债务的清偿性有着重要意义。但是现金属于非盈利性资产，即使是银行存款，其盈利能力也非常低。现金持有量过多，它所提供的流动性边际效益会随之下降，进而导致企业整体收益水平降低。因此企业必须合理地确定现金持有量，使现金收支不但在数量上相互衔接，而且在时间上也相互衔接，以便在保证企业生产经营活动所需现金的同时，尽量减少企业闲置的现金数量。企业现金管理的目标是在保证企业正常生产经营活动现金需求的基础上，尽量节约现金使用，降低现金成本，提供现金使用效益，在现金流动性与盈利性之间做出最佳选择。

6.2.2 现金持有动机与成本

1. 现金持有动机

现金持有动机是指企业持有现金的原因。通常情况下，企业持有现金主要是出于交易动机、预防动机和投机动机。

（1）交易动机

交易动机是指企业持有一定量的现金以满足日常业务的现金支付需要，如购买原材料、支付工资、缴纳税款、偿还到期债务、发放现金股利等。在正常的生产经营活动中，企业因销售商品、提供劳务形成收入，因此发生一系列的成本费用的支出，但由于现金收支在时间上不匹配，在数量上不相等，因此企业有必要持有一定量的现金以保持正常的生产经营活动，这也是企业持有现金的根本动机。一般情况下，企业为交易动机所持有的现金数额取决于企业的生产销售水平，生产销售规模扩大，所需现金数额也随之增加，反之则会减少。

（2）预防动机

预防动机是指企业持有一定量的现金以满足由于意外事件发生而产生的现金需要。由于财务环境的复杂性，企业通常很难对未来的现金流量做出与实际相差无几的估计与预算。自然灾害、政策变化、生产事故等突发事件的发生，必然会打破企业原有的现金预算，使现金收支出现不平衡。因此企业有必要在正常现金需要量的基础上，追加持有一定数量的现金。追加的这部分现金规模主要取决于以下3个因素：一是现金收支预测的可靠程度；二是企业愿意承担风险的程度；三是企业临时举债的能力。通常情况下，企业预测的现金流量越可靠，愿意承担现金短缺风险的程度越高，临时举债的能力越强，为预防动机而持有的现金规模就越小。

（3）投机动机

投机动机是指企业持有现金以用于不寻常的购买机会或投资机会，从中获取收益。例如，当预期原材料价格将会上涨时，以现金大量购入；在预期有价证券价格将会上涨时，立即以现金在低价购入，待价格实际上涨时再高价抛出等。企业为满足投机动机而持有的现金数量一般与金融市场的投资机会和对待风险的态度紧密相关。金融市场的投资机会越多，经营越大胆、越愿意冒险，为投机而持有的现金数量越多。

企业的现金持有量一般小于3种需求下的现金持有量之和，因为为某一需求持有的现金可以用于满足其他需求。

2. 现金持有成本

企业为满足各种需求动机，持有一定量的现金是必然的，但并非越多越好。因为企业持有一定量的现金是有成本的，这些成本包括现金的管理成本、机会成本、转换成本和短缺成本。

（1）管理成本

管理成本是指企业因持有一定数量的现金而发生的各项管理费用，如管理人员工资、福利费、安全设施费等。在一定的现金持有量范围内，管理现金所需的人员、安全设施等保持不变，持有现金的管理成本便是一种固定成本，在一定范围内与现金持有量之间没有明显的比例关系。当现金持有量突破这一数量范围时，现金的管理成本将随着现金管理人员、安全设施等的增加而增加，但它会在新的现金持有量范围内固定不变。

（2）机会成本

机会成本是指企业因持有一定数量的现金而丧失的再投资收益。企业持有现金时，必然不能获得将现金投放出去而获取的投资收益，从而形成持有现金的机会成本。其在数额上等于现金持有量与相应投资收益率的乘积。在投资收益率一定的情况下，现金的机会成本与现金持有量之间存在正向的比例关系：现金持有量越多，机会成本越大，反之则越少。

（3）转换成本

转换成本是指企业用现金投资有价证券或转让有价证券换取现金时所支付的交易费用，如证券交易印花税、手续费、过户费、佣金等。现金的转换成本等于现金的转换次数与每次转换成本的乘积。一般来说，每次的转换成本是固定不变的，现金的转换成本与转换次数之间便存在线性关系：转换次数越多，转换成本越高。由于转换次数等于年现金需要量除以现金持有量，在年现金需要量一定的情况下，现金持有量越少，转换次数越多，转换成本越高，反之则越低。

（4）短缺成本

短缺成本是企业现金持有量不足时，因现金不能满足需要而遭受的损失或为此付出的代价，如因资金不足不能及时购买原材料，发生生产中断，造成停工损失；因资金不足不能及时偿还债务而发生的信用损失等。短缺成本不考虑其他资产的变现能力，仅就不能以充足的现金满足各种支付需要而言。企业持有的现金越多，出现短缺的可能性越小，为此遭受的损失或付出的代价越少，反之则越大，即现金的短缺成本与现金持有量之间存在反向的比例关系。

通过以上分析可知，现金持有量过多或过少对企业都不利，过多会增加机会成本，降低企业的收益水平；过少则会造成现金短缺，在影响企业正常营运的同时，使企业蒙受损失或付出代价。

6.2.3 最佳现金持有量确定

现金是企业主要的支付手段，又是一种非盈利性资产。现金持有不足，则可能影响企业的生产经营，加大企业的财务风险；现金持有过多，则会降低企业的整体盈利水平。因此，企业确定最佳现金持有量具有重要的意义。在财务管理中，确定最佳现金持有量的方法有很多，这里介绍因素分析模型、现金周转模型、存货模型、成本分析模型、随机模型5种类型。

1. 因素分析模型

因素分析模型是指根据上年现金实际占用额及本年有关因素的变动情况，对不合理的现金占用进行调整，以此确定最佳现金持有量的方法。这种模型下最佳现金持有量的计算公式如下。

$$\text{最佳现金持有量} = \left(\text{上年现金平均占用额} - \text{不合理占用额}\right) \times \left(1 \pm \text{预计销售收入变动百分比}\right)$$

其中

$$\text{上年现金平均占用额} = (\text{上年现金期初余额} + \text{上年现金期末余额})/2$$

【例 6-1】 某企业 2×21 年的现金实际平均占用额为 1 200 万元。经过分析，其中不合理占用的现金为 40 万元。2×22 年预计销售收入比上年增长 15%。试采用因素分析模型确定该企业 2×22 年的最佳现金持有量。

解 该企业 2×22 年的最佳现金持有量计算如下。

$$\text{最佳现金持有量} = (1\,200 - 40) \times (1 + 15\%) = 1\,334 \text{（万元）}$$

这种方法有很强的实用性，同时也比较简单。但是这一模型假设现金持有量与企业的销售收入同比增长，往往不能与实际情况完全相符。

2. 现金周转模型

现金周转模型是指根据现金周转速度确定最佳现金持有量的方法。现金周转速度一般以现金周转期或现金周转率衡量。现金周转期是指现金从投入生产经营活动开始，经过一系列周转后，最终又转化为现金所需要的时间。现金周转期大致包括以下3个方面。

① 存货周转期。存货周转期是指将原材料投入生产转化为产成品并出售所需要的

时间。

② 应收账款周转期。应收账款周转期是指将应收账款转化为现金所需要的时间,即从产品销售到收回现金的时间。

③ 应付账款周转期。应付账款周转期是指从收到尚未付款的材料开始到偿还材料款发生现金支出为止所用的时间。

上述 3 个方面与现金周转期之间的关系,可用图 6-4 加以说明。

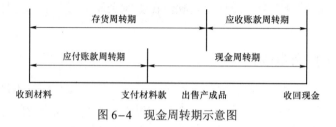

图 6-4 现金周转期示意图

根据图 6-4 所示,现金周转期的计算公式如下。

$$现金周转期=存货周转期+应收账款周转期-应付账款周转期$$

现金周转期实际上就是现金周转一次所需要的天数。根据现金周转期可计算现金周转率,即现金在一年内周转的次数。

$$现金周转率(次数)=360/现金周转期$$

现金周转率越高,说明企业现金周转的速度越快,在企业全年现金需求总量一定的情况下,企业现金持有量越少;反之,现金持有量越多。

在企业全年现金总需求量确定后,可以根据现金周转期或现金周转率计算最佳现金持有量,其计算公式如下。

$$最佳现金持有量=预测期每年现金需要量/现金周转率$$

或

$$最佳现金持有量=预测期每年现金需要量/(360/现金周转期)$$

【例 6-2】某企业材料采购和产品销售都采用商业信用的方式,按照以前惯例,应收账款周转期为 50 天,应付账款周转期为 40 天,存货周转期为 50 天。假设该企业下一年的现金总需求量为 1 200 万元,试采用现金周转模型确定该企业下一年的最佳现金持有量。

解 该企业下一年度最佳现金持有量计算如下。

$$现金周转期=50+50-40=60(天)$$
$$现金周转率=360/60=6(次)$$
$$最佳现金持有量=1\ 200/6=200(万元)$$

现金周转模型确定最佳现金持有量的方法简单明了,但是要求企业的生产经营活动保持相对稳定，并且要保持长期的信用政策，否则计算出的最佳现金持有量是不稳定的。

3. 存货模型

确定最佳现金持有量的存货模型来源于存货的经济批量模型（economic order quantity model）。这一模型最早是由美国经济学家威廉·鲍莫尔（William J. Baumol）于1952年首先提出的，故又称为鲍莫模型。根据这个模型，企业的现金持有量类似于存货，可以借用存货的经济批量模型确定企业的最佳现金持有量。该模型有以下4个假设前提。

① 企业现金流入量是稳定并可预测的，即企业在一定时期内的现金收入是均匀发生的，并能够可靠地预测其数量。

② 企业现金流出量是稳定并可预测的，即企业在一定时期内的现金流出也是均匀发生的，并能够可靠地预测其数量。

③ 在预测期内，企业不发生现金短缺，并可以通过出售有价证券补充现金。

④ 一定时期内，企业现金需求总量是一定的且可以预测。

在这4个假设前提下，企业的现金流量可以用图6-5表示。

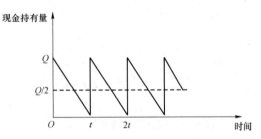

图6-5 现金持有量存货模型

在图6-5中，企业在一定时期内的现金需求总量是一定的，并且现金耗用是均匀发生的。企业的最佳现金持有量为Q，在一个周期t内均匀地耗用，然后出售金额为Q的有价证券补充现金，以后各个周期不断循环。

在前面已介绍过，企业持有现金会发生管理成本、机会成本、短缺成本和转换成本。存货模型就是在现金持有成本最低的情况下确定企业的最佳现金持有量。该模型假设不存在现金短缺，所以不考虑短缺成本。管理成本是固定的，所以也不考虑。这里只讨论机会成本和转换成本。

假设：TC为现金总成本，F为每次转换有价证券的转换成本，T为一定时期内现金的总需求量，Q为最佳现金持有量，K为有价证券的利息率，则持有现金的总成本可用公式表示如下。

$$TC = \frac{Q}{2}K + \frac{T}{Q}F$$

通过TC对Q一次求导可得

$$TC' = \frac{K}{2} - \frac{TF}{Q^2}$$

令 TC′=0，可得最佳现金持有量的计算公式如下。

$$Q = \sqrt{\frac{2TF}{K}}$$

且有

$$\text{有价证券交易次数}\left(\frac{T}{Q}\right) = \sqrt{\frac{TK}{2F}}$$

$$\text{最低现金总成本（TC）} = \sqrt{2TFK}$$

图 6-6 是存货模型的最佳现金持有量的示意图。

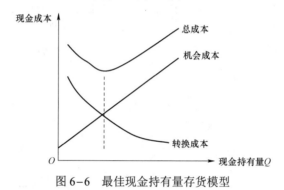

图 6-6　最佳现金持有量存货模型

【例 6-3】某企业现金流量稳定，预计全年现金需求总量为 200 000 元，现金与有价证券的转换成本为 100 元，有价证券利息率为 10%。试采用存货模型确定该企业的最佳现金持有量。

解　该企业最佳现金持有量计算如下。

$$Q = \sqrt{\frac{2TF}{K}} = \sqrt{\frac{2 \times 200\,000 \times 100}{10\%}} = 20\,000\,(\text{元})$$

存货模型可以精确地测算出企业的最佳现金持有量，而且能够得出现金与有价证券的最佳转换次数，对加强企业现金管理有一定的作用。但是该模型以现金均匀支出、现金机会成本和转换成本可以准确预测为前提。如果这些前提条件不成立，则该模型将不能使用。

4. 成本分析模型

成本分析模型是通过分析企业持有现金的成本，寻求使持有成本最低的现金持有量。该模型考虑持有现金的机会成本、短缺成本和管理成本。使三项成本之和最小的现金持有量，就是最佳现金持有量。因为持有现金的机会成本为现金持有量与有价证券收益率之乘积，所以它与现金持有量成正比；管理成本具有固定成本的属性，不随现金持有量变化；而现金短缺成本与现金持有量呈反比例变化。成本分析模型下最佳现金持有量的确定如图 6-7 所示。

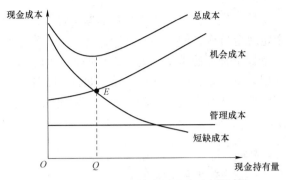

图 6-7　最佳现金持有量成本分析模型

从图 6-7 中可以看出，总成本曲线呈抛物线形，抛物线的最低点即为总成本的最低点，其所对应的现金持有量便是最佳现金持有量。在实际工作中最佳现金持有量确定时，可先分别计算出各种方案的机会成本、管理成本和短缺成本之和，再从中选出使总成本之和最小的现金持有量，即为最佳现金持有量。

【例 6-4】某企业有 4 种现金持有方案，它们各自的持有量（平均）、机会成本、管理成本和短缺成本如表 6-1 所示。假设现金的机会成本率为 12%。试确定该企业最佳的现金持有量。

表 6-1　4 种方案相关成本　　　　　　　　　　　　　　　　单位：元

方案	甲	乙	丙	丁
现金持有量	25 000	50 000	75 000	100 000
机会成本	3 000	6 000	9 000	12 000
管理成本	20 000	20 000	20 000	20 000
短缺成本	12 000	6 750	2 500	0

解　该企业最佳现金持有量的计算如表 6-2 所示。

表 6-2　最佳现金持有量计算表　　　　　　　　　　　　　　单位：元

方案	甲	乙	丙	丁
现金持有量	25 000	50 000	75 000	100 000
机会成本	3 000	6 000	9 000	12 000
管理成本	20 000	20 000	20 000	20 000
短缺成本	12 000	6 750	2 500	0
现金总成本	35 000	32 750	31 500	32 000

将以上各方案的现金总成本加以比较可知，丙方案的现金总成本最低，故丙方案对应的 75 000 元为该企业的最佳现金持有量。

5. 随机模型

随机模型是在企业未来的现金流量呈不规则波动、无法准确预测的情况下采用的确定最佳现金持有量的方法。随机模型的运用前提是企业的现金流量呈不规则变动，只能根据历史经验测算出一个现金持有量的波动范围。其基本原理是根据现金流量的波动范围确定一个现金控制区域,规定现金持有量的上限和下限。当现金持有量在上限和下限之间波动时,表明企业现金持有量处于合理的水平,无须进行调整;当现金持有量达到上限时,用现金购入有价证券,使现金持有量下降;当现金持有量降到下限时,则出售有价证券,使现金持有量上升,从而使现金持有量经常控制在上、下限之间。随机模型下最佳现金持有量的确定如图6-8所示。

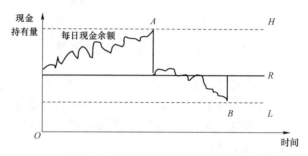

图6-8 最佳现金持有量随机模型

在图6-8中,虚线H为现金持有量的上限,虚线L为现金持有量的下限,实线R为现金最佳持有量目标控制线。当现金持有量升至H时,购进($H-R$)金额的有价证券,使现金持有量回落至R线上;当现金持有量降到L时,出售($R-L$)金额的有价证券,使现金持有量上升至R线上。最佳现金持有量(R)和现金持有量上限(H)的计算公式分别为

$$R = \sqrt[3]{\frac{3K\sigma^2}{4i}} + L$$

$$H = 3R - 2L$$

式中:K——有价证券每次的转换成本;

　　　i——有价证券日利率;

　　　σ——预期每日现金持有量变化的标准差(可根据历史资料测算)。

而下限L的确定,受企业每日的最低现金需要、管理人员的风险承受能力等因素的影响。

【例6-5】假定某公司有价证券年利率为9%,每次固定转换成本为50元,公司认为任何时候其银行活期存款及现金余额均不能低于1 000元,又根据以往经验测算出每日现金持有量波动的标准差为800元。根据随机模型计算该企业最佳现金持有量和现金持有量的上限。

解 该公司最佳现金持有量和现金持有量的上限计算如下。

$$R = \sqrt[3]{\frac{3K\sigma^2}{4i}} + L = \sqrt[3]{\frac{3\times 50\times 800^2}{4\times \frac{9\%}{360}}} + 1\,000 = 5\,579\,(元)$$

$$H = 3R - 2L = 3\times 5\,579 - 2\times 1\,000 = 14\,737\,(元)$$

当该公司的现金持有量达到14 737元时,应以9 158元(14 737-5 579)的现金去购

买有价证券，使现金持有量回落至 5 579 元；当该企业的现金持有量降到 1 000 元时，则应转让 4 579 元（5 579－1 000）的有价证券去换取现金，使现金持有量上升至 5 579 元。

运用随机模型确定最佳现金持有量符合随机思想，即企业现金支出是随机的，收入是无法预知的。该模型适用于所有企业最佳现金持有量的测算。另外，随机模型建立在企业未来现金需求总量和现金收支不可预测的前提下，因此计算出来的最佳现金持有量比较保守。

6.2.4 现金日常管理

企业在确定了最佳现金持有量后，还应采取各项措施，加强现金的日常控制和管理，以保证现金的安全、完整，最大限度地发挥其效用，实现企业财务管理的目标。现金的日常管理包括 3 个方面的内容：现金安全管理、现金回收管理和现金支出管理。

1. 现金安全管理

（1）按照国家有关现金管理规定使用现金

国家有关部门对企业使用现金的规定主要包括以下 4 个方面。

① 现金使用范围。这里的现金，是狭义的现金，仅指人民币现钞。现金的使用范围包括：支付职工工资、津贴，支付个人劳务报酬；根据国家规定颁发给个人的科学技术、文化艺术、体育等各种奖金；支付各种劳保、福利费用及国家规定的对个人的其他支出；向个人收购农副产品和其他物资的价款；出差人员必须随身携带的差旅费；结算起点（1 000元）以下的零星支出；中国人民银行确定需要支付现金的其他支出。

② 库存现金限额。企业的库存现金，由其开户银行根据企业的实际需要和距离银行远近等情况予以核定，一般按照企业 3~5 天日常零星开支所需的现金数额核定。这里所说的"日常零星开支"，是除去定期的大额现金支出（如发放工资等）和不定期的大额现金支出（如新闻出版单位的稿费支出等）以外的零星支出。远离银行机构或交通不便的开户单位，其库存现金限额核定天数可适当放宽到 5 天以上，但最多不得超过 15 天的日常零星开支需要量。

③ 不得坐支现金。坐支现金是指企业从本单位的现金收入中直接用于支付的现金。按照《现金管理暂行条例》及其实施细则的规定，开户单位支付现金可以从本单位的限额库存中支付或者从开户银行提取，不得擅自从本单位的现金收入中直接支出（即坐支）。

按照规定，各单位因特殊情况需要坐支现金的，应当事先向开户银行提出申请，说明申请坐支的理由、用途和每月预计坐支的金额，由开户银行根据有关规定进行审查，核定开户单位的现金坐支范围和限额。

④ 其他规定。如不得出租、出借银行账户；不得签发空头支票和远期支票；不得套用银行信用；不得保存账外公款，包括不得将公款以个人名义存入银行和保存账外现钞等各种形式的账外公款。

> **小提示**
>
> 按照《现金管理暂行条例》及其实施细则的规定，企业、事业单位和机关、团体、部队现金管理应遵守"八不准"规定。
> ① 不准用不符合财务制度规定的凭证顶替库存现金。

② 不准单位之间相互借用现金。
③ 不准谎报用途套取现金。
④ 不准利用银行账户代其他单位和个人存入或支取现金。
⑤ 不准将单位收入的现金以个人名义存入储蓄。
⑥ 不准保留账外公款（即小金库）。
⑦ 不准变相发行货币。
⑧ 不准以任何票券代替人民币在市场上流通。

开户单位如有违反现金管理"八不准"规定的任何一种情况，开户银行可按照《现金管理暂行条例》的规定，有权责令其停止违法活动，并根据情节轻重给予警告或罚款。

（2）实行内部牵制制度

企业应遵循货币资金业务岗位设置要求，即不相容岗位相互分离，不相容岗位相互制约，不相容岗位相互监督。为确保办理现金业务的不相容岗位相互分离、制约和监督，企业必须实行钱账分管制度，即管钱的不管账，管账的不管钱，这是单位现金管理的一个基本原则。

企业应当配备专职或兼职的出纳人员，负责办理现金收付业务和现金保管业务，非出纳人员不得经管现金收付业务和现金保管业务；出纳人员不得兼管稽核、会计档案保管和收入、费用、债权、债务账目的登记工作。

现金收支必须以现金原始凭证为依据。出纳和会计人员互相牵制、互相监督，凡有现金收付的，必须进行复核。出纳人员调换时，必须办理交接手续。

（3）及时清查现金

库存现金应做到日清月结，以确保其账面数和库存数相符；银行存款的账面余额应与银行对账单余额相符；现金、银行存款的日记账数额应分别与现金、银行存款的总账数额相符。

2. 现金回收管理

现金回收管理的重点是加速现金收回。加速现金收回可以避免企业资金被其他企业占用，也可以将资金早日投入生产经营中，加速资金周转，提高现金的使用效率。为了加速现金的回收，必须尽可能地缩短现金收款时间。一般来说，影响收款时间的因素主要有票据邮寄时间、票据停留时间及票据结算时间3个方面。具体来说，有"集中银行法"和"锁箱法"两种措施可供选择。

（1）集中银行法

集中银行法是指在收款比较集中的若干地区设立多个收款中心代替通常只在企业总部设立的单一收款中心，并指定一个主要银行（通常是企业总部所在地的银行）作为集中银行，加速账款回收速度的一种方法。其目的是缩短从顾客寄出账款到现金存入企业账户这一过程的时间。具体做法如下。

① 企业以客户地理位置的集中情况、账单数量、销售额等为依据，设立若干收款中心，并指定一个收款中心（通常是设在企业总部所在地的收款中心）的账户为集中银行。

② 企业通知客户将货款送到最近的收款中心而不必送到企业总部。

③ 收款中心将每天收到的货款存到当地银行，然后再将扣除补偿性余额后的多余现金从地方银行汇入集中银行。

采用集中银行法的优点是大大缩短了账单、货款的邮寄时间和支票兑现的时间。但该方法也存在一些缺点，如每个收款中心的地方银行都要求有一定的补偿余额，而补偿余额是企业闲置的不能使用的资金；开设的中心越多，补偿余额也越多，闲置的资金也越多；设立收款中心需要一定的人力和物力；开设的收款中心越多，发生的管理费用越多。

例如，某企业目前应收账款年平均余额为 1 000 万元，若采用集中银行法，则可使应收账款平均余额降为 900 万元。但是企业增加收款中心预计每年会增加费用 8 万元，企业加权平均的资本成本为 10%，则采用集中银行法可节约成本额 2 万元 [（1 000－900）×10%－8]，故该企业应采用集中银行法。

（2）锁箱法

锁箱法，也称邮政信箱法，是指企业在业务比较集中的地区租用专门的邮政信箱，并通知客户将款项直接寄到指定的邮政信箱，然后授权当地银行每天开启信箱，并及时进行票据结算的方法。具体做法如下。

① 在业务比较集中的地区租用专门的邮政信箱，并在当地开立分行账户。
② 企业销货并对客户开出发票、账单后，通知客户将款项直接寄到指定的邮政信箱。
③ 授权当地开户银行每天开启信箱，并将收到的货款存入企业的账户，然后将扣除补偿余额后的现金及一切附带资料定期送往企业总部。

采用锁箱法的主要优点是大大缩短了企业办理收款、存款手续的时间，也就是把企业从收到支票到这些支票完全存入开户行之间的时间差消除了。但该方法和集中银行法一样，收款银行要扣除一定的补偿余额，同时银行还要收取一定的服务费用，这就增加了企业的费用支出。

集中银行法和锁箱法都有其利弊，企业在具体应用时应充分权衡利弊得失，以便更好地发挥资金的使用效果。

3. 现金支出管理

现金支出管理的重点是控制现金支出。与现金收入管理——加快收款速度相反，现金支出管理是尽可能延迟现金支出的时间。控制现金支出的方法有以下几种。

（1）合理使用现金浮游量

现金浮游量是指由于企业提高收款效率和延长付款时间所产生的企业账户上存款余额与银行账户上的企业存款余额之间的差额。出现这种差额的原因主要是企业和银行入账的时间不一致。例如，一张支票，企业已经开出并入账，但收款人还未到银行兑现，银行此时尚未入账，这就造成企业账户上的存款余额小于银行账户的存款余额。如果企业能够准确预测现金浮游量，就可将节约的资金作合理的利用，以提高资金的使用效率。

利用现金浮游量，对企业自身来讲，可达到节约现金的目的，但对其他企业可能造成损失，如对供应商可能不利，因此在具体运用时要考虑这一因素。

（2）控制货款支付时间

企业在交易活动中，可以尽可能利用商业信用，延迟支付货款的时间。例如在采购材料时，尽量争取最大的信用期限，尽可能在享受现金折扣的期限内延迟付款，这样可以最大限度地利用现金，提高现金使用效率。

（3）改进工资支付模式

工资在企业现金的使用额中占了很大的比例，企业可通过改进工资支付模式合理有效地使用资金。例如，企业可为工资支付专门设立一个账户，代替全部采用现金支付工资的方法。一般来说，总有一定比例的职工并不是在发工资时就立刻到银行去兑现，可能在几日或更长时间才会去。这样，企业就不必在发放工资的第一天就将全部工资款项都存入银行，而是陆续存入，以达到充分利用现金的目的。这种方法要求企业能合理预测职工到银行去兑现工资的具体时间，否则会给企业带来不必要的麻烦。

（4）力争使现金流出与现金流入同步

企业在安排现金流出时，要考虑现金流入的时间，使两者时间尽量趋于一致，这样可以减少为交易性需求而持有的现金余额，并且可减少有价证券转换为现金的转换成本。

6.3 应收账款管理

应收账款是企业因对外赊销商品、提供劳务等而应向购货方或接受劳务方收取的款项。一般来说，每个企业都想采用现销方式销售商品或提供劳务，这样可以立刻收到现金，加快资金的周转速度，获取更多的利润。

6.3.1 应收账款管理的目标

在市场经济条件下，面对激烈的竞争，很多企业为了扩大销售、增加收益、节约存货占用资金、提高市场竞争力等而采用赊销的方式。值得注意的是，但赊销方式在获得收益的同时，也增加了一些成本，如应收账款的机会成本、管理成本、坏账成本等。因此应收账款管理的目标是在充分发挥应收账款功能的基础上，权衡应收账款投资所产生的收益、成本和风险，做出有利于企业的应收账款决策。

6.3.2 应收账款的功能与成本

1. 应收账款的功能

应收账款的功能是指应收账款在企业生产经营管理中的作用。应收账款的功能主要表现在以下2个方面。

（1）增加销售

在采用赊销的方式下，企业在销售产品的同时，也向购方提供了可以在一定期限内无偿使用的资金，即商业信用资金。相对于现销而言，赊销对购方更有吸引力。因此赊销是一种重要且有效的促销手段，对于企业扩大销售、开拓并占领市场、提高市场占有率具有非常重要的意义。

（2）减少存货

采用赊销方式，加速了产品的销售，自然也就意味着降低了存货中产品的比例，降低了存货的管理费用、仓储费用等支出，同时也加快了产品向销售收入转化的速度。因此当产成品存货很多时,企业可采用较为优惠的信用政策进行赊销,尽快实现产成品向销售收入的转化,将产成品存货转为应收账款。一般情况下,持有应收账款的费用支出要远远少于持有存货的费用支出。

2. 应收账款的成本

企业在享受赊销带来的种种好处时,也要付出一定的代价,这种代价就是应收账款的持有成本,主要包括机会成本、管理成本和坏账成本。

(1) 机会成本

应收账款机会成本是指企业因资金投放在应收账款上而丧失的将其进行其他投资的投资收益所得,如投资于有价证券的收益。机会成本的大小与企业应收账款占用资金的数额呈正向关系,即应收账款占用资金数额越大,机会成本越高,反之越低。这种成本一般按有价证券的利息率或资本成本计算,计算公式如下。

$$应收账款机会成本=应收账款占用资金 \times 资本成本$$

其中

$$应收账款占用资金=应收账款平均余额 \times 变动成本率$$

$$应收账款平均余额=日平均赊销收入净额 \times 平均收款期$$

【例6-6】某企业预测年度赊销净额为1 800 000元,应收账款平均收款期为30天,销售成本率为60%,资本成本为10%。试计算该企业持有应收账款的机会成本。

解 该企业持有应收账款的机会成本计算如下。

$$应收账款平均余额=(1\ 800\ 000/360) \times 30=150\ 000(元)$$
$$应收账款占用资金=150\ 000 \times 60\%=90\ 000(元)$$
$$应收账款机会成本=90\ 000 \times 10\%=9\ 000(元)$$

(2) 管理成本

应收账款管理成本是指企业管理应收账款发生的各种费用,包括调查顾客信用状况的费用、收集各种信息的费用、账簿的记录费用、收账费用、数据处理成本、相关管理人员成本和从第三方购买信用信息的成本等。

(3) 坏账成本

应收账款坏账成本是指当企业无法收回应收账款时给企业造成的经济损失。这种成本一般与企业的信用政策有关,并且与应收账款的数额呈同方向变化。企业的信用政策越严格,应收账款的数额越少,发生坏账的可能性越小;企业的信用政策越宽松,应收账款的数额越多,发生坏账的可能性越大。因此,为了避免发生坏账而影响企业正常的生产经营活动,企业应合理计提坏账准备。

6.3.3 应收账款信用政策

应收账款信用政策,即应收账款管理政策,是指企业对应收账款进行规划和控制所确定的基本原则和行为规范,主要包括信用标准、信用条件和收账政策3个部分。应收账款信用政策是企业财务政策的重要组成部分。

1. 信用标准

信用标准是指信用申请者获得企业提供商业信用所必须达到的最低信用水平，通常以预期坏账损失率作为判断标准，是企业用来衡量客户是否有资格取得商业信用的基本条件。如客户达不到企业的要求，便不能享受企业给予的商业信用或只能享受较低的信用优惠。

信用标准的高低对企业的销售收益和成本都具有重要影响。如果企业制定的信用标准过于严格，只向信用好的客户提供赊销，企业的应收账款就会减少，随之应收账款的持有成本也会降低，但是企业可能会丧失一部分信用较差的客户，导致企业的销售收入、销售利润下降；反之，如果企业制定的信用标准过于宽松，企业的销售收入、销售利润上升了，但应收账款增多了，应收账款的持有成本也增加了。因此企业必须在扩大销售与增加成本之间进行权衡，制定一个比较合理的信用标准。

企业在制定或选择信用标准时应综合考虑3个基本因素：同行业竞争对手的情况、企业承担风险的能力和客户的资信情况。

（1）同行业竞争对手的情况

竞争对手采用什么样的信用标准是企业制定信用标准的必要参考因素。对竞争对手策略的了解，有利于企业制定既不使自己丧失市场竞争能力，又切合实际的信用标准。如果竞争对手的经济实力很强，企业要想在竞争中处于优势，就必须制定比竞争对手更宽松的信用标准。

（2）企业承担风险的能力

如果企业具有较强的承担违约风险的能力，企业可放宽信用标准，以此提高市场竞争能力，扩大销售；如果企业承担违约风险的能力较弱，在制定信用标准时就要严格，尽可能降低客户违约的可能性。

（3）客户的资信情况

客户的资信情况是决定信用标准的主要因素，一般用客户赊销账款的坏账损失率来衡量。坏账损失率高，说明客户的资信情况较差，企业应提高对其提供的信用标准；反之，可适当放宽信用标准。

【例6-7】某企业原来只对预计坏账损失率低于4%的客户提供商业信用。该企业的销售利润率为20%，变动成本率为60%，同期有价证券的利息率为10%。面对激烈的市场竞争，该企业为了扩大销售，拟放松信用标准，有关资料如表6-3所示。

表6-3　信用标准改变前后的有关资料

项　目	改 变 前	改 变 后
信用标准（预计坏账损失率）	4%	8%
赊销收入净额/元	100 000	240 000
应收账款平均收款期/天	45	60
应收账款管理成本/元	1 000	1 500

要求：根据上述资料，计算两种不同信用标准对企业利润的影响，并判断企业是否应

改变原有的信用标准。

解 两种不同的信用标准对企业利润的影响计算如表6-4所示。

表6-4 信用标准改变对企业利润的影响计算表 单位：元

项　　目	改　变　前	改　变　后	差额
销售利润	100 000×20%=20 000	240 000×20%=48 000	28 000
应收账款机会成本	(100 000/360)×45×60%×10%=750	(240 000/360)×60×60%×10%=2 400	1 650
应收账款管理成本	1 000	1 500	500
坏账损失	100 000×4%=4 000	240 000×8%=19 200	15 200
应收账款成本总额	5 750	23 100	17 350
净利润	20 000−5 750=14 250	48 000−23 100=24 900	10 650

从上面的计算结果可知，改变信用标准后该企业的净利润增加了10 650元，在这种情况下应改变原来的信用标准。

2. 信用条件

信用条件是指在商品赊销方式下，为了鼓励客户尽快付款而规定在短于信用期内付款时给予客户付款的优惠条件，这些条件包括信用期限、现金折扣和折扣期限。信用期限是企业允许顾客从购货到付款之间的时间，或者说是企业给予客户的最长付款期限，超过信用期限付款就属于违约。现金折扣是客户提前付款时享受的优惠。折扣期限是客户可享受现金折扣的付款期限，超过折扣期限付款，将不再享受现金折扣。例如，信用条件表示为"1/10，n/30"，它的含义是：如果客户在10天内付款可享受1%的现金折扣，折扣期限是10天；在11~30天内付款不享受现金折扣，按全额付款，信用期限是30天。信用条件的变化也会对企业的销售量、销售收益和成本产生一定的影响。

【例6-8】 假设某企业销售毛利率为20%，同期有价证券利息率为10%，有两种信用条件可供该企业选择，具体资料如表6-5所示。

表6-5 两种信用条件下的有关资料

项　　目	Ⅰ	Ⅱ
信用条件	n/45	1/10，n/30
赊销收入净额/元	120 000	150 000
坏账损失率	5%	3%
应收账款平均收现期/天	60	45
应收账款管理成本/元	2 000	1 500
享受现金折扣的赊销收入净额比例	0%	50%

根据上述资料，分别计算两种信用条件对该企业利润的影响，并判断哪种信用条件较好。

解 两种信用条件对该企业利润的影响计算如表6-6所示。

表 6-6　两种信用条件对企业利润的影响计算表　　　　　　　　　　　单位：元

项目	信用条件Ⅰ	信用条件Ⅱ	差额
销售毛利	120 000×20%=24 000	150 000×20%=30 000	6 000
应收账款机会成本	（120 000/360）×60×80%×10%=1 600	（150 000/360）×45×80%×10%=1 500	-100
应收账款管理成本	2 000	1 500	-500
坏账损失	120 000×5%=6 000	150 000×3%=4 500	-1 500
现金折扣	0	150 000×50%×1%=750	750
应收账款成本总额	9 600	8 250	-1 350
税前利润	14 400	21 750	7 350

由计算结果可知，在信用条件Ⅱ下企业获得的税前利润比信用条件Ⅰ获得的税前利润多 7 350 元，所以信用条件Ⅱ较优。

3. 收账政策

收账政策是指企业针对客户违反信用条件，拖欠甚至拒付账款所采取的收账策略。企业如果采取积极的收账政策，可能会减少应收账款的投资额，减少坏账损失，但会增加收账成本；如果不采取积极的收账政策，应收账款投资额会增加，坏账损失也会增加。因此企业在制定和选择收账政策时，也要对增加的收益和增加的成本进行权衡。

无论采取何种方式催收账款，都需要付出一定的代价，即收账费用。一般而言，收账费用越多，坏账损失越少，但它们之间不一定存在线性关系。在制定收账政策时，应权衡增加收账费用与减少机会成本和坏账损失之间的关系，如图 6-9 所示。

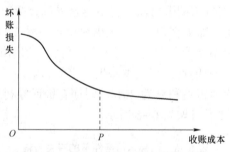

图 6-9　收账成本与坏账损失关系图

当收账成本增加时，坏账损失会随之减少，但是当收账成本增加到一定程度时，坏账损失减少的速度开始下降。如图 6-9 所示，当收账成本增加到 P 点以后，坏账损失减少的数量就不再明显，这时称 P 点为饱和点。这说明坏账损失的发生是不可避免的，企业在制定收账政策时，要考虑饱和点问题，不能一味地增加收账成本而不顾及后果。

【例 6-9】某企业在不同收账政策下的有关资料如表 6-7 所示。

表 6-7　不同收账政策下的有关资料

项　　目	现行收账政策	拟改变收账政策
年收账费用/元	15 000	20 000
应收账款平均收款期/天	60	30
坏账损失率	5%	3%

假设该企业当年赊销收入净额为 1 000 000 元，收账政策对企业销售额的影响忽略不计。该企业应收账款的机会成本为 10%，变动成本率为 60%。试根据上述资料判断，该企业是否要改变原有的收账政策。

解 根据上述资料，计算结果如表 6-8 所示。

表 6-8 不同收账政策下的利润计算表 单位：元

项　目	现行收账政策	拟改变收账政策
年赊销收入净额	1 000 000	1 000 000
收账费用	15 000	20 000
应收账款机会成本	（1 000 000/360）×60×60%×10%=10 000	（1 000 000/360）×30×60%×10%=5 000
坏账损失	1 000 000×5%=50 000	1 000 000×3%=30 000
应收账款成本总额	75 000	55 000
税前利润	925 000	945 000
拟改变收账政策增加利润	20 000	

由计算结果可知，拟改变收账政策可增加 20 000 元的利润，所以该企业应改变现行的收账政策。

4. 综合信用政策

前面分析了单项信用政策的内容，在实际中企业应把信用标准、信用条件和收账政策三者综合起来考虑，分析三者的变化对企业销售收益和成本的影响。一般地，在制定信用政策时，应按以下步骤进行：第一步，分析不同的信用政策对企业销售额的影响程度；第二步，分析不同的信用政策产生的应收账款成本；第三步，比较不同的信用政策对企业利润的影响，选出最优方案。

6.3.4 信用调查与评估

信用政策制定好以后，企业要对提出赊购要求的客户进行信用调查与评估，以此决定是否对其提供商业信用、具体的信用条件如何。

1. 信用调查

信用调查是指收集和整理反映客户信用状况有关资料的工作，其目的在于为评价客户的资信情况提供真实、可靠、充分的资料。信用调查的方式有直接调查和间接调查两种类型。

（1）直接调查

直接调查是指调查人员通过与调查单位进行直接接触，通过当面采访、询问、观察等方式获取客户的信用资料。直接调查是一种最直接的方式，有可能获得最真实、最可靠的资料，但前提是能得到被调查客户的合作，如果被调查客户不愿意合作，则有可能获取虚假的或不完整的信息。

（2）间接调查

间接调查是以被调查单位及其他单位保存的有关原始记录和核算资料为基础，通过加工整理获得被调查单位信用资料的一种方法。这些资料主要来自以下几个方面。

① 财务报表。通过财务报表分析，可以基本掌握一个企业的财务状况和信用状况。

② 信用评估机构。专门的信用评估部门，因为它们的评估方法先进，评估调查细致，评估程序合理，所以可信度较高。在我国，目前的信用评估机构有 3 种形式：第一种是独立的社会评级机构，它们只根据自身的业务吸收有关专家参加，不受行政干预和集团利益的牵制，独立自主地开办信用评估业务；第二种是政策性银行、政策性保险公司负责组织的评估机构，一般由银行、保险公司有关人员和各部门专家进行评估；第三种是由商业银行、商业性保险公司组织的评估机构，由商业性银行、商业性保险公司组织专家对其客户进行评估。

③ 银行。银行是信用资料的一个重要来源，许多银行都设有信用部，为其顾客服务，并负责对其顾客信用状况进行记录、评估。但银行的资料一般仅在内部及同行间进行交流，而不愿向其他单位提供。

④ 其他途径。如财税部门、工商管理部门、消费者协会等机构都可能提供有关的信用状况资料。

2. 信用评估

收集到信用资料后，要对这些资料进行分析、整理，以此来对客户的信用状况进行评估。

信用评估的方法很多，这里介绍较常用的两种方法：5C 评估法和信用评分法。

（1）5C 评估法

5C 评估法是通过对影响客户信用的 5 个主要方面进行分析，从而得出客户信用状况的一种定性评估方法。这 5 个主要方面是品质（character）、能力（capacity）、资本（capital）、抵押（collateral）和条件（condition）。因为这 5 个主要方面英文单词的第一个字母都是 C，所以叫 5C 评估法。

① 品质。品质是指客户自愿履行其付款义务的可能性。它是评价客户信用时需要考虑的首要因素，直接关系到企业提供的商业信用能否及时收回。品质主要通过考察客户以往的付款记录进行评价。

② 能力。能力是指客户偿还债务的能力。能力可根据客户的经营状况、经营规模，尤其是流动资产的规模和质量、流动资产和流动负债的比例、现金流量等进行评价。

③ 资本。资本是指客户的一般财务状况，它表明了客户的财务实力和偿还债务的背景，可通过客户的资产总额、资产负债率等进行评价。

④ 抵押。抵押是指当申请人不能满足还款条件时，可以用作债务担保的资产或其他担保物。如果客户能提供足够的抵押品，则可减少企业的赊销风险。

⑤ 条件。条件是指影响申请人还款能力和意愿的各种外在因素，如客户所处的市场环境、宏观经济政策等。

通过对上述 5 个主要方面的分析和评价，基本上可以对客户的信用状况和资信程度有一个初步了解，为最后决定是否向客户提供商业信用做好准备。

在信用等级方面，目前主要有两种：一种是三类九等，即将企业的信用状况分为 AAA、AA、A、BBB、BB、B、CCC、CC、C 九等，其中 AAA 为信用最优等级，C 为信用最低等级；另一种是三级制，即分为 AAA、AA、A 三个信用等级。

（2）信用评分法

信用评分法是通过对客户的一系列财务比率和信用指标进行评分，然后按一定权重进行加权平均并求和，计算出客户的综合信用分数，最后以此来评价客户信用的一种定量的评估方法。客户综合信用分数的计算公式如下。

$$Y = a_1x_2 + a_2x_2 + \cdots + a_nx_n = \sum_{i=1}^{n} a_i x_i$$

式中：Y——客户综合信用分数；

a_i——第 i 种财务比率或信用指标权重（$\sum_{i=1}^{n} a_i = 1$）；

x_i——第 i 种财务比率或信用指标评分。

【例 6-10】某企业有关财务比率和信用指标资料如表 6-9 所示。

表 6-9　财务比率和信用指标资料

项目	指标值	分数	权重	加权平均数
流动比率	1.5	85	0.2	17.00
资产负债率	40%	90	0.1	9.00
销售净利率	10%	80	0.1	8.00
资产周转率	2	85	0.1	8.50
信用评估等级	B	80	0.2	16.00
付款记录	良好	85	0.2	17.00
企业未来预计	良好	80	0.05	4.00
其他因素	一般	75	0.05	3.75
合计	—	—	1.00	83.25

在表 6-9 中，指标值栏由历史资料分析确定，分数栏根据指标值确定，权重栏根据各项目对企业信用的影响程度确定。

在具体评估时，信用评分在 80 分以上的，说明该客户信用状况良好；信用评分在 60～80 分之间的，说明该客户信用状况一般；信用评分在 60 分以下的，说明该客户信用状况很差，在决定对其是否提供商业信用时要慎重。

6.3.5　应收账款日常管理

应收账款产生之后，企业应加强对应收账款的日常管理，争取及时收回，减少坏账损失。应收账款的日常管理工作主要包括应收账款回收情况监控、坏账损失准备和收账管理。

1. 应收账款回收情况监控

一般来讲，客户账款拖欠时间越长，款项收回的可能性越小，形成坏账的可能性越大，对此企业应实施严密的监督，随时掌握应收账款回收情况。对于应收账款的日常监督，可以通过编制账龄分析表进行。

账龄分析表是一张显示应收账款在外天数（账龄）的报告。利用账龄分析表可以了解有多少客户在折扣期内付款，有多少客户在信用期内付款，有多少客户在信用期后付款，有多少应收账款可能成为坏账等。对不同拖欠时间的客户，企业应采取不同的收账方法，制定经济、可行的收账政策，对可能发生的坏账损失，则应提前做好准备，充分估计这一因素对企业损益的影响。

2. 坏账损失准备

在市场经济条件下，只要企业采用商业信用，就难免会发生坏账损失。为了真实地反映企业的财务状况，企业应及时确认坏账损失并建立坏账准备金制度。

（1）坏账损失的确认

坏账损失的确认有一定的标准。按照我国现行财务制度规定，企业确认坏账损失的标准主要有以下 6 个条件。

① 债务人依法宣告破产、关闭、解散、被撤销，或者被依法注销、吊销营业执照，其清算财产不足清偿的。

② 债务人死亡，或者被依法宣告失踪、死亡，其财产或者遗产不足清偿的。

③ 债务人逾期三年以上未清偿，且有确凿证据证明已无力清偿债务的。

④ 与债务人达成债务重组协议或法院批准破产重整计划后，无法追偿的。

⑤ 因自然灾害、战争等不可抗力因素导致无法收回的。

⑥ 国务院财政、税务主管部门规定的其他条件。

企业的应收账款只要符合其中任何一个条件，均应作为坏账损失处理，计入当期损益。但有一点要注意，当企业按照③和④确认坏账损失时，并不意味着企业放弃了对该应收账款的追索。如果债务人的财务状况转好，应及时催要欠款，在追回时冲销已经确认的坏账损失。

（2）建立坏账准备金制度

既然应收账款的坏账损失不可避免，企业就应遵循谨慎性原则，建立坏账准备金制度。坏账准备金制度是指企业按照事先确定的比例估计坏账损失，计提坏账准备金，待实际发生坏账损失时再冲减坏账准备。企业计提坏账准备的方法由企业自行确定。企业应当制定计提坏账准备的政策，明确计提坏账准备的范围、提取方法、账龄划分和提取比例。坏账准备的计提方法有账龄分析法、余额百分比法、个别认定法等。坏账准备的计提比例，企业应当根据以往经验、债务单位的实际财务状况和现金流量等信息予以合理估计。

3. 收账管理

对超过信用期限的应收账款，企业应制定合理的收账策略，采用不同的收账方法催收账款。收账管理主要包括两个方面内容：确定合理的收账程序和合理的讨债方法。收账程序一般是：信函通知—电话催收—派人面谈—法律行动。当客户拖欠账款时，首先寄给客户一封有礼貌的通知信件；接着，寄出一封措词较严厉的信件；进一步可电话催收；若再无效，可派人面谈，协商解决；如果谈不成，则只好交给企业的律师采取法律行动。常见的讨债方法有讲理法、恻隐术法、疲劳战法、激将法和软硬兼施法等。企业可安排一部分人员专门讨债或聘请讨债公司，针对不同的客户采取不同的讨债方法，以尽量减少损失，但依然要遵循成本与效益权衡的原则。

6.4 存 货 管 理

存货是企业在生产经营过程中为销售或者耗用而储备的物资,包括材料、燃料、低值易耗品、在产品、半产品、产成品、协作件、外购商品等。存货是企业流动资产的重要组成部分,在流动资产中占有很大的比重。

6.4.1 存货管理的目标

如果企业能在生产投料时随时购入所需的原材料,或者能在销售时随时购入所需商品,就不需要存货。实际上,企业总有储存存货的需要,并因此而占用或多或少的资金。首先对占用的资金而言,是有成本的;其次,管理存货也会发生一系列的成本;存货的价值也在时刻发生变化。因此,存货管理的目标就是在保证生产或销售需要的前提下,最大限度地降低存货成本。

6.4.2 存货的功能与持有成本

1. 存货的功能

企业之所以持有存货,主要有以下 3 个方面的原因。

(1) 保证生产或销售需要

在实际生产或销售过程中,企业很少能做到随时购入生产或销售所需的物资。这不仅因为市场会不时出现断档,买不到所需物资,还因为企业与购货点之间存在一定的距离,需要必要的途中运输及可能出现的运输故障。为了避免生产或销售因物资短缺出现停顿而造成损失,企业需储存一定量的存货。

(2) 降低进货成本

零售物资的价格往往要高于批发购买的价格,为了节约进货成本,一般需要多购进存货。但是过多的存货要占用较多的资金,并且会增加管理存货的费用,如仓储费、保险费、维护费、管理人员工资等。存货占用资金也是有成本的,如不能进行其他投资而丧失投资收益等。

(3) 维持均衡生产

在市场经济中,存在许多不确定性因素,如市场上原材料供应紧张、通货膨胀等,这些不确定性因素会增加企业经营风险。为了减少这种风险,防止意外事故发生,企业应当进行存货储备,以备不时之需。

2. 存货的持有成本

持有存货的成本主要包括取得成本、储存成本和缺货成本。

(1) 取得成本

取得成本是指企业为取得某种存货而发生的成本,通常用 TC_a 表示。取得成本又可细分为订货成本和购置成本。

订货成本是指企业为组织订购存货而发生的各项支出,如为订货而发生的差旅费、邮资、通信费、专设采购机构经费等。订货成本中有一部分与订货次数无关，如专设采购机构经费等，称为订货的固定成本，用 F_1 表示；另一部分与订货次数有关，如差旅费、邮资、通信费等，称为订货的变动成本。每次订货的变动成本用 K 表示（假设 K 固定不变），用 D 表示存货的年需要量，用 Q 表示每次进货量，则存货的年采购次数可表示为 D/Q，订货的变动成本可表示为 $(D/Q) \cdot K$。订货成本的计算公式可表示如下。

$$\text{订货成本} = F_1 + \frac{D}{Q}K$$

购置成本是指为购买存货本身所支出的成本，即存货本身的价值，主要包括买价、运杂费等。购置成本一般与采购数量成正比，等于采购数量与单位采购成本的乘积。单位存货的采购成本用 U 表示，则全年购置成本为 DU。在存货市价稳定且企业一定时期存货总需求量固定的情况下，存货的购置成本也是固定的，与采购批次及每次的采购量均无关。

根据上面分析，全年存货的取得成本可用公式表示如下。

$$\text{取得成本} = \text{订货成本} + \text{购置成本}$$

$$TC_a = F_1 + \frac{D}{Q}K + DU$$

（2）储存成本

储存成本是指企业为储存存货而发生的各项支出，如搬运费、仓储费、保险费、维护费、存货破损和变质损失，以及因存货占用资金而应计的利息等，通常用 TC_c 表示。储存成本中也包含固定储存成本和变动储存成本两部分。固定储存成本如仓库折旧、仓库职工工资等，用 F_2 表示。变动储存成本如存货占用资金应计的利息、存货的破损和变质损失、存货的保险费用等，单位变动储存成本用 K_c 表示。假设 K_c 不变，则全年存货的储存成本可表示如下。

$$\text{储存成本} = \text{固定储存成本} + \text{变动储存成本} = F_2 + \frac{Q}{2}K_c$$

（3）缺货成本

缺货成本是指由于存货供应中断而造成的损失，包括材料供应中断造成的停工损失、产成品库存缺货造成的拖欠发货损失和丧失销售机会的损失及造成的商誉损失等。如果生产企业以紧急采购代用材料解决库存材料中断之急，那么缺货成本表现为紧急额外购入成本。缺货成本与存货的储备数量呈反向关系，储存的存货越多，发生缺货的可能性越小，缺货成本越小；反之，缺货成本越大。通常用 TC_s 表示缺货成本。

用 TC 表示企业持有存货的总成本，则计算公式可表示如下。

$$TC = TC_a + TC_c + TC_s = F_1 + \frac{D}{Q}K + DU + F_2 + \frac{Q}{2}K_c + TC_s$$

6.4.3 存货经济批量模型及其扩展

存货管理的目标是要在持有存货的收益与成本之间进行权衡，以达到两者的最佳结合。持有存货的收益，就目前来讲并不是很好确定，但持有存货的成本主要有订货成本、采购成本、储存成本和短缺成本。在一定时期内，在企业存货总需求量和存货市价稳定的情况下，采购成本与企业的订货量无关，在不允许缺货的情况下，短缺成本也不存在，而储存成本和订货成本与订货批量和订货次数有关。每次订货批量越多，订货次数越少，订货成本越少，而储存成本越大；每次订货批量越少，订货次数越多，订购成本越多，而储存成本越少。也就是说，订货成本与订货批量呈反向关系，而储存成本与订货批量呈正向关系。这样，就可以找到一个使订购成本和储存成本之和最低的订货批量，这就是经济订货批量。存货管理主要是通过经济订货批量模型找到最佳的进货时间与进货批量。

1. 经济订货批量基本模型

在建立经济订货批量基本模型之前，需要一些假设前提，以使复杂问题简单化。其假设前提主要包括以下 8 个方面。

① 企业能够及时补充存货，即存货可瞬时补充。
② 能集中到货，即不是陆续入库。
③ 存货耗用是均匀的。
④ 不允许缺货，即无缺货成本 TC_s。
⑤ 一定时期内存货需求量稳定且能预测，即 D 为已知常数。
⑥ 存货单价不变，不考虑现金折扣，即 U 为已知常数。
⑦ 企业现金充足，不会因现金短缺而影响进货。
⑧ 所需存货市场供应充足。

在满足上述假设前提下，存货总成本的计算公式可表示如下。

$$总成本 = 订货成本 + 购置成本 + 储存成本$$

$$TC = F_1 + \frac{D}{Q}K + DU + F_2 + \frac{Q}{2}K_c$$

根据假设前提，F_1，F_2，D，K，K_c，U 均为常数，所以 TC 的大小由 Q 决定。通过求 TC 对 Q 的一阶导数，可求出 TC 的最小值。令

$$\frac{dTC}{dQ} = -\frac{D}{Q^2}K + \frac{K_c}{2} = 0$$

解得

$$Q^* = \sqrt{\frac{2KD}{K_c}}$$

其中，Q^* 为经济订货批量。

根据上述公式，还可计算出下列相关财务指标。

最佳订货次数：$N^* = \dfrac{D}{Q^*} = \sqrt{\dfrac{DK_c}{2K}}$

最低相关总成本：$\text{TC}(Q^*) = \sqrt{2KDK_c}$

最佳订货周期（天）：$t^* = \dfrac{360}{N^*} = 360 \times \sqrt{\dfrac{2K}{DK_c}}$

最低占用资金：$I^* = \dfrac{Q^*}{2}U = \sqrt{\dfrac{KD}{2K_c}}U$

此时存货的流转过程可用图 6-10 表示。

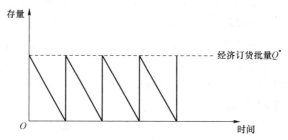

图 6-10 经济订货批量下的存货周转过程

【例 6-11】某企业每年消耗甲材料 5 000 kg，该材料单位成本为 5 元，单位变动储存成本为 2 元，每次订购成本为 50 元。试计算经济订货批量、最低相关总成本、最佳订货次数、最佳订货周期、最低占用资金。

解 经济订货批量、最低相关总成本、最佳订货次数、最佳订货周期、最低占用资金计算如下。

$$Q^* = \sqrt{\dfrac{2KD}{K_c}} = \sqrt{\dfrac{2 \times 50 \times 5\,000}{2}} = 500 \text{ (kg)}$$

$$N^* = \dfrac{D}{Q^*} = \dfrac{5\,000}{500} = 10 \text{ (次)}$$

$$\text{TC}(Q^*) = \sqrt{2KDK_c} = \sqrt{2 \times 50 \times 5\,000 \times 2} = 1\,000 \text{ (元)}$$

$$t^* = \dfrac{360}{N^*} = \dfrac{360}{10} = 36 \text{ (天)}$$

$$I^* = \dfrac{Q^*}{2}U = \dfrac{500}{2} \times 5 = 1\,250 \text{ (元)}$$

经济订货批量也可以用图解法求得，其步骤为：先计算出一系列不同批量下的有关成本，然后在坐标图上描出各有关成本构成的订货成本线、储存成本线和总成本线，总成本线的最低点（或者是订货成本线与储存成本线的交点）对应的批量即为经济订货批量。

【例 6-12】某企业不同批量下的存货有关成本资料如表 6-10 所示。

表 6-10 不同批量下的存货有关成本资料

订货批量/件	100	200	300	400	500	600
平均存量/件	50	100	150	200	250	300
储存成本/元	100	200	300	400	500	600
订货次数/次	36	18	12	9	7.2	6
订货成本/元	900	450	300	225	180	150
总成本/元	1 000	650	600	625	680	750

把上述资料描绘在坐标图上,如图 6-11 所示。

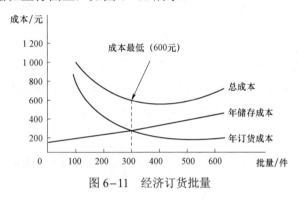

图 6-11 经济订货批量

从图 6-11 可知,当订货批量为 300 件时总成本最低,即 300 件为经济订货批量。

2. 基本模型扩展

经济订货批量的基本模型是在一定的假设前提下建立的,但在现实生活中有些假设条件是不成立的。为了使模型更接近实际情况,可逐一放宽假设改进模型。

(1) 有数量折扣的经济订货批量模型

在基本模型中,假设存货的采购单价不变,不考虑现金折扣。实际上,许多企业在销售时都有批量折扣,即对大批量采购在价格上给予一定的优惠。在这种条件下,除了考虑订货成本和储存成本外,还应该考虑购货成本。

【例 6-13】承例 6-11,假设当订货批量超过 600 kg 时,销售方将给予 2%的批量折扣。在这种情况下,经济订货批量为多少千克?

解 在销售方给予 2%的批量折扣的情况下,经济订货批量的计算如下。

① 按经济订货批量采购,不取得数量折扣,其总成本为

$$总成本 = 订货成本 + 储存成本 + 购置成本$$
$$= \frac{5\,000}{500} \times 50 + \frac{500}{2} \times 2 + 5\,000 \times 5 = 26\,000\,(元)$$

② 如取得数量折扣,此时订货批量为 600 kg,其总成本为

总成本＝订货成本＋储存成本＋购置成本

$$= \frac{5\,000}{600} \times 50 + \frac{600}{2} \times 2 + 5\,000 \times 5 \times (1 - 2\%) = 25\,516.7\,(元)$$

将以上两种情况进行比较可知，订货批量为 600 kg 时总成本较低，所以经济订货批量应为 600 kg。

（2）订货提前期

一般情况下，企业的存货不能做到随用随时补充，需要在存货没用完之前就提前订货。在提前订货情况下，企业再次发出订货单时，尚有存货的库存量，称为再订货点，用 R 表示，它的数量等于交货时间（L）和每日平均用量（d）的乘积，即

$$R = L \cdot d$$

在再订货点订货时，有关存货的每次订货批量、订货次数、订货时间间隔等并无变化，与随用随时补充的情况相同，即订货提前期对经济订货批量没有影响，只不过在到达再订货点时要发出订货单。此时存货的流转过程如图 6-12 所示。

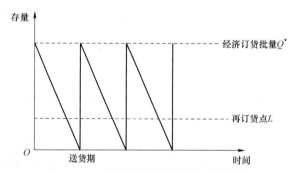

图 6-12　订货提前期下的存货周转过程

（3）存货陆续供应和使用模型

在推导基本模型时，假设存货是集中到货，存货的库存量一次增加。实际中，存货可能会陆续入库，存货的库存量也陆续增加。在这种情况下，需要对基本模型做一些修改。

设每批订货数量为 Q 件。由于每日送货量为 P 件，则每批货全部送完所需时间为 Q/P，称为送货期。因存货每日耗用量为 d 件，则送货期内的全部耗用量为 $(Q/P) \cdot d$ 件。由于存货陆续供应和使用，所以每批送完时，最高库存量为 $[Q-(Q/P) \cdot d]$ 件，平均库存量为 $[Q-(Q/P) \cdot d]/2$ 件。这样，与批量有关的总成本可表示如下。

$$TC(Q) = \frac{D}{Q}K + \frac{1}{2}\left(Q - \frac{Q}{P}d\right)K_c = \frac{D}{Q}K + \frac{Q}{2}\left(1 - \frac{d}{P}\right)K_c$$

与基本模型类似，对上述模型进行求导，可得到陆续供应和使用的经济批量模型如下。

$$Q^* = \sqrt{\frac{2KD}{K_c} \cdot \frac{P}{P-d}}$$

$$\mathrm{TC}(Q^*) = \sqrt{2KDK_c\left(1-\frac{d}{P}\right)}$$

【例 6–14】 某企业某种零件的年需要量（D）为 3 600 件，每日送货量（P）为 30 件，每日耗用量（d）为 10 件，单价（U）为 10 元，一次订货成本（K）为 25 元，单位变动储存成本（K_c）为 2 元。试计算该企业经济订货批量及经济订货批量下的相关存货成本。

解 该企业经济订货批量及经济订货批量下的相关存货成本计算如下。

$$Q^* = \sqrt{\frac{2KD}{K_c} \cdot \frac{P}{P-d}} = \sqrt{\frac{2\times 25\times 3\,600}{2}\times\frac{30}{30-10}} = 367\,(件)$$

$$\mathrm{TC}(Q^*) = \sqrt{2KDK_c\left(1-\frac{d}{P}\right)} = \sqrt{2\times 25\times 3\,600\times 2\times\left(1-\frac{10}{30}\right)} = 490\,(元)$$

此时存货的流转过程如图 6–13 所示。

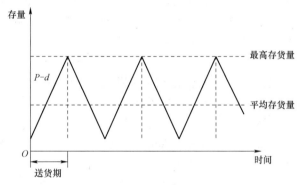

图 6–13 存货陆续供应与陆续使用下的存货周转过程

存货陆续供应和使用的经济订货批量模型，还可以用于自制和外购零件的决策。自制零件属于边送边用的情况。自制零件单位成本可能降低，但每批零件投产的生产准备成本可能比一次外购订货的订货成本高。外购零件可看作集中到货的情况。外购时单位成本可能会高些，但订货成本可能较低。自制和外购零件的决策，关键就在于考虑每种情况发生的总成本，成本较低者为较优方案。

【例 6–15】 某企业生产使用甲零件，该零件可以自制也可以外购。如果外购，单价为 4 元，一次订货成本为 10 元；如果自制，单位成本为 3 元，每次生产准备成本为 600 元，每日产量为 50 件。该零件的全年需要量为 3 600 件，储存变动成本为零件价值的 20%，每日平均需用量为 10 件。试分析该企业应选择自制还是外购甲零件。

解 根据所提供的资料，甲零件自制或外购决策分析计算如下。

（1）外购零件

$$Q^* = \sqrt{\frac{2KD}{K_c}} = \sqrt{\frac{2\times 10\times 3\,600}{4\times 20\%}} = 300\,(件)$$

$$\mathrm{TC} = \sqrt{2KDK_c} + DU = \sqrt{2\times 10\times 3\,600\times 4\times 20\%} + 3\,600\times 4 = 14\,640\,(元)$$

(2) 自制零件

$$Q^* = \sqrt{\frac{2KD}{K_c} \cdot \frac{P}{P-d}} = \sqrt{\frac{2 \times 600 \times 3\,600}{3 \times 20\%} \times \frac{50}{50-10}} = 3\,000\,(件)$$

$$\text{TC} = \sqrt{2KDK_c\left(1-\frac{d}{P}\right)} + DU = \sqrt{2 \times 600 \times 3\,600 \times 3 \times 20\% \times \left(1-\frac{10}{50}\right)} + 3\,600 \times 3$$
$$= 12\,240\,(元)$$

从上面的计算结果可知，自制甲零件的总成本低于外购甲零件的总成本，所以该企业应选择自制甲零件。

(4) 保险储备

以上讨论的经济订货批量模型均假定企业存货供需稳定且可预测，即每日的需求量不变，交货时间也固定不变，但现实并非如此。每日需求量会发生变化，交货时间也可能延迟，从而导致供应中断或缺货。为防止这种意外事故发生给企业造成损失，企业应多储备一些存货，以备不测，这些存货称为保险储备（或安全储备）。保险储备在正常情况下并不使用，只有当存货使用过量或送货延迟时才动用。这里要解决的问题就是怎样确定保险储备。

当企业建立保险储备时，再订货点 R 也相应提高了，变为：交货时间×平均每日需求量+保险储备。这也说明企业存货的库存量增加了。

企业建立保险储备，固然可以使企业避免缺货或供应中断造成的损失，但也意味着存货的库存量增加了，相应提高了存货的储存成本。所以要找出合理的保险储备量，使缺货或供应中断造成的损失和储备成本之和最小。具体操作时可以先计算不同保险储备量的总成本，然后对总成本进行比较，总成本最低的保险储备量即为所求的最佳保险储备量。

设与建立保险储备有关的总成本为 TC(S, B)，缺货成本为 C_s，保险储备成本为 C_B，则

$$\text{TC}(S, B) = C_s + C_B$$

设单位缺货成本为 K_u，一次订货缺货量为 S，年订货次数为 N，保险储备量为 B，单位变动储存成本为 K_c，则

$$C_s = K_u \cdot S \cdot N$$
$$C_B = B \cdot K_c$$
$$\text{TC}(S, B) = C_s + C_B = K_u \cdot S \cdot N + B \cdot K_c$$

假设现实中，缺货量 S 具有概率性，其概率可根据历史经验估计得出；保险储备量 B 可选择确定。

【例 6-16】 假设某企业某存货的年需求量 D 为 3 600 件，单位变动储存成本（K_c）为 2 元，单位缺货成本（K_u）为 4 元，交货时间（L）为 10 天，已经计算出经济订货批量（Q^*）为 300 件，每年订货次数（N）为 12 次。交货期内的存货需要量及其概率分布如表 6-11 所示。试计算该企业的最佳保险储备量。

表 6–11　存货需要量及其概率分布

需要量（d）	70	80	90	100	110	120	130
概率（P）	0.01	0.04	0.20	0.50	0.20	0.04	0.01

解　该企业最佳保险储备量计算如下。

（1）先计算不同保险储备量的总成本

① 不设置保险储备量，即 $B=0$ 时：

$R=70×0.01+80×0.04+90×0.20+100×0.50+110×0.20+120×0.04+130×0.01=100$（件）

在这种情况下，当需求量为 100 件或以下时，不会发生缺货，发生的概率为 0.75（0.01+0.04+0.20+0.50）；当需求量为 110 件时，缺货 10 件（110－100），发生的概率为 0.20；当需求量为 120 件时，缺货 20 件（120－100），发生的概率为 0.04；当需求量为 130 件时，缺货 30 件（130－100），发生的概率为 0.01。因此当 $B=0$ 时，缺货的期望值 S_0、总成本 TC(S,B) 的计算如下。

$S_0=(110-100)×0.20+(120-100)×0.04+(130-100)×0.01=3.1$（件）
TC$(S,B)=K_u·S·N+B·K_c=4×3.1×12+0×2=148.8$（元）

② 保险储备量 $B=10$ 件时：

$R=100+10=110$（件）

在这种情况下，当需求量为 110 件或以下时，不会发生缺货，发生的概率为 0.95（0.01+0.04+0.20+0.50+0.20）；当需求量为 120 件时，缺货 10 件（120－110），发生的概率为 0.04；当需求量为 130 件时，缺货 20 件（130－110），发生的概率为 0.01。因此当 $B=10$ 时，缺货的期望值 S_{10}、总成本 TC(S,B) 的计算如下。

$S_{10}=(120-110)×0.04+(130-110)×0.01=0.6$（件）
TC$(S,B)=K_u·S·N+B·K_c=4×0.6×12+10×2=48.8$（元）

③ 保险储备量 $B=20$ 件时：

$R=100+20=120$（件）

按照上面的计算方法，可得

$S_{20}=(130-120)×0.01=0.1$（件）
TC$(S,B)=K_u·S·N+B·K_c=4×0.1×12+20×2=44.8$（元）

④ 保险储备量 $B=30$ 件时：

$R=100+30=130$（件）

在这种情况下可满足最大的需求，不会发生缺货，因此有

$S_{30}=0$（件）

TC$(S, B)=K_u \cdot S \cdot N + B \cdot K_c = 4 \times 0 \times 12 + 30 \times 2 = 60$（元）

（2）比较不同保险储备量的总成本，以最低者为最佳

通过比较发现，当 $B=20$ 件时，总成本最小为 44.8 元，所以最佳保险储备量为 20 件，此时的再订货点为 120 件，即库存达到 120 件时再订货。

以上讨论和解决的是由需求量发生变化所引起的缺货，当由于交货时间延迟而发生缺货或供应中断时，可用同样的方法确定最佳保险储备量。在这种情况下，可将延迟的天数折算为增加的需求量，并根据历史经验估计出延迟发生的概率，其余的计算思路相同。

6.4.4 存货日常管理

存货日常管理是指在企业的日常生产经营过程中，对存货的采购、储存、使用和周转情况进行组织、调节和监督。

1. 存货归口分级管理

存货归口分级管理是实现存货资金管理责任制的一个重要方法。企业的存货以各种形态分布在生产经营的各个环节，由从事供产销活动的各有关职能部门及职工掌握和使用。《企业财务通则》规定，企业应当建立健全存货管理制度，规范存货采购审批、执行程序，根据合同的约定及内部审批制度支付货款。

（1）财务部门对存货资金实行统一管理

财务部门作为一个职能部门，掌握整个企业存货资金的占用、耗费和周转情况。财务部门对存货资金的集中统一管理，可实现资金使用的综合平衡，加速资金周转。其主要工作内容包括：根据财务制度和企业具体情况，制定资金管理的各种制度；测算原材料、在产品、产成品的资金占用定额，汇总编制存货资金计划；将有关计划指标进行分解，归口到供、产、销等部门具体负责；对各部门的资金运用情况进行检查、分析和考核。

（2）实行存货资金的归口管理

按照资金使用和资金管理相结合、物资管理和资金管理相结合的原则，将存货管理归口到各个部门。每项资金由哪个部门使用，就归哪个部门管理。具体的分工为：供应部门对原材料、燃料、包装物等占用资金进行管理；生产部门对在产品和自制半成品占用的资金进行管理；销售部门对产成品占用的资金进行管理；工具部门对工具、用具占用的资金进行管理；维修部门对修理用备件占用的资金进行管理。

（3）实行存货资金的分级管理

归口到各个部门的资金还要根据资金计划指标层层分解，落实到具体的仓库、车间、班组等基本单位，实行分级管理。具体分解过程可按如下方式进行：将原材料资金计划指标分配给供应计划、材料采购、仓储管理、整理准备等各业务组管理；将在产品资金计划指标分配给各车间、半成品库管理；将产成品资金计划指标分配给销售、仓库保管、产品发运各业务组管理。

2. ABC 分类管理

ABC 分类管理是由意大利经济学家帕累托于 19 世纪首创的，经过一个多世纪的发展

和完善,现已广泛用于存货管理、成本管理和生产管理中,是企业管理中常用的一种方法。它主要是针对企业(尤其是大中型企业),存货数目繁多,但价值却千差万别,有的价值很高,有的却不值几文。如果不分主次,实行统一管理,必将浪费资源,达不到有效控制存货的目的。该方法充分考虑了存货种类繁多但价值不等的特点,是一种重点管理方法,可以帮助企业分清管理主次,进而降低人力、物力支出,提高经济效益。ABC 分类管理的一般程序如下。

首先,计算每种存货资金占全部存货资金的比重,并按大小排序。

其次,按照金额标准和品种数量标准,将企业存货划分为 A、B、C 三类。通常做法是:品种少但资金占用较多的存货为 A 类,此类存货的品种数量约占全部存货品种数量的 5%~20%,但其资金占用比例为 60%~80%;种类繁多但资金占用不多的存货为 C 类,此类存货的品种数量约占全部存货品种数量的 60%~70%,但其资金占用比例为 5%~15%;介于 A 类和 C 类之间的存货是 B 类,此类存货的品种数量约占全部存货品种数量的 20%~30%,但其资金占用比例为 15%~30%。

最后,针对不同类别的存货,实施不同的管理。对 A 类存货进行重点规划和控制,对 B 类存货进行次重点管理,对 C 类存货只进行一般管理。

3. 存货 JIT 管理

JIT 是 just-in-time 的缩写,中文意思是准时生产,又称无库存生产、零库存或者超级市场生产。JIT 生产方式是丰田汽车公司在逐步扩大其生产规模、确立规模生产体制的过程中诞生和发展起来的。在 20 世纪 70 年代发生石油危机以后,市场环境发生巨大变化,许多传统生产方式的弱点日渐明显。采用 JIT 生产方式的丰田汽车公司的经营绩效与其他汽车制造企业的经营绩效开始拉开距离,JIT 生产方式的优势开始引起人们的关注和研究。JIT 作为一种在多品种、小批量混合生产条件下,高质量、低消耗的生产方式,是在实践中摸索、创造出来的。

JIT 生产方式的核心是追求一种零库存、零浪费、零不良、零故障、零灾害、零停滞的较为完美的生产系统。JIT 生产方式的特点是零库存,并能够快速地应对市场的变化。JIT 生产方式要做到用一半的人员和生产周期、一半的场地和产品开发时间、一半的投资和少得多的库存,生产出品质更高、品种更丰富的产品。JIT 生产方式考虑的方法,是将其看作一个理想的生产方式,不断地追求零库存,零库存可以无限接近,但永远也达不到。这样,就可以不断地降低库存,对所暴露出的问题进行改进。经过如此周而复始的优化,将库存降低到最低水平。另外,JIT 是一个不断改进的动态过程,不是一朝一夕就可以完成的,需要企业不断地持续改进才能达到目标。当然,JIT 要真正发挥作用,必须满足一些条件,如采购的效率要高、产品的质量要可靠、要有一套十分准确的生产和存货信息系统和一个有效率的存货处理系统等。

4. 存货 MRPII 管理

MRP Ⅱ(manufacturing resource planning,制造资源计划)是在 MRP(material requirement planning,物资需求计划)基础上发展起来的以计算机为核心的闭环管理系统。它能动态监测供、产、销的全部生产过程,在寻求最有效地配置企业资源的同时,实现库存减少、优化库存的管理目标,并保证企业经济、有效地运行。其基本原理是以计划拉动供给，即借助计算机的运算能力，根据市场预测和企业以前的经营状况，做出对未来产品需求量和品种的估计，制订产品的生产计划，然后据以倒推出物资的采购数量、品种和时间等。同时，为缓和事先计划的延迟，企业往往事先定好提前期及批量，并储备一定的在产品存货。也就是说，MRPⅡ允许一定数量的存货存在。对于市场需求稳定且竞争不激烈的企业而言，MRPⅡ优化了企业的成本控制和资源配置，能够在不影响企业正常运营的条件下，实现最优存货，减少存货占用资金，降低存货损耗和持有成本，使存货发挥最大效率。

复习思考题

1. 什么是营运资金？营运资金管理有哪些特点？
2. 企业为什么需要持有一定量的现金？持有现金会发生哪些成本？
3. 确定最佳现金持有量的模型有哪些？
4. 企业在制定具体信用政策时要考虑哪些因素？如何制定合理的信用政策？
5. 企业为什么需要储存一定数量的存货？储存存货会发生哪些成本？
6. 如何确定存货的经济订货批量？经济订货批量模型的建立存在哪些假设？
7. 简述现代存货管理方法JIT和MRPⅡ的基本原理。

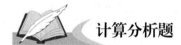

计算分析题

1. 假定ABC公司认为任何时候其现金余额不能低于1 500元，并根据以往的经验测算出现金余额波动的标准差为1 000元，当现金有多余时则投资于有价证券；相反，则出售有价证券。现金与有价证券的每次固定转换成本为60元，假定有价证券年利率为12%。那么，当该公司的现金余额达到控制上限时，它将以多少现金投资于有价证券？

2. 某企业现金收支均衡，预计全年（按360天计算）现金需要量为260 000元，现金与有价证券的转换成本为每次450元，有价证券年利率为9%。计算下列财务指标：
（1）最佳现金持有量；
（2）最低现金管理总成本、固定性转换成本、持有机会成本；
（3）有价证券交易次数、有价证券交易间隔期。

3. A公司是一个商业企业。由于目前的收账政策过于严厉，不利于扩大销售，且收账费用较高，该公司正在研究修改现行的收账政策。现有甲、乙两个备选方案可供选择，有关数据如表6-12所示。

表6-12 甲、乙两个备选方案的有关数据

项 目	现行收账政策	甲方案	乙方案
年销售额/（万元/年）	2 400	2 600	2 700
收账费用/（万元/年）	40	20	10
平均收账期/天	60	90	120
坏账损失率	2%	2.5%	3%

已知 A 公司销售毛利率为 20%，应收账款投资要求的最低报酬率为 15%。试问 A 公司现行收账政策是否应该改变？如果要改变，应选择甲方案还是乙方案？

4. 某公司年赊销收入为 720 万元，平均收账期为 60 天，坏账损失为赊销额的 10%，年收账费用为 5 万元。该公司认为通过增加收账人员等措施，可以把平均收账期降为 50 天，坏账损失降为赊销额的 7%。假设公司的资本成本为 6%，变动成本率为 50%。为使上述变更经济上合理，新增收账费用的上限为多少？

5. 某企业以往销售方式采用现金交易，每年销售 120 000 件产品，单价 15 元，变动成本率为 60%，固定成本为 100 000 元。企业尚有 40% 的剩余生产能力，现准备通过给客户一定的信用政策，达到扩大销售的目的。经过测试可知：如果信用期限为 1 个月，可以增加销售 25%，平均坏账损失率为 2.5%，收账费用为 22 000 元；如果信用期限为 2 个月，可以增加销售 32%，平均坏账损失率为 4%，收账费用为 30 000 元。假定资本成本为 20%，销售利润率为 20%。

（1）做出采用何种方案的决策。

（2）如果企业采用的信用期限为 1 个月，但为了加速应收账款的回收，决定使用现金折扣的办法，条件为"2/10，1/20，n/30"，估计将有 65% 的客户利用 2% 的折扣，20% 的客户利用 1% 的折扣，坏账损失率下降到 1.5%，收账费用下降到 15 000 元。试做出是否采用现金折扣方案的决策。

6. 某公司每年需要某种材料 6 000 件，每次订货成本为 150 元，每件材料年储存成本为 5 元，该种材料采购价为 20 元/件，一次订货量在 2 000 件以上可获得 2% 的折扣，在 3 000 件以上可获得 5% 的折扣，请问该公司采购多少件时成本最低？

7. 某企业预计年耗用甲材料 80 000 kg，单位采购成本为 20 元，单位储存成本为 6 元，平均每次订货费用为 200 元，假设该材料不存在缺货情况。计算下列财务指标：

（1）甲材料的经济订货批量；

（2）甲材料经济订货批量下的总成本；

（3）甲材料经济订货批量下的平均占用资金；

（4）全年最佳订货批次。

第 7 章

利润分配管理

本章内容提要
- 利润的构成、分配原则及分配程序;
- 股利政策的基本理论;
- 影响股利政策的因素;
- 股利政策选择及评价;
- 股利种类及股利支付程序。

7.1 利润分配管理概述

利润是指企业在一定期间的经营成果,反映企业的经营业绩情况[①]。利润通常是评价企业管理当局业绩的一项重要指标,也是投资者、债权人等做出投资决策、信贷决策等的重要参考依据。

7.1.1 利润的构成

利润是企业在一定时期内生产经营活动所取得的最终财务成果,是企业从事生产经营活动效率和效益的最终体现。它不仅是反映企业经营状况的一个基本指标,也是考核、衡量企业经营成果与经济效益最重要的标准。企业生产经营活动的主要目的是不断提高企业的盈利水平,增强企业获利能力。企业只有最大限度地获取利润,才能在市场经济中求得生存与发展。企业利润水平的高低不仅反映企业的盈利水平,而且反映企业在市场中的生存和竞争能力。

按照我国企业会计准则的规定,利润包括收入减去费用后的净额、直接计入当期利润的利得和损失等。直接计入当期利润的利得和损失,是指应当计入当期损益、会导致所有者权益发生增减变动的、与所有者投入资本或者向所有者分配利润无关的利得或者损失。利润分为营业利润、利润总额和净利润 3 个层次。

---

① 作为结果的利润类似于球赛中的记分板,如果运动员只盯住记分板而打球是不可能取胜的。同样,企业如果只关注结果而不对企业利润形成过程进行规划与控制,也是容易失败的。

1. 营业利润

营业利润是企业从事生产经营活动所取得的净收益,其具体内容见下列公式。

营业利润＝营业收入－营业成本－税金及附加－销售费用－管理费用－研发费用－财务费用＋其他收益＋投资收益（－投资损失）＋净敞口套期收益（－净敞口套期损失）＋公允价值变动收益（－公允价值变动损失）－信用减值损失－资产减值损失＋资产处置收益（－资产处置损失）

① 营业收入。营业收入是指企业经营业务所确定的收入总额,包括主营业务收入和其他业务收入,即

营业收入＝主营业务收入＋其他业务收入

其中,主营业务收入是指企业确认的销售商品、提供劳务等主营业务的收入。其他业务收入是指企业除了主营业务活动以外的其他经营活动实现的收入,包括出租固定资产、出租无形资产、出租包装物、销售材料、非货币性资产交换(具有商业实质且公允价值能够可靠计量)等实现的收入。

② 营业成本。营业成本是指企业为生产产品、提供服务等发生的可归属于产品成本、服务成本等的费用,包括主营业务成本和其他业务成本,即

营业成本＝主营业务成本＋其他业务成本

其中,主营业务成本是指企业销售商品、提供服务等经营性活动所发生的成本。其他业务成本是指企业确认的除主营业务活动以外的其他日常经营活动所发生的支出,包括销售材料的成本、出租固定资产的折旧额、出租无形资产的摊销额、出租包装物的成本或摊销额等。

③ 税金及附加。税金及附加是指企业经营活动应负担的相关税费,包括消费税、城市维护建设税、资源税、环境保护税、土地增值税、房产税、城镇土地使用税、车船税、印花税、耕地占用税、契税、车辆购置税、教育费附加等。

④ 销售费用。销售费用是指企业销售商品和材料、提供服务的过程中发生的各项费用,包括企业在销售商品过程中发生的保险费、包装费、展览费和广告费、商品维修费、预计产品质量保证损失、运输费、装卸费等以及为销售本企业商品而专设的销售机构(含销售网点、售后服务网点等)的职工薪酬、业务费、折旧费等经营费用。企业发生的与专设销售机构相关的固定资产修理费用等后续支出也属于销售费用。

⑤ 管理费用。管理费用是指企业为组织和管理生产经营发生的各项费用,包括企业在筹建期间内发生的开办费、董事会和行政管理部门在企业经营管理中发生的以及应由企业统一负担的公司经费(包括行政管理部门职工薪酬、物料消耗、低值易耗品摊销、办公费、差旅费等)、行政管理部门负担的工会经费、董事会费(包括董事会成员津贴、会议费、差旅费等)、聘请中介机构费、咨询费(含顾问费)、诉讼费、业务招待费、技术转让费、研究费等。企业生产车间(部门)和行政管理部门发生的固定资产修理费用等后续支出,也作为管理费用核算。

⑥ 研发费用。研发费用是指企业进行研究与开发过程中发生的费用化支出。

⑦ 财务费用。财务费用是指企业为筹集生产经营所需资金而发生的筹资费用，包括利息支出（减利息收入）、汇兑损益以及相关的手续费、企业发生的现金折扣或享受的现金折扣等。

⑧ 其他收益。其他收益是指企业取得的符合条件的政府补助等。

⑨ 投资收益。投资收益是指企业以各种方式对外投资所取得的收益。

⑩ 净敞口套期收益。净敞口套期收益是指净敞口套期下被套期项目累计公允价值变动转入当期损益的金额或现金流量套期储备转入当期损益的金额。

⑪ 公允价值变动收益。公允价值变动收益是指企业应当计入当期损益的资产或负债公允价值变动收益。

⑫ 信用减值损失。信用减值损失是指企业按照《企业会计准则第22号——金融工具确认和计量》的要求计提的各项金融工具信用减值准备所确认的信用损失。

⑬ 资产减值损失。资产减值损失是指企业各项资产发生的减值损失。

⑭ 资产处置收益。资产处置收益是指企业出售划分为持有待售的非流动资产（金融工具、长期股权投资和投资性房地产除外）或处置组（子公司和业务除外）时确认的处置利得或损失，以及处置未划分为持有待售的固定资产、在建工程、生产性生物资产及无形资产而产生的处置利得或损失。

2. 利润总额

$$利润总额 = 营业利润 + 营业外收入 - 营业外支出$$

① 营业外收入。营业外收入是指企业发生的、与其日常活动无直接关系的各项利得，包括非流动资产毁损报废收益、与企业日常活动无关的政府补助、盘盈利得、捐赠利得、债务重组利得等。

② 营业外支出。营业外支出是指企业发生的、与其日常活动无直接关系的各项损失，包括非流动资产毁损报废损失、捐赠支出、盘亏损失、非常损失、罚款支出、债务重组损失等。

3. 净利润

净利润，也称税后利润，是指企业缴纳所得税后形成的利润，是企业所有者权益的重要组成部分，也是企业进行利润分配的依据。净利润的计算公式如下。

$$净利润 = 利润总额 - 所得税费用$$

上式中的所得税费用应根据企业"所得税费用"账户记录取得，其数额与"应交税费——应交所得税"数额不一定相等。例如存在暂时性差异，且企业采用"资产负债表债务法"核算所得税时两者不一定相等。

7.1.2 利润分配的原则

从本质上说，企业所进行的利润分配属于社会产品的初次分配，即利用价值形式直接在生产领域进行的社会产品的分配。这种分配关系取决于特定的生产结构，又反映着生产的经济关系。根据我国企业组织形式和所有制结构的特点，一般企业税后利润分配所体现的经济关系主要是资产所有者(包括国家、其他投资者)和经营者(企业法人)之间的经济利益关系,这种利益关系的处理与国家的经济政策有着密切的联系,分配不当会影响企业的生存与发展。为此,组织企业利润分配必须遵循以下原则,协调好利益分配与企业发展的关系。

(1)依法分配

由于利润分配涉及各方面的利益关系,必须贯彻合法性原则,严格遵守国家相关的法律法规,确保国家利益不受侵犯。遵守国家法律,在企业利润分配中主要表现在两个方面:一是企业在进行利润分配之前,首先应按国家税法规定依法缴纳企业所得税,然后才能进行税后利润的分配。计算缴纳企业所得税时,应纳税所得额的确定必须严格遵守税法规定,以保证国家财政收入的及时、足额、稳定、可靠取得。二是企业税后利润的分配必须遵守国家的各种法规和财务制度等的规定,合理确定税后利润分配的项目、利润分配的顺序及比例,必须按规定提取最低法定比例的盈余公积金。

(2)分配与积累并重

企业税后利润的分配要体现把积累和消费正确结合起来的要求,既要扩充企业扩大再生产的财力基础,保证扩大再生产的进行,又要为不断改善职工生活福利创造条件;既要防止片面强调积累、不顾消费的行为,也要纠正片面强调消费、挤掉积累的行为。

(3)兼顾各方利益

在利润分配中,必须兼顾国家、资源财产经营者和资源财产投资者各方面的利益。为了保证国家职能的实现,企业应将其实现利润的一部分,以税费形式上缴给国家形成统一的财政资金,用于重点建设,发展科学、文化、教育、卫生事业和巩固国防,为国民经济的持续发展创造一个良好的经济环境和安定的政治环境。企业作为生产经营活动的主体,为进一步发展生产和改善职工生活,应从利润中分得相当一部分用以建立公积金和公益金。企业经营者是搞好企业的关键要素,为发挥激励与约束机制的作用,应以奖金或股票、期权的形式分给经营者一部分利润。投资者作为企业资产的所有者,有权按规定分享部分利润。根据这一原则,企业利润必须按税法规定的企业所得税税率计算缴纳企业所得税,税后利润再在企业与经营者、投资者之间进行分配,贯彻维护相关各方主体利益的财务原则。

(4)坚持公开、公平、公正

企业税后利润分配直接与企业的筹资、投资活动有关,也直接关系到投资者和债权人的经济利益,必须坚持公开、公平、公正的原则,不搞幕后交易,不帮助大股东侵蚀小股东的利益。企业的所有投资者在企业中只以其股权比例享有合法权益,不得以其在企业中的其他特殊地位谋取私利。企业的经营获利情况应当向所有的投资者(包括潜在的股票买主)及时公开,利润分配方案应当提交股东大会讨论,并充分尊重中小股东的意见,利润分配方式应在所有股东间一视同仁,股利支付要保证所有的股东都能及时收到。

(5)保持稳定的分红比例

从税后利润中留存一部分利润不但可以为企业的未来经营筹措资金,提高企业应付不测事件的能力,留存利润也可以用于未来的利润分配。社会经济总是处于景气和衰退的循环过程中,在景气时期,社会经济活跃,购买力旺盛,企业获利较为容易,在纳税后给投资者较高的回报是应当的;在衰退时期,几乎所有企业的经营都会遇到困难,在经营者正常经营下企业获利较小甚至亏损,这不会受到所有者的过多责难,但企业应尽可能向所有者提供较高的回报。企业在景气时期的较高获利中留存一部分利润,可以在衰退时期用于对投资者分配。实践证明,能够提供稳定回报的企业比利润分配或高或低的企业更受投资者青睐。如果企业是上市公司,其股票市价将更高、更稳定。

(6)规范分配程序

利润分配程序是进行利润分配的先后顺序和分配比例的规范。无论国有企业或非国有企业,只有按规范的利润分配程序进行分配,才能贯彻好前述兼顾各方面利益的原则和积累与消费相结合的分配原则,发挥利润分配的作用。利润分配程序的规定应尽可能与国际惯例接轨,这样才有利于对外开放政策的执行。

7.1.3 利润分配的程序

企业年度利润,除法律、行政法规另有规定外,按照以下顺序分配。

(1)弥补以前年度亏损

我国境内的所有企业都是面向市场从事商品生产和经营的实体,法律地位平等,都是商品生产经营者,应享有同等的权利和义务。而市场是千变万化的,任何企业都有获得盈利的机遇,也都有面临风险而出现亏损的可能。当经营盈利时,任何企业都应按照税法规定履行向国家上缴企业所得税的义务;当企业经营发生亏损时,国家也应予以扶持,帮助企业解决财务困难。按照《企业财务通则》的规定,企业发生的年度亏损,可以用下一年度的税前利润弥补;下一年度税前利润不足弥补的,可以在五年内用所得税前利润延续弥补;延续五年未弥补完的亏损,从第六年起可用缴纳所得税后的利润弥补。

(2)依法计算缴纳企业所得税

企业所得税是国家凭借政治权力参与企业收益分配的一种方式。企业所得税按年计算,分月或分季预缴,年终汇算清缴。企业应从全局出发,正确计算和缴纳企业所得税。企业所得税的计算公式如下。

$$应纳所得税额 = 应纳税所得额 \times 适用税率$$

其中,适用税率由国家税法规定,企业必须严格执行,不得随意改变。正确计算应纳所得税额的关键是正确计算应纳税所得额。应纳税所得额的计算公式如下。

$$应纳税所得额 = 收入总额 - 不征税收入 - 免税收入 - 准予扣除项目金额 - \\ 允许弥补的以前年度亏损$$

(3)税后利润分配

根据《公司法》及相关法律制度的规定,公司税后利润通常按照如下顺序进行分配。

① 弥补被没收财物损失,支付违反税法规定的滞纳金和罚款。

② 弥补企业以前年度亏损,即累计法定盈余公积金不足以弥补以前年度亏损时,应先用本期税后利润(扣除第1项)弥补亏损。

③ 按照税后利润(扣除第①、②项后)不低于10%的比例提取法定公积金。当累计提取的法定公积金达到注册资本的50%时,可以不再提取(也可以继续提取)。该项资金

主要用于弥补亏损、转增资本和派发股利。

④ 支付优先股股利。

⑤ 提取任意公积金。提取任意公积金的目的主要是控制与均衡股利分配水平,避免年度之间股利水平的大幅度波动。

⑥ 支付普通股股利。

⑦ 未分配利润(即税后利润中的未分配部分),可转入下一年度进行分配。

如果股东大会或董事会违反上述税后利润分配程序,在抵补亏损和提取法定公积金之前向股东分派股利的,必须将违反规定发放的股利收回公司。

近年来,以期权形式或类似期权形式进行的股权激励在一些大公司流行起来。从本质上来说,股权激励是企业对管理层或者员工进行的一种经济利益分配。

7.2 股利政策

股利政策是指在法律允许的范围内,企业是否发放股利、发放多少股利及何时发放股利等方面的方针及对策。

7.2.1 股利政策的基本理论

在市场经济条件下,股利分配要符合财务管理目标。人们对股利分配与财务目标之间关系的认识存在不同的流派与观念,比较有代表性的主要由两种:股利无关论和股利相关论。

1. 股利无关论

股利无关论认为,在一定的假设条件限制下,股利政策不会对公司的价值或股票的价格产生任何影响。该理论是由美国财务学专家米勒和莫迪利安尼于1961年在他们的著名论文《股利政策、增长和股票价值》中首先提出的,这一理论也被称为 MM 理论[①]。MM 理论的基本假设是完全市场理论,这一假设的基本内容主要有以下5个方面。

① 市场具有强式效率,没有交易成本,没有任何一个股东的实力足以影响股票价格。

② 不存在筹资费用。

③ 不存在任何个人所得税和企业所得税。

④ 公司的投资决策与股利决策彼此独立,即投资决策不受股利分配的影响。

⑤ 股东对股利收入和资本增值之间并无偏好。

在这些假设基础上,MM 理论认为,投资者不会关心公司股利的分配情况,公司的股票价格完全由公司投资方案和获利能力所决定,而并非取决于公司的股利政策。在公司有较好投资机会的情况下,如果股利分配较少、留利较多,公司的股票价格也会上升,投资者可以通过出售股票换取现金;如果股利分配较多、留利较少,投资者获得现金后会寻求

---

① 股利无关论可用一个通俗的例子来解释。有两个卖鸡的人,一个将整鸡上市出售;一个将整鸡分割切块出售。如果不考虑分割切块的成本,并假定菜场有大量的买者和卖者,你会认为这两个人的整只鸡的最终价格有所不同吗?显然,如果市场有效,且价格不同,将会存在套利行为,如卖整鸡的人都去切块卖鸡块了,最终的结果是均衡。注意这里假设市场有效和无交易成本。

新的投资机会,而公司仍可以顺利地筹集到新的资金。所以,股票价格与公司的股利政策是无关的。

2. 股利相关论

与股利无关论相反,股利相关论认为,企业的股利政策会影响股票价格和公司价值。其代表性观点主要有以下 4 种。

(1) "手中鸟" 理论

"手中鸟" 理论认为,运用留存收益再投资给投资者带来的收益具有较大的不确定性,并且投资的风险随着时间的推移会进一步加大,厌恶风险的投资者会偏好确定的股利收益,而不愿将收益留存在公司内部去承担未来的投资风险。该理论认为公司的股利政策与公司的股票价格是密切相关的,即当公司支付较高的股利时,公司的股票价格会随之上升,公司价值将得到提高。

(2) 信号传递理论

信号传递理论认为,在信息不对称的情况下,公司可以通过股利政策向市场传递有关公司未来获利能力的信息,从而影响公司的股价。一般来讲,预期未来获利能力强的公司,往往愿意通过相对较高的股利支付水平把自己同预期获利能力差的公司区别开来,以吸引更多的投资者。对于市场上的投资者来讲,股利政策的差异或许是反映公司预期获利能力的有价值的信号。如果公司连续保持较为稳定的股利支付水平,那么投资者就可能对公司未来的盈利能力与现金流量抱有乐观的预期。另外,如果公司的股利支付水平在过去一个较长的时期内相对稳定,而现在却有所变动,投资者将会把这种现象看做公司管理者将要改变公司未来收益率的信号,股票市价将会对股利的变动做出反应。

(3) 所得税差异理论

所得税差异理论认为,由于普遍存在的税率及纳税时间的差异,资本利得收益比股利收益更有助于实现收益最大化目标,公司应当采用低股利政策。一般来说,对资本利得收益征税的税率低于对股利收益征税的税率;而且,即使两者没有税率上的差异,由于投资者对资本利得收益的纳税时间选择更具有弹性,投资者仍可以享受延迟纳税带来的收益差异。

(4) 代理理论

代理理论认为,股利政策有助于减缓管理者与股东之间的代理冲突,即股利政策是协调股东与管理者之间代理关系的一种约束机制。该理论认为,股利的支付能够有效地降低代理成本。首先,股利的支付减少了管理者对自由现金流量的支配权,这在一定程度上可以抑制公司管理者的过度投资或在职消费行为,从而保护外部投资者的利益;其次,较多的现金股利发放,减少了内部融资,导致公司进入资本市场寻求外部融资,从而公司将接受资本市场上更多的、更严格的监督,这样便通过资本市场的监督减少了代理成本。因此,高水平的股利政策降低了企业的代理成本,但同时增加了外部融资成本,理想的股利政策应当使两种成本之和最小。

7.2.2 影响股利政策的因素

股利政策是股份有限公司财务管理的一项重要内容,它不仅仅是对投资收益的分配,而且关系到公司的投资、筹资及股票价格等各个方面。一般来说,在制定股利政策时,应当考虑以下 4 个因素。

1. 法律因素

为了保护债权人和股东的利益，国家对股利的支付制定了许多法规，主要涉及以下 4 个方面。

① 资本保全约束。股利的支付不能减少资本，如果一个公司的资本已经减少或因支付股利而引起资本减少，则不能支付股利。决不允许让投入资本以股利的形式发放给股东，以免损害债权人的利益。

② 资本积累约束。企业必须从税后利润中提取 10%的法定公积金，只有当企业提取的法定公积金达到注册资本的 50%时才可以不再提取。另外，在进行利润分配时，一般应当贯彻"无利不分"的原则，即当企业出现年度亏损时，一般不进行利润分配。

③ 偿债能力约束。偿债能力是企业按时、足额偿付各种到期债务的能力。如果当期没有足够的现金派发股利，则不能保证企业在短期债务到期时有足够的偿债能力，这就要求公司考虑现金股利分配对偿债能力的影响，确定在分配后仍能保持较强的偿债能力，以维持公司的信誉和借贷能力，从而保证公司正常的资金周转。

④ 超额累积利润约束。如果一个公司盈余的保留数额超过目前及未来的投资很多，则可以看做是过度保留，要受到法律的限制。这主要是为了避免公司逃税而过度保留盈余。因为资本利得与股利收入的税率不一致，如果公司通过保留盈余增加其股票价格，则可使股东避税。

2. 公司因素

公司基于短期经营和长期发展的需要，在确定利润分配政策时，需要关注以下 6 个因素。

① 现金流量。企业在经营活动中，必须有充足的现金，否则就会发生支付困难。公司在分配现金股利时，必须考虑现金流量及资产的流动性，过多地分配现金股利会减少公司的现金持有量，影响企业未来的支付能力，甚至可能出现财务困难。

② 举债能力。举债能力是企业筹集资金能力的一个重要方面，不同的企业在资本市场上的举债能力会有一定的差异。公司在分配现金股利时，应当考虑自身的举债能力如何，如果举债能力较强，在企业缺乏资金时，能够较容易地在资本市场上筹集到资金，则可以采取比较宽松的股利政策；如果举债能力较差，就应当采取比较紧缩的股利政策，少发放现金股利，留存较多的公积金。

③ 投资机会。企业的投资机会也是影响股利政策的一个非常重要的因素。在企业有良好的投资机会时，企业就应当考虑少发放现金股利，增加留存利润，用于再投资，这样可以加速企业发展，增加企业未来收益，这种股利政策往往也易于为股东所接受。在企业没有良好的投资机会时，往往倾向于多发放现金股利。

④ 资产的流动性。企业现金股利的支付会减少其现金持有量，降低资产的流动性，而保持一定的资产流动性是企业正常运转的必备条件。

⑤ 盈余的稳定性。企业的利润分配政策在很大程度上受盈利稳定性的影响。一般来讲，公司的盈余越稳定，其股利水平也就越高。对于盈利不稳定的公司，可以采用低股利政策。

⑥ 其他因素。由于股利的信号传递作用，公司不宜经常改变利润分配政策，应保持一定的连续性和稳定性。此外，利润分配政策还会受其他因素的影响，如不同发展阶段、不同行业的公司股利支付比例会有差异，这就要求公司在进行政策选择时要考虑发展阶段及所处行业状况。

3. 股东因素

股利政策必须经过股东大会决议通过才能实施，股东对公司股利政策具有举足轻重的影响，主要包括以下3个方面。

（1）追求稳定收入

如果股东依赖现金股利维持生活，他们往往要求公司能够支付稳定的股利，而反对留存过多的利润。还有一些股东是"一鸟在手论"的支持者，他们认为留存利润可能使股票价格上升所带来的收益具有较大的不确定性，还是取得现实的股利比较稳妥，这些股东也倾向于多分配股利。

（2）担心控制权稀释

现有股东往往将股利政策作为维持其控制地位的工具。如果公司发放了大量的现金股利，就可能会造成未来经营资金的短缺。这样就不得不通过资本市场筹集资金，如果通过举借新的债务筹集资金，就会增加企业的财务风险；如果通过发行新股筹集资金，虽然公司的老股东有优先认股权，但必须拿出一笔数额可观的资金，否则其持股比例就会降低，其对公司的控制权就有被稀释的危险。因此，他们宁愿少分现金股利，也不愿看到自己的控制权被稀释。当他们拿不出足够的现金认购新股时，就会对分配现金股利的方案投反对票。

（3）规避所得税

按照税法的规定，政府对企业征收企业所得税以后，还要对股东分得的股息、红利征收个人所得税。各国的税率有所不同，有的国家个人所得税采用累进税率，边际税率很高。因此，高收入阶层的股东为了避税往往反对公司发放过多的现金股利，而低收入阶层的股东因个人税负较轻，可能要求公司分派现金股利。按照我国税法规定，股东从公司分得的股利应按20%的税率缴纳个人所得税，而对股票交易所得目前还没有开征个人所得税。因此，对股东来说，股票价格上涨获得的收益比分得股利更具有吸引力。

4. 其他因素

（1）债务契约

一般来说，股利支付水平越高，留存收益越少，公司的破产风险加大，就越有可能损害债权人的利益。因此，为了保证自己的利益不受侵害，债权人通常都会在债务契约、租赁合同中加入关于借款公司股利政策的限制条款。

（2）通货膨胀

通货膨胀会带来货币购买力水平下降，导致固定资产重置资金不足。此时，企业往往不得不考虑留存一定的利润，以弥补由于购买力下降而造成的固定资产重置资金缺口。因此，在通货膨胀时期，企业一般会采取偏紧的利润分配政策。

7.2.3 股利政策选择及评价

股利政策受多种因素影响，并且不同的股利政策也会对公司的股票价格产生不同的影响。因此，对于股份公司来说，制定一个正确的、合理的股利政策是非常重要的[①]。

1. 剩余股利政策

剩余股利政策是指在公司有着良好的投资机会时，根据目标资本结构，测算出投资所需的权益资本数额，先从盈余中留存，然后将剩余的盈余作为股利予以分配，即净利润首先满足公司的权益资金需求，如果还有剩余，就派发股利；如果没有，则不派发股利。根据股利无关理论，在完全理想的资本市场中，公司的股利政策与普通股市价无关，故而股利政策只需随着公司投资、融资方案的制定而自然确定。因此，采用剩余股利政策时，公司要遵循以下4个步骤。

① 确定目标资本结构，即确定权益资本与债务资本的比例。在此资本结构下，公司的加权平均资本成本将达到最低水平。

② 确定公司的最佳资本预算，并根据公司的目标资本结构预计资金需求中所需增加的权益资本数额。

③ 最大可能地利用留存收益满足资金需求中所需增加的权益资本数额。

④ 留存收益在满足公司权益资本增加需求后，若还有剩余可用来发放股利。

【例7-1】假定某企业2×21年提取了公积金后的税后净利润为1 000万元，第二年的投资计划所需资金为1 200万元，企业的目标资本结构为权益资本和负债资本各占50%。试测算该企业2×21年应发放的股利总额。

解

按照目标资本结构的要求，企业投资所需的权益资本数额为

$$1\,200 \times 50\% = 600（万元）$$

企业当年全部可用于分配股利的盈余为1 000万元，可以满足上述投资方案所需的权益资本数额并有剩余，剩余部分再作为股利发放。当年可以发放的股利额为

$$1\,000 - 600 = 400（万元）$$

假定该企业当年发行在外的普通股为1 000万股，那么每股股利为

$$400/1\,000 = 0.4（元）$$

采用剩余股利政策，意味着企业只将剩余的盈余用于股利发放。这样做的根本理由是保持理想的目标资本结构，使加权平均资本成本最低。如上述例题，如果企业不按剩余股利政策发放股利，将可向股东分配的1 000万元全部用于投资，或全部作为股利发放给股东，然后再去筹措资金，这些做法都会破坏目标资本结构，使综合资本成本提高，不利于企业价值创造。

剩余股利政策的缺陷：若完全执行剩余股利政策，股利发放数额就会每年随着投资机会和盈利水平的波动而波动。在盈利水平不变的前提下，股利发放数额与投资机会的多寡呈反方向变动；而在投资机会维持不变的情况下，股利发放数额将与公司盈利呈同方向变动。

---

① 为保持良好的财务形象，一旦做出决策和选择，一般不轻易改变股利政策，这就是股利政策的"黏性"或"连续性"。

剩余股利政策不利于投资者安排收入与支出，也不利于公司树立良好的形象，一般适用于公司初创阶段。

2. 固定股利支付额政策

固定股利支付额政策是指公司将每年发放的股利固定下来，并在较长时间内保持不变，不管公司盈利多少，股利总是保持在一定的水平上。这种股利政策要求企业在较长时期内支付固定的股利额，只有当企业对未来利润增长确有把握，并且这种增长被认为是不会发生逆转时，才增加每股股利额。固定股利支付额政策在企业收益发生一般的变化时，并不影响股利的支付，而是使其保持稳定的水平。实施这种股利政策的理由如下。

① 固定股利支付额政策向投资者传递公司正常发展的信息。如果公司支付的股利稳定，就表明该公司的经营业绩比较稳定，经营风险较小，这样可使投资者要求的股票必要报酬率降低，有利于股票价格上涨；如果公司的股利政策不稳定，股利忽高忽低，这就给投资者传递公司经营不稳定的信息，从而导致投资者对风险的担心，会使投资者要求的股票报酬率提高，进而使股票价格下跌。

② 固定股利支付额政策有利于投资者合理安排股利收支，特别是那些希望每期能有固定收入的投资者更欢迎这种股利政策。忽高忽低的股利政策可能会降低他们对这种股票的需求，这样也会使股票价格下降。

③ 如果公司确定一个稳定的股利增长率，实际上是传递给投资者该公司经营业绩稳定增长的信息，可以降低投资者对公司风险的担心，从而使股票价格上涨。

④ 采用固定股利支付额政策，为了维持稳定的股利水平，有时可能会使某些投资方案延期，或者使公司资本结构暂时偏离目标资本结构，或者通过发行新股筹集资金。尽管这样可能会延误投资时机，或者使资本成本上升，但是持固定股利支付额政策观点者认为，这也要比减发股利或者降低股利增长率有利得多，因为突然降低股利，会使投资者认为该公司经营出现困难，业绩在下滑，可能使股票价格快速下跌，这对公司更不利。

固定股利支付额政策的缺点：股利的支付与公司的盈利相脱节，即不论公司盈利多少，均要支付固定的股利，这可能会导致公司资金紧缺，财务状况恶化。此外，在公司无利可分的情况下，若依然实施固定股利支付额政策，是违反《公司法》的行为。

因此，采用固定股利支付额的股利政策，要求公司对未来的盈利能力和支付能力能做出准确的判断。一般来说，公司确定的固定股利支付额不宜太高，以免陷入无力支付的被动局面。固定股利支付额政策通常适用于经营比较稳定或处于成长期的公司，但很难被长期使用。

3. 固定股利支付率政策

固定股利支付率政策是指公司将每年净利润的某一固定百分比作为股利分派给股东。这一百分比通常称为股利支付率，股利支付率一经确定，一般不得随意变更。在这一股利政策下，公司的税后利润一经计算确定，所派发的股利也就相应确定了。固定股利支付率越高，公司留存的净利润越少。

固定股利支付率政策的优点主要包括以下两个方面。

① 采用固定股利支付率政策，股利与公司盈余紧密配合，体现了"多盈多分、少盈少分、无盈不分"的股利分配原则。

② 由于公司的获利能力在年度内是经常变动的，因此每年的股利也应当随着公司收

益的变动而变动。采用固定股利支付率政策，公司每年按固定的比例从税后利润中支付现金股利，从企业的支付能力的角度看，这是一种稳定的股利政策。

固定股利支付率政策的缺点主要包括以下 3 个方面。

① 大多数公司每年的收益很难保持稳定不变，导致年度间的股利额波动较大，由于股利的信号传递作用，波动的股利很容易给投资者带来经营状况不稳定、投资风险较大的不良印象，从而成为影响股价的不利因素。

② 容易使公司面临较大的财务压力。这是因为公司实现的盈利多，并不能代表公司有足够的现金流用来支付较多的股利额。

③ 确定合适的固定股利支付率难度比较大。

由于公司每年面临的投资机会、筹资渠道都不同，而这些都可以影响公司的股利分配，所以一成不变地奉行固定股利支付率政策的公司在实际中并不多见。固定股利支付率政策只是较适用于那些处于稳定发展且财务状况也较稳定的公司。

4. 低正常股利加额外股利政策

低正常股利加额外股利政策是指公司事先设定一个较低的正常股利额，每年除了按正常股利额向股东发放股利外，还在公司盈余较多、资金较为充裕的年份向股东发放额外股利。但是，额外股利并不固定，不意味着公司永久地提高了股利支付额。

低正常股利加额外股利政策的优点主要包括以下两个方面。

① 赋予公司较大的灵活性，使公司在股利发放上留有余地，并具有较大的财务弹性。公司可根据每年的具体情况，选择不同的股利发放水平，以稳定和提高股价，进而实现公司价值的最大化。

② 使那些依靠股利度日的股东每年至少可以得到虽然较低但比较稳定的股利收入，从而留住这部分股东。

低正常股利加额外股利政策的缺点主要包括以下两个方面。

① 由于各年度之间公司盈利波动，使得额外股利不断变化，从而造成分派的股利不同，这样容易给投资者造成收益不稳定的感觉。

② 当公司在较长时间持续发放额外股利后，可能会被股东误认为"正常股利"，一旦取消，传递出的信号可能会使股东认为这是公司财务状况恶化的表现，进而导致股价下跌。

相对来说，对于那些盈利随着经济周期波动较大的公司或者盈利与现金流量很不稳定时，低正常股利加额外股利政策也许是一种不错的选择。

7.2.4 股利的种类

（1）现金股利

现金股利是指以现金支付的股利，是股利支付最常见的形式。这种形式能满足大多数投资者希望得到一定数额的现金这种实实在在投资收益的要求。但这种形式增加了企业现金流出量，增加了企业的支付压力，在特殊情况下有悖于留存现金用于企业投资和发展的初衷。

（2）财产股利

财产股利是用现金以外的其他资产支付的股利，具体包括以下两种形式。

① 实物股利。即发放给股东实物资产，多用于额外股利支付。这种形式并不增加企业的现金流出，主要用在企业现金支付能力较低的时期。

② 证券股利。即以其他公司的证券代替货币资金发放给股东。由于证券的流动性及安全性较好，因此股东也乐于接受；对企业而言，将证券作为股利发放给股东，既发放了股利，又实际保留了对其他公司的控制权，从而企业也乐于采取这种形式。

（3）负债股利

负债股利是以负债方式支付的股利，通常以公司的应付票据支付给股东，有时也以发放公司债券的方式支付股利。由于票据或债券都是带息的，因此对公司来说，利息支付压力较大。因此，它只是公司已宣布并须立即发放股息而现金暂时不足时采取的一种权宜之策。

（4）股票股利

股票股利是公司以增发股票的方式所支付的股利，我国实务中通常也称其为"红股"。具体增发股票，可以是在公司注册资本尚未足额时，以其未认购的股票作为股利支付；也可以是发行新股支付股利。在操作上，有的公司增资发行新股时，预先扣除当年应分配股利，减价配售给老股东；也有的发行新股时进行无偿增资配股，即股东不缴纳任何现金和实物，即可取得公司发行的股票。股票股利并不引起企业资产增加，而只涉及股东权益内部结构的调整，即在减少公积金或公司盈利的同时增加了公司的股本额。

在上述各种股利类型中，我国企业目前使用最多的是现金股利和股票股利，财产股利、负债股利并不常见。

7.2.5 股利支付程序

公司股利的发放必须遵守相关的要求，按照日程安排进行。一般情况下，先由董事会提出分配预案，然后提交股东大会决议，股东大会决议通过后才能进行分配。股东大会决议通过分配预案后，要向股东宣布发放股利的方案，并确定股利宣告日、股权登记日、除息日和股利发放日。

（1）股利宣告日

股利宣告日是指股东大会决议通过并由董事会将股利支付情况予以公告的日期。公告中将宣布股利支付的方案，包括每股支付的股利、股权登记日、除息日和股利支付日等内容。

（2）股权登记日

股权登记日是指有权领取本期股利的股东资格登记截止的日期。凡是在此指定日期收盘之前取得公司股票，成为公司在册股东的投资者都可以作为股东享受公司本期分派的股利。在这一天之后取得股票的股东则无权领取本次分派的股利。

（3）除息日

除息日是指领取股利的权利与股票分离的日期。在除息日之前购买股票的股东才能领取本次股利，而在除息日当天或是以后购买股票的股东，则不能领取本次股利。由于失去了"收息"的权利，除息日的股票价格会下跌。除息日是股权登记的下一个交易日。

（4）股利发放日

股利发放日是指公司按照公布的分红方案向股权登记日在册的股东实际支付股利的

日期。

【例7-2】 某上市公司于2×21年4月10日公布2×20年度的最后分红方案,其公告如下:"2×21年4月9日在北京召开的股东大会,通过了董事会关于每股分派0.15元的2×20年股息分配方案。股权登记日为4月25日,除息日为4月26日,股东可在5月10日至25日之间通过深圳交易所按交易方式领取股息。特此公告。"

那么,该公司的股利支付程序为:股利宣告日为4月10日,股权登记日为4月25日,除息日为4月26日,股利支付期间为5月10日至5月25日。

复习思考题

1. 企业利润总额如何形成?利润分配程序包括哪几个步骤?
2. 股利政策与企业价值相关吗?请用股利理论加以解释。
3. 影响股利政策制定的相关因素有哪些?
4. 在股利分配实务中,公司经常采用的股利政策有哪些?
5. 常见的股利种类有哪些?
6. 股利支付程序是怎样的?

计算分析题

1. 某股份有限公司发行在外的普通股为300 000股,该公司2×20年的税后利润为3 000 000元,2×21年的税后利润为6 000 000元。该公司准备在2×22年再投资2 500 000元,该企业目前资本结构为最佳资本结构,资金总额为100 000 000元,其中自有资金为60 000 000元,负债资金为40 000 000元。已知该企业2×20年的股利为每股4.8元。要求:

(1) 如果该公司采用剩余股利支付政策,则其在2×21年的每股股利为多少?

(2) 如果该公司采用固定股利支付额政策,则其在2×21年的每股股利为多少?

2. 某股份有限公司2×20年在提取了盈余公积金和公益金后的税后利润为500万元,发放的股利为200万元。该公司的经济效益较好,过去三年内股利一直以15%的比率增长。该公司2×21年在提取了盈余公积金和公益金后的税后利润为600万元,股本总额自2×20年起一直没有变动,发行在外的普通股股数为100万股。试计算在下列各种情况下,2×21年该公司应发放的股利是多少?

(1) 2×21年公司按固定股利或持续增长的股利政策发放股利。

(2) 从2×21年起公司拟改用低正常股利加额外股利政策。正常股利为每股2元,当税后净利润超过500万元时发放额外股利,额外股利的发放数额为税后净利超过500万元以上部分的40%。

第 8 章

财务控制

本章内容提要
- 财务控制的意义、种类、基础及原则;
- 责任中心的概念、类型及业绩考核;
- 内部转移价格的概念、制定原则及类型。

控制是指对一个组织的活动进行约束和指导,使之按既定目标发展。财务控制是对企业财务活动的控制,也就是对资金的取得、投放、使用和分配的控制。

8.1 财务控制概述

8.1.1 财务控制的意义

所谓财务控制,是指利用有关信息和特定手段,对企业的财务活动施加影响或调节,以便实现计划所确定的财务目标的过程。财务控制具有以下 3 个方面的特征。

(1) 财务控制是一种价值控制

财务预算所包含的现金预算、预计利润表和预计资产负债表,都是以价值形式予以反映的;财务控制所借助的手段,如责任预算、责任报告、业绩考核、内部转移价格等都是通过价值指标实现的。

(2) 财务控制是一种全面控制

由于财务控制用价值手段实施其控制过程,这不仅可以将各种不同性质的业务综合起来进行控制,而且可以将不同层次、不同部门的业务综合起来进行控制,体现了财务控制的全面性。

(3) 财务控制以现金流量为控制目的

企业的财务活动归根结底反映的是企业的资金运动。企业日常的财务活动表现为现金流量组织的过程,为此财务控制的重点应放在现金流量状况的控制上,通过现金预算、现金流量表等保证企业资金活动的顺利进行。

理解财务控制必须在委托代理理论的指导下,立足于"产权清晰、权责明确、政企分开、管理科学"的现代企业制度和公司治理结构的要求，具体包括以下几个方面。

① 财务控制主体是以社会化、专业化为特征的公司董事会。根据代理理论，代理关系存在于一切组织、一切合作性活动中，存在于企业内部的每一个管理层次上。代理关系产生的经济基础是公司股东向经营者授予经营管理权可降低公司的经营成本，因为由众多的股东直接参与公司决策管理的成本是惊人的。但是代理关系的确立又必然产生代理成本，这种成本的存在不仅会影响公司经营效率，甚至可能威胁公司的生存。在现代企业制度下，公司治理结构框架的一个重要特点就是董事会对经营者财务控制的强化。根据《公司法》的有关规定，董事会由创立大会或股东大会选举产生，公司治理结构以董事会为中心而构建，董事会对外代表公司进行各种主要活动，对内管理公司的财务和经营，只有董事会才能全方位地负责财务决策和控制，从本质上决定公司的财务状况。

② 财务控制客体首先是人及由此形成的内部、外部财务关系，其次才是各种不同的财务资源或现金流转。

③ 财务控制目标是企业价值最大化。财务控制追求代理成本与财务收益的均衡，而不仅仅是传统意义上的控制财务活动的合规性、有效性。财务控制着眼于降低代理成本，促进企业战略目标的实现，致力于整合优化企业资源，最终实现企业价值最大化的财务管理目标。

8.1.2 财务控制基础

财务控制基础是指进行财务控制所必须具备的基本条件，主要包括组织机构、内部控制、预算目标、会计信息、信息系统和奖励制度 6 个方面。

（1）组织机构

财务控制的首要基础是围绕控制目标建立组织机构，以保证控制的有效性。例如为了确定财务预算，应建立相应的预算编制机构；为了组织和实施日常财务控制，应建立相应的监督、协调、仲裁机构；为了便于内部结算，应建立相应的内部结算机构；为了考评预算的执行结果，应建立相应的考评机构。在实践中可根据需要将这些机构的职能合并到企业的常设机构中，或者将这些机构的职能进行归并。

（2）内部控制

内部控制是指企业为了顺利实施控制过程所进行的组织机构的设计、控制手段的采取及各种措施的制定。这些方法和措施用于检查财务预算目标的制定、会计信息的准确性和可靠性，提高控制效率；同时围绕财务预算的执行，建立相应的保证措施或制度，如人事制度、奖罚制度等。

（3）预算目标

健全的财务预算目标是进行财务控制的依据，财务预算能够满足企业经营目标的要求，同时又能使决策目标具体化、系统化、定量化。量化的财务预算目标可以成为日常控制和业绩考核的依据。财务预算目标应层层分解落实到各责任中心，使之成为控制各责任中心经济活动的标准。财务预算目标的制定应客观、务实，若财务预算所确定的目标严重偏离实际，财务控制就无法达到预定的目的。

（4）会计信息

准确、及时、真实的信息是财务控制实施过程中的基本保障。财务控制必须以会计信息为前提。首先，财务预算总目标的执行情况必须通过企业的会计核算资料予以反映，透过这些会计资料可以了解、分析企业财务预算总目标的执行情况、存在的差异及其原因，并提出相应的纠偏措施。其次，各责任中心财务预算目标的执行情况也是通过各自的会计核算资料予以反映的，透过这些会计资料可以了解、分析各责任中心财务预算目标的完成情况，为考核各责任中心的工作业绩和正确地进行财务控制提供依据。

（5）信息系统

财务控制是一个动态的控制过程，要确保财务预算目标的贯彻实施，必须对各责任中心执行预算的情况进行跟踪监控，不断调整执行偏差，以确保控制过程下情上报、上情下达。为保证反馈系统中的信息真实、可靠，还必须建立相应的信息审查机构和责任制度。

（6）奖励制度

奖励制度是保证控制系统长期有效运行的重要因素。奖励分为正奖励和负奖励。正奖励是通过表扬、提升、加薪等从正面激励人们努力工作；负奖励是通过批评等方式所进行的惩罚。在利用奖励制度保证财务控制顺利实施的过程中，要注意结合各责任中心的财务预算目标，建立公平、合理的奖励标准；同时建立严格完善的考评机制，保证奖罚分明。

8.1.3 财务控制的种类

财务控制可以按不同的标准进行不同的分类。

（1）按财务控制对象可分为财务收支控制和现金控制

财务收支控制是按照财务预算或财务收支计划对企业及各责任中心的财务收支活动进行的控制，主要目的是实现财务收支平衡。

现金控制是以现金预算为依据，对企业及各责任中心的现金流入和流出进行控制，其目的是完成现金预算目标，防止现金的短缺和闲置。

（2）按财务控制内容可分为资金控制、成本费用控制、销售收入控制和利润控制

资金控制是指以预计资产负债表和责任预算为依据，按照归口分级管理的原则，合理控制流动资产的结构和占用水平。

成本费用控制是根据成本费用决策和成本费用预算及其责任预算所确定的目标和任务，对生产经营各环节成本费用支出进行监督和调节，以保证成本目标和预算的实现。

销售收入控制是依据销售收入预算及责任预算，对销售收入进行控制，目的是完成收入目标。

利润控制是根据利润目标和预计利润表所确定的任务，控制收入和成本费用支出，保证利润计划的完成。

（3）按财务控制依据可分为财务目标控制、财务预算控制和财务制度控制

财务目标控制是指以企业财务目标为依据，对企业及各责任中心的财务活动进行约束、指导和干预，使之符合原定要求的控制形式。

财务预算控制是指以企业财务预算为依据，对企业的财务收支活动进行调控，使之符合预算目标的控制形式。

财务制度控制是指通过财务制度的制定和实施，对企业及责任中心的财务收支活动进行约束。

（4）按财务控制主体可分为出资者财务控制、经营者财务控制、财务部门财务控制、责任中心财务控制

出资者财务控制是为了实现其资本保全和资本增值目标而对企业的重大财务决策及重要财务活动进行的控制。

经营者财务控制是对企业财务活动所实施的控制。其主要内容是制定并实施财务决策，制定预算，确立目标，建立企业内部财务控制体系等。

财务部门财务控制主要是依据财务预算，对企业的财务收支活动和现金流量进行控制，属于日常的财务控制。

责任中心财务控制是指企业内部各责任中心以责任预算为依据，对本中心的财务活动所实施的控制，如责任资金控制、责任成本控制、责任利润控制等。

（5）按财务控制时间可分为事前财务控制、事中财务控制和事后财务控制

事前财务控制，又称为防护性控制或排除干扰性控制，是指在财务活动发生之前就制定一系列的制度、规定、标准，把可能产生的差异予以排除，如事先制定财务管理制度、内部牵制制度、财务预算、各种定额、各种标准等。

事中财务控制是指在财务活动发生过程中进行的财务控制，如严格按照预算、制度、定额、标准等控制各项收入和支出，预测可能出现的偏差，在差异尚未出现时，就予以消除。

事后财务控制是指对财务活动结果进行分析、评价、考核、奖惩，以进一步完善财务控制，充分调动各级各类责任中心的积极性。

8.1.4 财务控制的原则

实施财务控制必须坚持以下 4 个原则。

（1）归口分级管理原则

归口分级管理原则要求划分责任单位，对财务指标实行归口管理；逐层分解落实财务指标，实行分级管理。

（2）责权利相结合原则

责权利相结合原则要求在下达有关财务责任指标的同时，赋予责任者相应的理财权，并施以有效的财务激励。即发挥财务指标归口分级管理的效能，必须坚持财务责任、财务权利与财务利益三者的协调配合。

（3）可控性原则

可控性原则要求归口分级管理的财务指标必须是有关责任单位或者责任人能施以重要影响或者能加以控制的责任指标；否则，责权利相结合原则将无法真正落到实处。

（4）例外管理原则

例外管理原则要求主管人员应当关注财务控制中反馈的关键性差异，即"例外"事项，及时调查成因，迅速采取纠偏措施，保证财务责任指标顺利完成。

8.2 责任中心

8.2.1 责任中心的概念

在分权管理体制下,企业为了实行有效的内部财务控制,通常都要采用统一领导、分级管理的原则,在企业内部合理地划分责任单位,并赋予相应的权限,给予相应的利益,促使各责任单位尽其职责并协同配合。这种具有一定的管理权限,并承担相应经济责任的企业内部单位,称为责任中心或责任单位。责任中心通常具有以下 5 个特征。

① 责任中心是一个责、权、利相统一的实体。
② 责任中心具有承担经济责任的条件。
③ 责任中心所承担的责任和行使的权力都应是可控的。
④ 责任中心具有相对独立的经营业务和财务收支活动。
⑤ 责任中心便于进行责任会计核算。

8.2.2 责任中心的类型

责任中心按其责任权限范围及业务活动的特点,可分为成本中心、利润中心和投资中心 3 种。

1. 成本中心

(1) 成本中心的含义

成本中心是指只对成本或费用承担责任的责任中心。成本中心不会形成可以用货币计量的收入,因而不对收入、利润或投资负责。成本中心一般包括负责产品生产的生产部门、劳务提供部门及给予一定费用指标的管理部门。

(2) 成本中心的类型

狭义的成本中心有两种类型:一种是基本成本中心,另一种是复合成本中心。前者没有下属的成本中心,如一个班组是一个成本中心,如果该班组不再进一步分解,那么它就是一个基本成本中心;后者有若干个下属成本中心,如一个工段是一个成本中心,在它下面设有若干个班组,如果这些班组也被划定为成本中心,那么该工段即是一个复合成本中心。相比较而言,基本成本中心一般属于较低层次的成本中心,而复合成本中心一般属于较高层次的成本中心。广义的成本中心除了包括上述内容外,还包括只对有关费用负责的费用中心。企业许多职能部门通常只发生费用,而不形成成本,在责任会计中往往被作为费用中心处理,参照狭义的成本中心的管理办法进行规划、控制、考核与评价。

(3) 成本中心的责任成本与可控成本

在管理会计中,由成本中心承担相应责任的成本就是责任成本。构成一个成本中心责任成本的是该中心的全部可控成本之和。

可控成本是指责任单位可以预计、可以计量、可以施加影响、可以落实责任的那部分成本。从可控成本的定义可以看出,作为可控成本必须同时具备以下 4 个条件。

① 责任中心能够通过一定的方式了解这些成本是否发生及何时发生。
② 责任中心能够对这些成本进行精确的计量。
③ 责任中心能够通过自己的行为对这些成本加以调节和控制。
④ 责任中心可以将这些成本的责任分解落实。

凡不能同时满足上述条件的成本就是不可控成本。对于特定成本中心来说，它不应当承担不可控成本的相应责任。

需要注意的是，成本的可控性是相对的，由于它与责任中心所处管理层次的管理权限、控制范围、管理条件的变化等有着直接的关系，因此在一定空间和时间条件下，可控成本与不可控成本可以实现相互转化。

从空间上看，同一个成本项目，在上下级不同层次的成本中心中其可控性不同。如对整个企业而言，大多数成本都可以被看作可控成本；而对于企业内部的各部门、车间、工段、班组和个人来讲，则既有其各自的可控成本又有其各自的不可控成本，有些成本对于较高层次的责任中心来讲属于可控成本，而对于其下属的较低层次的责任中心来说，可能是不可控成本；反之，属于较低层次责任中心的可控成本则一定是其所属较高层次责任中心的可控成本。譬如，生产车间发生的折旧费，对于生产车间这个成本中心来说是可控成本，但对于其下属的班组成本中心来说却属于不可控成本。至于下级责任中心的某项不可控成本对于上一级的责任中心来说，就有两种可能，要么仍然属于不可控成本，要么是可控成本。

成本的可控性不仅受到责任中心层次高低的影响，而且还受到管理权限的约束。有些成本项目对于某一责任中心来讲是可控成本，而对于处在同一层次的另一责任中心来讲却是不可控成本。如广告费，对于销售部门是可控的，但对于生产部门却是不可控的；又如直接材料价格差异，对于采购部门来说是可控的，但对于生产部门却是不可控的。

从时间上看，成本的可控性会受到管理条件变化的影响。对于同一个成本中心而言，有的成本项目在过去属于不可控成本，由于情况发生了变化，现在可能变为可控成本；同样由于条件发生了变化，过去的某些可控成本也可能现在变得不可控了。

此外，成本的可控性与成本性态和成本可辨认性的关系也比较复杂。一般来讲，一个成本中心的变动成本大多是可控成本，固定成本大多是不可控成本。直接成本（成本中心直接发生的成本）大多是可控成本，间接成本（由同级或上级责任中心转来的成本）大多是不可控的。但实际上也并不完全如此，需要结合有关情况具体分析。如在汽车装配部门，一辆汽车安装一台发动机，假设发动机属于外购件，由于这种外购件的消耗完全随产量增减而同比例变动，因此属于变动成本，同时它是装配部门直接发生的成本，因此又是直接成本。但它对于装配部门来说，因为其消耗量是由装配部门无法改变的技术因素所决定的，所以并不是该部门的可控成本。

基本成本中心的责任成本就是其可控成本，复合成本中心的责任成本既包括本中心的责任成本，也包括下属成本中心的责任成本，各成本中心的可控成本之和即是企业的总成本。

（4）责任成本与产品成本的区别和联系

责任成本与产品成本是既有区别又有联系的两个概念。两者的区别集中在以下4个方面。
① 费用归集对象不同。责任成本是以责任中心为费用归集对象；产品成本则是以产

品为费用归集对象。

② 遵循原则不同。责任成本遵循"谁负责谁承担"的原则,承担责任成本的是"人";产品成本则遵循"谁受益谁负担"的原则,负担产品成本的是"物"。

③ 核算目的不同。核算责任成本的目的是实现责权利的协调统一,考核评价经营业绩,调动各个责任中心的积极性;核算产品成本的目的是反映生产经营过程的耗费,规定成本费用的补偿尺度,确定经营成果。

④ 所处系统不同。责任成本是管理会计中的责任会计子系统中最基本的考核指标;产品成本是财务会计或成本会计系统中的基本考核指标。

责任成本与产品成本之间虽有许多区别,但有一点是相同的,即构成它们内容的同为企业生产经营过程中的资金耗费。就一个企业而言,一定时期发生的广义产品成本总额应当等于同期发生的责任成本总额。

2. 利润中心

(1) 利润中心的含义

利润中心是既对成本负责又对收入和利润负责的区域,它是处于比成本中心高一层次的责任中心。这类责任中心通常具有独立或相对独立的收入和生产经营决策权。一个利润中心通常包括若干个不同层次的下属成本中心。

(2) 利润中心的种类

利润中心分为自然利润中心和人为利润中心两种。

自然利润中心是指能直接对外销售产品或提供劳务取得收入的利润中心。这类责任中心一般具有产品销售权、价格制定权、材料采购权和生产决策权,具有很大的独立性。

人为利润中心是指只对内部责任单位提供产品或劳务而取得"内部销售收入"的利润中心。这类责任中心一般也具有相对独立的经营管理权,即能够自主决定本利润中心的产品品种、产品产量、作业方法、人员调配和资金使用等。但这些部门提供的产品或劳务主要在企业内部转移,很少对外销售。

3. 投资中心

(1) 投资中心的含义

投资中心是指既对成本、收入和利润负责,又对投资效果负责的责任中心,它是比利润中心更高层次的责任中心。投资中心和利润中心的主要区别是:利润中心没有投资决策权,需要在企业确定投资方向后组织具体的经营;而投资中心则具有投资决策权,能够相对独立地运用其所掌握的资金,有权购置和处理固定资产,扩大或削减生产能力。

投资中心拥有投资决策权和经营决策权,同时各投资中心在资产和权益方面应划分清楚,以便准确计算各投资中心的经济效益,对其进行正确的评价和考核。

(2) 投资中心与利润中心的区别

投资中心同时也是利润中心,它与纯粹的利润中心的区别主要有以下两个方面。

① 权利不同。利润中心没有投资决策权,它只是在企业投资形成后进行具体经营;而投资中心不仅在产品生产和销售上享有自主权,而且在投资决策方面也享有充分的自主权。

② 考核办法不同。考核利润中心业绩时,不考虑投资或占用资产的多少;考核投资中心业绩时,则必须将利润与占用的资产联系起来,进行投入与产出的比较。

8.2.3 责任中心的业绩考核

1. 责任报告

责任报告是业绩评价的前提工作，也称业绩报告、绩效报告，它是各责任中心根据责任会计记录编制的、向上层责任中心报送的、反映责任预算执行情况的内部会计报告。

责任报告的作用主要有两个：一是为本责任中心和上层责任中心有效地控制生产经营活动提供信息；二是报告其权限范围内已完成的业绩，为业绩评价和考核提供依据。

责任报告的内容、形式、数量等，常因责任中心的层次、业务特点及使用者的需要不同而有所不同。一般而言，编制责任报告应注意以下 4 点。

① 责任报告通常采用报表形式。报告中应列出比较数据，即将实际执行数据与责任预算数据进行比较，并计算差异数。

② 责任报告应具有分析性，以便揭示差异产生的原因，并提出有针对性的改进建议。

③ 责任报告应详略得当，重点突出。责任报告一般由低层责任中心向上层责任中心编报，然后再按层次进行汇总。不同的责任层次对责任报告的详细程度和需求是不一样的，层次越高，所需的资料就越概括。对于低层的报告来说，往往需要将金额和实物量单位、劳动量单位并行列示；最高层次则可能只关心总体目标的完成情况。因此，应根据各层次不同的需求做到重点突出。对于重大项目，则需重点揭示。

④ 责任报告应及时编制，通俗易懂。

2. 成本中心业绩考核

由于成本中心只对责任成本负责，因此对成本中心只考核责任成本的完成情况，即通过对各成本中心的实际责任成本与预算责任成本的比较，评价成本中心成本控制工作绩效。所采用的考核指标主要是责任成本降低额、责任成本降低率，其计算公式如下。

$$责任成本降低额 = 预算责任成本 - 实际责任成本$$

$$责任成本降低率 = \frac{责任成本降低额}{预算责任成本} \times 100\%$$

【例 8-1】 某生产车间为成本中心，生产甲产品，预算产量为 20 000 件，单位成本为 60 元；实际产量为 20 000 件，单位成本为 58.50 元。试计算该成本中心的责任成本降低额和责任成本降低率。

解 该成本中心的责任成本降低额和责任成本降低率计算如下。

$$责任成本降低额 = 20\,000 \times 60 - 20\,000 \times 58.5 = 30\,000（元）$$

$$责任成本降低率 = \frac{30\,000}{20\,000 \times 60} = 2.5\%$$

在对成本中心进行考核时，如果实际产量与预算产量不一致，应先按弹性预算法对预算指标进行调整，然后再按上述指标进行计算和考核。

3. 利润中心业绩考核

利润中心既对成本负责，又对收入及利润负责，在对其进行业绩考核时，应以销售收入、边际贡献与息税前利润为主要指标进行分析评价。

利润中心的考核指标为利润。企业通常将利润中心的实际利润与其责任利润进行对比，评价利润中心的业绩。由于利润中心采用的成本计算方法不同，各利润中心的利润指标的表现形式也不相同，考核指标也随之不同。

（1）人为利润中心的考核指标

人为利润中心通常是采用可控边际贡献总额对其进行考核，其计算公式如下。

可控边际贡献总额＝该利润中心销售收入－该利润中心可控成本

可控边际贡献增减额＝预算可控边际贡献－实际可控边际贡献

（2）自然利润中心的考核指标

自然利润中心通常既计算可控成本，又计算不可控成本。当采用变动成本法计算成本时，税前利润可在边际贡献的基础上分层剥离出来，其计算过程和具体公式如下。

利润中心边际贡献＝该利润中心销售收入－该利润中心变动成本

利润中心负责人可控利润＝该利润中心边际贡献－该负责人可控固定成本

利润中心可控利润＝该负责人可控利润－该负责人不可控固定成本

公司利润＝各利润中心可控利润－不可分摊的管理费用、财务费用、销售费用

上列公式中，"利润中心可控利润"指标主要用来考核利润中心负责人的经营业绩，具体方法是实际数与预算数进行对比。为此，应将各利润中心的固定成本进一步区分为可控成本和不可控成本。不可控成本主要是从公司分摊而来的，但利润中心负责人对其发生与否、数量多少却不能控制，所以不作为其考核内容。

【例8-2】假定某分公司为自然利润中心，有关数据为：利润中心销售收入为280万元，利润中心变动成本为100万元，利润中心负责人实际可控固定成本为20万元，利润中心分摊的不可控固定成本为8万元。试计算该利润中心的考核指标。

解 该利润中心的考核指标计算如下。

利润中心边际贡献＝280－100＝180（万元）

利润中心负责人可控利润＝180－20＝160（万元）

利润中心可控利润＝160－8＝152（万元）

4. 投资中心业绩考核

投资中心评价和考核的内容是利润及投资效果，反映投资效果的指标主要是投资报酬率和剩余收益。

（1）投资报酬率

投资报酬率是投资中心所获得的利润占投资额的比率，它可以反映投资中心的综合盈利能力。投资报酬率的计算公式如下。

$$投资报酬率 = \frac{利润}{投资额（或资产额）} \times 100\%$$

上式中，利润是指营业利润或税后净利润，投资额是指自有资本或资产原价（投资额

可以采用原始投资额,也可以采用平均投资额)。

由于利润和投资额各有其不同的选择口径,因此投资中心在使用投资报酬率指标时,应注意可比性。

投资报酬率是一个相对数正指标,数值越大越好。

【例 8-3】某投资中心的有关资料如下。

期初资产原价:100 000 元

期末资产原价:110 000 元

本期营业利润:20 000 元

试计算该投资中心的投资报酬率(假定本例采用平均投资额)。

解 该投资中心的投资报酬率计算如下。

$$平均投资额 = \frac{100\ 000 + 110\ 000}{2} = 105\ 000（元）$$

$$投资报酬率 = \frac{20\ 000}{105\ 000} = 19.05\%$$

目前,许多企业采用投资报酬率作为评价投资中心业绩的指标。投资报酬率能反映投资中心的综合盈利能力,且由于剔除了因投资额不同而导致的利润差异的不可比因素,因而具有横向可比性,有利于判断各投资中心经营业绩的优劣。此外,投资报酬率可以作为选择投资机会的依据,有利于优化资源配置。

该评价指标的不足之处是缺乏全局观念。当一个投资项目的投资报酬率低于某投资中心的投资报酬率而高于整个企业的投资报酬率时,虽然企业希望接受这个投资项目,但该投资中心可能拒绝它;当一个投资项目的投资报酬率高于该投资中心的投资报酬率而低于整个企业的投资报酬率时,该投资中心可能只考虑自己的利益而接受它,而不顾企业整体利益是否受到损害。

因此,为了使投资中心的局部目标与企业的总体目标保持一致,弥补投资报酬率这一指标的不足,还可以采用剩余收益来评价、考核投资中心的业绩。

(2)剩余收益

剩余收益是指投资中心获得的利润扣减其投资额按预期最低投资报酬率计算的投资报酬后的余额,其计算公式如下。

$$剩余收益 = 利润 - 投资额 \times 预期最低投资报酬率$$

剩余收益是一个绝对数正指标,这个指标越大,说明投资效果越好。

【例 8-4】某企业有若干个投资中心,报告期整个企业的投资报酬率为 14%,其中甲投资中心的投资报酬率为 18%。该中心的经营资产平均余额为 200 000 元,利润为 36 000 元。预算期甲投资中心有一个追加投资的机会,投资额为 100 000 元,预计利润为 16 000 元,投资报酬率为 16%,甲投资中心预期最低投资报酬率为 14%。

要求:(1)假定预算期甲投资中心接受了上述投资项目,分别用投资报酬率和剩余收益评价考核甲投资中心追加投资后的工作业绩。

(2)分别从整个企业和甲投资中心的角度,说明是否应当接受这一追加投资项目。

解 （1）甲投资中心接受投资后的评价指标计算如下。

$$投资报酬率 = \frac{36\,000 + 16\,000}{200\,000 + 100\,000} \times 100\% = 17.33\%$$

$$剩余收益 = 16\,000 - 100\,000 \times 14\% = 2\,000（元）$$

从投资报酬率指标看，甲投资中心接受投资后的投资报酬率为17.33%，低于该中心原有的投资报酬率18%，追加投资使甲投资中心的投资报酬率降低了。

从剩余收益看，甲投资中心接受投资后可增加剩余收益2 000元，大于零，表明追加投资使甲投资中心有利可图。

（2）如果从整个企业的角度看，该追加投资项目的投资报酬率为16%，高于企业的投资报酬率14%，剩余收益为2 000元，大于零。因此，无论从哪个指标看，企业都应当接受该追加投资项目。

如果从甲投资中心的角度看，该追加投资项目的投资报酬率为16%，低于该中心的投资报酬率为18%，若仅用这个指标考核投资中心的业绩，则甲投资中心不会接受这项追加投资（因为这将导致甲投资中心的投资报酬率指标由18%降低为17.33%）；但如果以剩余收益指标考核投资中心的业绩，则甲投资中心可能因为剩余收益增加了2 000元而愿意接受该项追加投资。

通过上例可以发现，利用剩余收益考核投资中心的工作业绩使企业整体利益和个别投资中心的局部利益达到一致，弥补了投资报酬率指标的不足。

需要注意的是，若以剩余收益作为评价指标，所采用的投资报酬率的高低对剩余收益的影响很大，通常应以整个企业的平均投资报酬率作为最低报酬率。

8.3　内部转移价格

企业内部责任中心之间相互提供产品或劳务时，需要制定一个内部转移价格。内部转移价格对于提供产品或劳务的部门来说表示收入，对于使用这些产品或劳务的部门来说则表示费用。因此，内部转移价格会影响这两个部门的获利水平。

8.3.1　内部转移价格的概念

内部转移价格是指企业内部各责任中心之间相互提供产品或劳务发生内部结算及进行责任转账所采用的计价标准。采用内部转移价格进行内部结算，是指企业各责任中心之间相互提供产品或劳务时，按内部转移价格清偿债权、债务。显然，这是对外部市场机制的一种模拟。在这种情况下，两个责任中心之间相互提供产品或劳务的关系，变成了一种"买卖"关系，提供方（卖方）必须不断改善经营管理，降低成本费用，以便以收抵支后取得更多的"利润"；接受方（买方）也必须在买价一定的情况下，努力降低成本费用，提高产品质量，争取更多的收入和"利润"。所不同的是，两者是按内部转移价格进行买卖。内部转移价格不同于外部市场价格。首先，它不完全取决于供求关系，即不完全由公平竞价形成；其次，内部转移价格的高低一般不影响企业利润总额，但关系到各责任中心之间的利益分配。

制定内部转移价格的目的有两个：一是防止成本转移带来的部门间责任转嫁，使每个利润中心都能作为单独的组织单位进行业绩评价；二是作为一种价格引导下级部门采取明智的决策，生产部门据此确定提供产品的数量，购买部门据此确定所需要的产品数量。

在实行内部责任核算的企业中，按内部转移价格所进行的内部结算和责任转嫁是经常发生的。审慎、合理地制定适合本企业特点的内部转移价格，有利于明确划分各责任中心的经营管理责任，充分调动各责任中心的生产经营积极性；有利于使业绩考评建立在客观、公正、可比的基础上；有利于为企业的财务调控和决策提供真实、有用的信息。

8.3.2 内部转移价格的制定原则

合理地制定内部转移价格，应遵循以下 4 个基本原则。

① 全局性原则。内部转移价格涉及各责任中心的切身利益，在制定时应予以充分考虑。但当利益彼此冲突时，应围绕企业总体目标进行协调，将企业全局利益放在首位。

② 公平性原则。制定内部转移价格应做到公平合理，应充分体现各责任中心的经营业绩，并使各责任中心得到的利益与其付出的努力相配比。

③ 自主性原则。在确保企业整体利益的前提下，给予责任中心一定的自主定价权或讨价权；同时，在条件成熟的情况下，赋予某些责任中心一定的对外销售权或采购权。

④ 重要性原则。对于原材料、半成品、产成品等重要的物资，应从细制定内部转移价格；而对于其他品种繁多、价格低廉、用量不大的次要物资的定价，则可从粗从略。

8.3.3 内部转移价格的类型

1. 以市场价格为基础的内部转移价格

如果中间产品存在外部竞争市场，可以将其市场价格减去对外销售费用作为内部转移价格。通常认为，运用以市场价格为基础的内部转移价格有助于企业做出正确的生产、采购决策。在采用内部转移价格的情况下，如果生产部门不能长期获利，企业应停止该产品的内部生产并选择外部采购；同样，如果购买部门以此价格进货而不能长期获利，则应停止购买并进一步加工该产品，且加工完毕应尽量向外部市场销售。

以市场价格为基础的转移定价方法可分为完全市场价格法和市场价格扣减法两种。前者所确定的价格和出售给公司外部的购买者所采用的市场价格一样，即完全的市场价格。市场价格扣减法则是在市价基础上扣减一定百分比数额的定价方法。扣减额是销售中间产品需追加的各种销售费用（如包装费、运杂费等）。以市场价格为基础的内部转移价格，通常会低于市场价格。如果不考虑其他更复杂的因素，购买部门应当选择从内部取得产品，而不是从外部采购。

以市场价格为基础的转移定价方法具有以下两个方面的优点。

① 有利于调动责任中心的积极性。该方法将责任中心看作独立经营的企业，能促使责任中心高效利用有限资源，降低责任成本，获得最大的收益；能正确评估责任中心的经营业绩。

② 较为客观。市场价格一般被认为是正常交易价格，即商品在相同或类似条件下应当支付给无关联关系的第三者的公允价格。国际转移定价中较多采用的就是这种方法。

以市场为基础的转移定价方法也存在以下两个方面的不足。

① 以市场价格为制定转移价格的唯一标准，会忽视收集重要的成本数据。

② 较难建立一个稳定的转移价格定价系统。有时根本不存在中间市场，缺乏可供制定转移价格依据的市场价格；即使存在，也很少有完全竞争的可比中间市场，而且同一种产品往往会同时出现多种市场价格。

2. 以成本为基础的内部转移价格

以成本为基础的转移定价方法，是以供应方企业的实际成本或标准成本为基础，通常是在这个成本的基础上加上一个固定百分比的毛利作为转移价格。具体包括以变动成本、完全成本和成本加成为基础的3种内部转移价格。

（1）以变动成本为基础的内部转移价格

假如某项中间产品并不具有外部市场，或是企业各经营部门之间存在强烈的相互协同关系使得市场价格不能准确地对机会成本进行衡量，则以市场价格为基础的内部转移价格就不再适合了，此时可以变动成本为基础制定内部转移价格。产品或服务的变动成本一般包括直接材料、直接人工和变动制造费用。

在运用以变动成本为基础的转移定价方法时，一般要做相应的调整。通常做法是：以变动成本对所有用于转移的产品进行计价，同时还要向分销部门收取一定金额的服务费用，用来弥补生产部门支出的固定成本。因为如果生产部门生产的所有产品都用于内部转移，变动成本当然低于总平均成本，此时生产部门固定成本尚未得到弥补，从而生产部门就表现为亏损。分销部门以变动成本为单价购入产品，并根据使企业价值最大化的准则确定购入的数量。与直接的变动成本定价不一样，这一调整使得生产部门不仅能够弥补其固定成本，还可能获得一定的利润。生产部门收取一定金额的服务费用代表着分销部门以变动成本购入产品的权力，这一金额是生产部门根据固定成本加上一定的收益后制定出来的。

以变动成本为基础的转移定价方法使得生产部门会有意地虚报变动成本金额，如将固定成本计入变动成本等。例如，电费有多少属于固定成本，有多少属于变动成本，在实践中是难以区分的。即成本按习性分类具有很大的主观性，因此生产部门的经理与分销部门的经理往往会对各种成本的属性及其划分产生争论。此时，企业的高层管理人员不得不花费时间来解决这一争端，从而导致有关额外成本的发生。例如，采用从外部高价采购的零配件，而不选用价格较低的企业内部生产的零配件。这样做可以降低生产部门发生的固定成本，但变动成本金额却大幅度上升，最终将损害企业的整体利益。对于生产部门来说，运用外购的零配件能使本部门不必承担任何固定成本，而分销部门及整个企业就必须承担由于这一决策而带来的额外成本。

（2）以完全成本为基础的内部转移价格

实践中最广泛使用的制定转移价格的方法是完全成本法，其最大优点是比较简单、实用。完全成本包括直接材料、直接人工和制造费用。

当会计人员使用传统的标准成本系统主观地分配与生产能力有关的成本时，比较普遍的方法是以生产能力成本除以产量，得出每单位产品生产能力成本，这个成本分配率被用来将生产能力成本分配到特定产品中。这种方法的缺点主要有以下3个。

① 造成转移价格不断变化。原因是随着实际产能的不断变化，单位成本也将发生变化。
② 混淆了短期成本和长期成本，决策制定者无法把握成本结构，难以有效地运用生产能力以节省成本。
③ 实际使用完全成本法时，往往是在变动成本基础上加上一个主观的加成以弥补生产能力成本和目标利润。严格地讲，完全成本法并不反映真实的成本性态，不是准确的成本计算系统，而是成本补偿系统。因此，当存在市场价格时不应使用以完全成本为基础的转移定价方法；当不存在市场价格时，如果成本计算方法较为合理，完全成本可以近似看作是生产该产品的长期边际成本。

（3）以成本加成为基础的内部转移价格

这种方法是在供应方产品或者服务成本基础上另加一定百分比的必要毛利确定内部转移价格的方法。这里的成本既可以是全部生产成本，也可以是变动生产成本。这种方法制定的内部转移价格近似于市场价格，而且在成本基础上加上一定的毛利，有利于业绩评价目标的实现。但成本加成法中的加成比例是人为规定的，难以保证符合客观的最优决策。

以成本为基础的转移定价方法的优点是使用简单，数据易取得，以现有成本资料为基础，能克服以市场价格为基础制定转移价格的各种限制，容易形成日常惯例，可以避免因定价的随意性而造成各部门之间的不融洽。

但是，以成本为基础的转移定价方法也存在以下缺陷。

首先，以成本为基础制定内部转移价格，可能会导致公司难以实现整体利益最大化的目标。该方法中的成本可以是实际成本也可以是标准成本。但是以实际成本为基础，会使供应方确信其全部生产成本或变动成本会通过内部转移价格转移到购买方，从而供应方就会失去改善经营管理、降低成本的动力。而且，当供应方提供产品的全部生产成本高于市场价格时，购买方就不愿意购买供应方的产品，转而购买外部市场产品，损害公司整体利益。因此，有些公司制定合理的标准成本，以标准成本为基础制定内部转移价格。

其次，成本界定并不统一，其分配方法多种多样。即使同样的产品，其成本也缺乏可比性。

3. 双重定价法

双重定价法是指对同一种中间产品或服务采用两种不同的计价方法，即对供应方采取以市场价格为基础的定价方法，而对购买方则采取以成本为基础的定价方法。

在成本基础定价法下，可能会使供应方不能通过内部交易获得利润甚至会导致数额为固定成本的亏损合同，从而影响到对供应方的业绩评价。而采用市场基础定价法，则存在购买方不愿意内部采购而转向外部市场购买的可能。双重定价法分别对供应方和购买方采用不同的定价方法，正好克服了以上两种方法的上述缺陷。

但是双重定价法也存在固有的内在缺陷，即利润的重复计算。在这种情况下，公司的整体利润小于各责任中心的利润之和，甚至当整个公司表现为亏损时，各责任中心却显示出盈利。由于这种利润的虚增，各个责任中心就不容易看清它们的经营与公司整体利益之间的真实联系，从而会放松成本管理，造成公司长远利益上的损失。正是由于这种缺点，此种方法在实务中很少得到应用。

【例 8-5】 某企业下设一个销售利润中心和一个购买利润中心。销售利润中心产品单位成本为 10 元,其间接费用为 800 万元,其 200 万件产量的一半用于外销,市价为 15 元,另一半则用于内销。购买利润中心对购买的 100 万件产品进行加工,追加成本为 20 元,其间接费用为 800 万元。购买利润中心加工后的产品售价为 40 元。试计算不同内部转移价格基础上的收益。

解 ① 如果以完全成本为基础制定内部转移价格,则销售利润中心、购买利润中心及企业的合并收益计算如表 8-1 所示。

表 8-1 以完全成本为基础制定内部转移价格的收益计算   单位:万元

	销售利润中心	购买利润中心	企业
销售收入	外销:15×100=1 500 内销:10×100=1 000	40×100=4 000	5 500
直接成本	10×200=2 000	内购:10×100=1 000 追加:20×100=2 000	4 000
间接费用	800	800	1 600
收益	-300	200	-100

由表 8-1 可见,以完全成本为基础制定内部转移价格,则交易后销售利润中心的最终收益表现为亏损 300 万元,购买利润中心却盈利 200 万元,合并收益为亏损 100 万元。

② 如果以市场价格为基础制定内部转移价格,则销售利润中心、购买利润中心及企业的合并收益计算如表 8-2 所示。

表 8-2 以市场价格为基础制定内部转移价格的收益计算   单位:万元

	销售利润中心	购买利润中心	企业
销售收入	外销:15×100=1 500 内销:15×100=1 500	40×100=4 000	5 500
直接成本	10×200=2 000	内购:15×100=1 500 追加:20×100=2 000	4 000
间接费用	800	800	1 600
收益	200	-300	-100

由表 8-2 可见,以市场价格为基础制定内部转移价格,则交易后销售利润中心的最终收益表现为盈利 200 万元,购买利润中心却亏损 300 万元,合并收益为亏损 100 万元。

③ 如果采用双重定价法制定内部转移价格,则销售利润中心、购买利润中心及企业的合并收益计算如表 8-3 所示。

表 8-3 以双重定价法为基础制定内部转移价格的收益计算   单位:万元

	销售利润中心	购买利润中心	企业
销售收入	外销:15×100=1 500 内销:15×100=1 500	40×100=4 000	5 500
直接成本	10×200=2 000	内购:10×100=1 000 追加:20×100=2 000	4 000
间接费用	800	800	1 600
收益	200	200	-100

由表 8-3 可见，按双重定价法为基础制定内部转移价格，则交易后销售利润中心的最终收益表现为盈利 200 万元，购买利润中心也表现为盈利 200 万元，而合并收益为亏损 100 万元。在这种定价方法下，企业收益小于各利润中心的收益之和，甚至当企业表现为亏损时，各利润中心却显示出盈利。

当企业有许多内部交易、中间产品成本与市价差异很大、购买中心的毛利率很低时，上述问题更为严重。不仅如此，它还会导致有关责任无人承担或责任不明。如在上述例题中，哪个利润中心应对企业整体蒙受 100 万元的亏损负责？如果按成本定价，则表明应由销售利润中心负责；如果按市场价格定价，则表明应由购买利润中心负责。可见，双重定价法不能对转移定价所产生的问题提供一种有效解决的方法，并且它只能在一段有限的时期内加以使用，在实务中运用很少。

4. 协调定价法

协调定价法是指由公司内部供应方和购买方进行相互协商，确定内部转移价格的方法。实践中经常作为协商基础的还是成本或市场价格。成功的协商转移定价应当具备下列 3 个条件。

① 存在一个某种形式的外部市场，两个部门经理有可能选择或是拒绝某一价格。如果根本没有可能从外部取得或销售中间产品，就会使一方或双方处于垄断状态，这样谈判的结果不是协商价格而是垄断价格。在垄断的情况下，最终价格的确定受谈判人员的实力和技巧影响。

② 谈判者之间共同分享所有的信息资源。这个条件能使协商价格接近一方的机会成本，如果双方都接近机会成本则更为理想。

③ 鉴于双方谈判可能导致非最优决策，最高管理层应当实施必要的调解或干预。

协商定价法可以保持各责任中心的独立性，使它们能做出正确的决策，因此这种方法能够激励各责任中心经营人员控制成本，提高经营业绩。但是，如果过分强调协商，则会造成各方只关注本公司利益而忽视公司整体利益。如果协商价格高于提供内部转移产品的机会成本，则会导致公司持有过多的产量。此外，两个责任中心可能联合起来，做出对它们两家有利但却损害公司整体利益的转移价格决策。

尽管有上述不足之处，协商转移价格仍被广泛采用，它的好处是有一定的弹性，可以照顾双方利益并得到双方认可。少量的外购或者外卖是有益的，它可以保证得到合理的外部价格信息，为协商双方提供一个可供参考的基准。

转移价格是企业用来协调组织单位活动的工具。使用转移价格的目的是使各部门为了自己的利益对局部信号（如自身的成本、价格、市场机会）做出反应，并做出最有利于企业的决策。然而，没有一个转移价格系统能在所有企业都适用。某一企业所选择的转移价格制定办法必须反映该企业的要求和特性，而且最终必须看它是否促进了决策的制定从而增加企业价值。企业多以某一种定价方法为主，并辅之以其他的定价方法；否则，很难满足企业日益复杂多样化的经营需要。

如果转移定价的过程产生负作用，其解决方法就是要对公司进行重组。比如，公司的最高管理层可以将存在较大数量的内部产品（服务）转移的两个部门合并为一个部门，或者可以将生产部门改组为一个成本中心而非一个利润中心，并根据其生产效率对其管理人员实施奖惩,甚至可以将这两个部门都改组为成本中心,而将制定有关价格和数量的决策权保留在企业的最高管理层。

复习思考题

1. 什么是财务控制?财务控制的原则有哪些?
2. 什么是责任中心?责任中心包括哪些基本形式?各责任中心的特征是什么?
3. 成本中心的评价考核标准有哪些?如何对成本中心的业绩进行考核?
4. 利润中心的评价考核标准有哪些?如何对利润中心的业绩进行考核?
5. 投资中心的评价考核标准有哪些?如何对投资中心的业绩进行考核?
6. 内部转移价格的类型及制定依据、使用范围和各自的优缺点是什么?

计算分析题

1. A、B、C、D 四家公司的有关资料如表 8-4 所示。

表 8-4　A、B、C、D 四家公司有关资料

项目	A 公司	B 公司	C 公司	D 公司
营业利润/元	6 200	4 500	3 000	6 000
投资额/元	30 000	70 000	25 000	40 000
最低报酬率	10%	8%	15%	12%

(1)计算各公司的剩余收益。

(2)现有一个最低报酬率为 10% 的投资机会,投资额为 10 000 元。如果 4 家公司都利用此投资机会,试计算剩余收益将变为多少?并分析哪些公司应该利用此次机会,哪些公司应该放弃此次机会。

2. 某企业下设一个销售利润中心和一个购买利润中心。销售利润中心的产品单位成本为 100 元/件,其间接费用为 8 000 万元;其 200 万件产量的一半用于外销,市价为 150 元/件,另一半则用于内销。购买利润中心对购进的 100 万件产品进行加工,追加成本为 200 元/件,其间接费用为 8 000 万元。购买利润中心加工后的产品售价为 400 元/件。

(1)如果以完全成本为基础制定内部转移价格,则销售利润中心、购买利润中心及企业合并收益分别是多少?

(2)如果以市场价格为基础制定内部转移价格,则销售利润中心、购买利润中心及企业合并收益分别是多少?

(3)如果采用双重定价法制定内部转移价格,则销售利润中心、购买利润中心及企业合并收益分别是多少?

第 9 章

财 务 分 析

本章内容提要
- 财务分析的概念、程序、步骤及方法；
- 偿债能力分析、营运能力分析、盈利能力分析的具体指标；
- 财务状况综合分析：财务比率综合评分法和杜邦分析法。

9.1 财务分析概述

9.1.1 财务分析的意义

1. 财务分析的概念

财务分析是根据企业财务报表等信息资料，采用专门方法，系统分析和评价企业财务状况、经营成果及未来发展趋势的过程。财务分析以企业财务报告及其他相关资料为主要依据，对企业的财务状况和经营成果进行评价和剖析，反映企业在运营过程中的利弊得失和发展趋势，从而为改进企业财务管理工作和优化经济决策提供重要财务信息。

财务分析的基础是财务报表，其随着会计的发展而发展。在会计经历了利用会计凭证记录交易、用分类账记录交易和编制会计报表三个阶段之后，由于报表信息具有集合性，对于报表解释的要求就应运而生，这应该就是财务分析与评价的最初形式。应该说，报表解释的最重要目的是提供信息，但其最重要的贡献在于为贷款人和投资者服务，为其提供报表所不能直接提供的信息。随着财务报告内容的广泛化，财务报表单一数据间的关系很多都需要解释，甚至报表的解释也要求比较，财务报表构成要素也需要检验，直接根据财务报表根本不能得出财务状况的结论。在这种情况下，计量各种要素之间的相关程度是必须的，财务分析就成为一种必然。

从财务分析的发展看，其应用领域的发展始于金融企业，之后在投资领域日趋盛行。目前，在资本市场、企业重组、绩效评价及企业评估等领域也有着广泛的运用。

从财务分析的技术发展看，最早的财务分析主要是比率分析。这种方法即使到目前也一直在显示它的魅力，但比率分析由于其固有的缺陷还需要其他技术补充。后来的趋势百分比、标准比率以及预测、实证、价值评估等技术的应用能够让人们更好地分析企业的财务状况。

从财务分析的形式看,一开始大家仅仅关注单一报表各项目之间的关系,即静态的分析,当人们认识到它的缺陷之后,开始计量不同时期连续报表中各项目之间的关系,以找出它们的内在联系,揭示它们的相互影响和作用,即动态分析。

2. 财务分析的意义

财务分析对不同的信息使用者具有不同的意义。具体来说,财务分析的意义主要体现在以下4个方面。

① 可以评价企业的财务实力。通过对资产负债表和利润表有关资料进行分析,计算相关指标,可以了解企业的资产结构和负债水平是否合理,从而判断企业的偿债能力、营运能力及盈利能力等,揭示企业在财务状况方面可能存在的问题。

② 可以评价和考核企业的经营业绩,揭示财务活动存在的问题。通过指标的计算、分析和比较,能够评价和考核企业的盈利能力和资产周转状况,揭示其经营管理的各个方面和各个环节问题,找出差距,得出分析结论。

③ 可以挖掘企业潜力,寻求提高企业经营管理水平和经济效益的途径。企业进行财务分析的目的不仅仅是发现问题,更重要的是分析问题和解决问题。通过财务分析,应保持和进一步发挥生产经营管理中成功的经验,对存在的问题应提出解决的策略和措施,以达到扬长避短、提高经营管理水平和经济效益的目的。

④ 可以评价企业的发展趋势。通过各种财务分析,可以判断企业的发展趋势,预测其生产经营的前景及偿债能力,从而为企业领导层进行生产经营决策、投资者进行投资决策和债权人进行信贷决策提供重要的依据。

9.1.2 财务分析的内容

财务分析信息的需求者主要包括企业所有者、债权人、经营决策者和政府等。不同主体出于不同的利益考虑,对财务分析信息有着各自不同的要求。

① 企业所有者作为投资人,关心其资本的增值和保值状况,因此比较重视企业盈利能力指标,主要进行盈利能力分析。

② 企业债权人因不能参与企业剩余收益分享,所以重点关注的是其投资的安全性,因此更重视企业偿债能力指标,主要进行偿债能力分析,同时也关注盈利能力分析。

③ 企业经营决策者必须对企业经营理财的各个方面,包括营运能力、偿债能力、盈利能力及发展能力的全部信息予以详尽的了解和掌握,进行各方面综合分析,并关注企业财务风险和经营风险。

④ 政府兼具多重身份,既是宏观经济管理者,又是国有企业的所有者和重要的市场参与者,因此政府对企业财务分析的关注点因所具身份不同而异。

为了满足不同需求者的需求,财务分析一般包括偿债能力分析、营运能力分析、盈利能力分析和综合分析。

9.1.3 财务分析的程序

财务分析是为了向利益相关者提供与其决策有关的信息。为了达到这一目的,首先要清楚为谁提供信息，然后为这种目的服务的信息包括哪些内容，以及怎样进行分析等。

（1）提出课题，明确要求

不同目的的财务信息使用者，所需要的财务信息不一样，财务分析的内容也不一样。因此，进行财务分析，要清楚为谁进行分析，分析什么，达到什么要求。比如投资者需要了解自己投资的收益情况、公司未来的发展、增长趋势，那么分析评价的重点就是企业的获利能力和增长趋势。债权人关注企业债务的偿还能力，其评价的重点就是企业的偿债能力；而对于经理来说，关注企业总体的财务状况是他的职责，所以综合财务分析是经理人内部评价的课题。

（2）收集整理相关资料

在选择了努力方向以后，需要搜集相关的资料。如果没有充分客观的资料，那么分析的结果是不可信的，甚至是误导的。财务分析的资料主要是财务报告，但也根据不同的分析要求有一定的不同。评价企业综合经营状况，企业内部的资料就显得非常重要。在这个过程中要注意不同的课题要求搜集的资料不同。例如对于盈利能力的分析，企业盈利方面的所有信息，包括历史的、现在的和未来预测的，甚至和盈利有关的资产、经营甚至人力资源状况、行业状况等都应该进行考虑。

（3）计算分析，做出评价

搜集的资料进行整理以后，运用财务分析专门的方法进行分析，就可以得出相应的结论。在信息加工过程中，要注意信息加工的形式、方法，它们都会影响分析结果的准确性。

9.1.4 财务分析方法

财务分析方法一般可分为定性分析方法和定量分析方法。定性分析方法主要是评价者根据所掌握的情况和资料，凭借其智慧和经验，对定量结果进行解析和评价；而定量分析方法是指评价时采用科学的方法，对所搜集的信息进行加工、计算等量化处理，从量上评价企业财务状况和经营成果。具体分析结论的得出都是定性分析和定量分析的结合。

定量分析方法大致可分为比较分析法、因素分析法和比率分析法。

1. 比较分析法

比较分析法是按照特定的指标将客观事物加以比较，从而认识事物的本质和规律并做出正确的评价。这种比较可以是不同时间指标的比较，也可以是不同空间指标的比较，比较的内容也可以千差万别。如将实际指标同计划（定额）指标进行比较，可以揭示实际与计划或定额之间的差异，了解该项指标的计划或定额的完成情况；如将本期指标同上期指标或历史最好水平比较，可以确定前后不同时期有关指标的变动情况，了解企业生产经营活动的发展趋势和管理工作的改进情况；如将本企业指标同国内外企业单位指标进行比较，可以找出与先进企业之间的差距，推动本企业改善经营管理，赶超先进水平。

财务分析的过程就是比较分析的过程，所以财务分析所使用的方法能够得出相关结论的都要用到比较分析法。表9-1是某企业简易资产负债表。

表 9-1　某企业简易资产负债表　　　　　　　　　　　　　　　　　单位：万元

资产	2×20年	2×21年	负债和所有者权益	2×20年	2×21年
流动资产	50	50	负债	50	70
非流动资产	50	70	所有者权益	50	50
资产合计	100	120	负债和所有者权益合计	100	120

（1）金额比较分析

金额比较分析如表 9-2 所示。

表 9-2　资产负债表比较分析　　　　　　　　　　　　　　　　　单位：万元

资产	2×20年	2×21年	变动额	负债和所有者权益	2×20年	2×21年	变动额
流动资产	50	50	0	负债	50	70	20
非流动资产	50	70	20	所有者权益	50	50	0
资产合计	100	120	20	负债和所有者权益合计	100	120	20

从表 9-2 中可以看出，资产总规模增加了 20 万元，这种增加的来源是企业负债的增加。

（2）结构比较分析

结构的计算是用各项目金额除以合计数，如流动资产占总资产的比重，就用流动资产金额除以资产总额；相应的负债比重就用负债金额除以负债和所有者权益合计。表 9-3 是资产负债表的结构比较分析。

表 9-3　资产负债表结构分析

资产	2×20年	2×21年	变动额	负债和所有者权益	2×20年	2×21年	变动额
流动资产	50%	41.67%	−8.33%	负债	50%	58.33%	8.33%
非流动资产	50%	58.33%	8.33%	所有者权益	50%	41.67%	−8.33%
资产合计	100%	100.00%	0.00%	负债和所有者权益合计	100%	100%	0.00%

从表 9-3 中可以看出，企业资产结构由原来的流动资产和非流动资产各占 50%，变为流动资产占总资产比重下降为 41.67%，下降了 8.33%，资产整体的流动性有所下降；资本结构则由原来的负债和所有者权益各占 50%，变为资产负债率上升了 8.33%，达到 58.33%，而资产权益率下降了 8.33%，降为 41.67%，如果原来的资本结构风险合适，则财务风险水平相对提高了。

（3）趋势比较分析

趋势比较分析实质上是比较分析的一种特殊形式，这种方法是将两期或连续若干期财务报告中的相同指标进行对比，确定其增减变动的方向、数额和幅度，以说明企业财务状况和经营成果变动趋势。采用这种方法，可以分析引起变动的主要原因、变动的性质，并预测企业未来的发展前景。表 9-4 和表 9-5 是趋势比较分析实例。

第9章 财务分析

表 9-4　资产负债表趋势比较分析资料　　　　　　　　　　　　　　　单位：千元

项　目	2×16 年	2×17 年	2×18 年	2×19 年	2×20 年	2×21 年
流动资产	59 618	117 113	467 565	632 708	664 557	568 864
长期股权投资			1 755	2 555	3 255	4 555
固定资产	129 277	457 397	2 248 709	2 099 917	1 978 439	1 901 087
无形资产	0	5 200	136 129	191 419	188 902	94 987
总资产	198 894	579 710	2 854 158	2 926 599	2 835 153	2 549 494
流动负债	91 175	94 701	778 723	582 967	721 065	568 864
长期负债			677 234	591 406	530 303	471 772
总负债	91 175	94 701	1 455 957	1 174 373	1 251 368	1 040 636
所有者权益	107 719	485 009	1 398 201	1 752 226	1 583 785	1 508 858
负债和所有者权益合计	198 894	579 710	2 854 158	2 926 599	2 835 153	2 549 494

表 9-5　资产负债表趋势比较分析表　　　　　　　　　　　　　　　单位：%

项　目	2×16 年	2×17 年	2×18 年	2×19 年	2×20 年	2×21 年
流动资产	100	196	784	1 061	1 115	954
长期股权投资	—	—	100	146	185	260
固定资产	100	354	1 739	1 624	1 530	1 471
无形资产	—	100	2 618	3 681	3 633	1 827
总资产	100	291	1 435	1 471	1 425	1 282
流动负债	100	104	854	639	791	624
长期负债	—	—	100	87	78	70
总负债	100	104	1 597	1 288	1 352	1 141
所有者权益	100	450	1 298	1 627	1 470	1 401
负债和所有者权益合计	100	291	1 435	1 471	1 425	1 282

通过趋势比较分析可以看出，企业各个项目与 2×16 年相比，都有不同程度的增加。以流动资产为例可以看出，2×17 年的流动负债规模是 2×16 年的将近 2 倍（1.96），2×16 年、2×19 年更是达到了 7.84 倍和 10.61 倍，2×19 年以后基本维持在 2×16 年 10 倍左右的水平上，2×21 年较 2×20 年有所下降。固定资产 2×17 年就达到 2×16 年的 3.54 倍，2×18 年更是达到了 17.39 倍，2×18 年以后基本维持在 2×16 年 15 倍的水平上，并有所下降。通过比较可以看出，企业固定资产的增长速度要快于流动资产的增长速度，一定程度上有利于企业未来盈利能力的提高。此外，还可以根据这种比较，对企业的其他情况进行分析。

（4）图形分析法

用图形把比较结果列示出来会有更直观的效果。图 9-1 是将上例中流动资产 6 年数据描绘柱状图；图 9-2 是将上例中流动资产 6 年数据描绘的点线图。对于表 9-4 和表 9-5 中的任何一项或几项数据都可以通过这种方式直观了解其趋势变动。

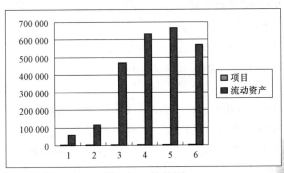

图 9-1　柱状图

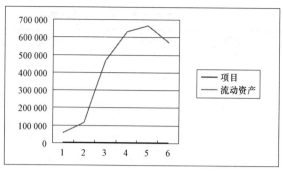

图 9-2 点线图

2. 因素分析法

因素分析法是依据分析指标与其影响因素的关系,从数量上确定各因素对分析指标影响方向和影响程度的一种方法。因素分析法具体包括连环替代法和差额分析法。

（1）连环替代法

连环替代法是将分析指标分解为各个可以计量的因素,并根据各个因素之间的依存关系,顺次用各因素的比较值（通常为实际值）替代基准值（通常为标准值或计划值）,据以测定各因素对分析指标的影响。

【例 9-1】某企业 2×21 年 10 月某种原材料费用的实际数是 4 620 元,而计划数是 4 000元,实际数比计划数增加 620 元。由于原材料费用是由产品产量、单位产品材料消耗量和材料单价三个因素的乘积组成,因此就可以把材料费用这一总指标分解为三个因素,然后逐个分析它们对材料费用总额的影响程度。现假设这三个因素的数值如表 9-6 所示。

表 9-6 某材料费用三个因素的数值

项 目	单位	计划数	实际数
产品产量	件	100	110
单位产品材料消耗量	kg	8	7
材料单价	元	5	6
材料费用总额	元	4 000	4 620

解 运用连环替代法,可以计算各因素变动对材料费用总额的影响。

计划指标：$100×8×5=4\,000$（元） ①
第一次替代：$110×8×5=4\,400$（元） ②
第二次替代：$110×7×5=3\,850$（元） ③
第三次替代：$110×7×6=4\,620$（元） ④
实际指标：
②-① =4 400—4 000=400（元） （产量增加的影响）
③-② =3 850—4 400=-550（元） （材料节约的影响）
④-③ =4 620—3 850=770（元） （价格提高的影响）
400-550+770=620（元） （全部因素的影响）

（2）差额分析法

差额分析法是连环替代法的一种简化形式，是利用各个因素的比较值与基准值之间的差额，计算各因素对分析指标的影响。

【例 9-2】 沿用表 9-6 中的资料，采用差额分析法计算确定各因素变动对材料费用的影响。

解 ① 由于产量增加对材料费用的影响：（110-100）×8×5=400（元）

② 由于材料消耗节约对材料费用的影响：（7-8）×110×5=-550（元）

③ 由于价格提高对材料费用的影响：（6-5）×110×7=770（元）

采用因素分析法时，需注意以下问题。

① 因素分解的关联性。构成经济指标的因素，必须客观上存在因果关系，并能够反映形成该项指标差异的内在构成原因，否则就失去了应用价值。

② 因素替代的顺序性。确定替代因素时，必须根据各因素的依存关系，遵循一定的顺序并依次替代，否则就会得出不同的计算结果。

③ 顺序替代的连环性。因素分析法在计算每个因素变动的影响时，都是在前一次计算的基础上进行的，并采用连环比较的方法确定因素变化的影响结果。

④ 计算结果的假定性。由于因素分析法计算的各因素变动的影响数会因替代顺序不同而有差别，因此计算结果不免带有假定性，即它不可能使每个因素计算的结果都达到绝对的准确。为此，分析时应力求使这种假定合乎逻辑，且具有实际经济意义，这样计算结果的假定性才不至于妨碍分析的有效性。

3. 比率分析法

比率分析法是通过计算各种比率指标来提供财务信息的方法。比率指标的类型主要有构成比率、效率比率和相关比率 3 类。

（1）构成比率

构成比率，又称结构比率，是某项财务指标的各组成部分数值占总体数值的百分比，反映部分与总体的关系，其计算公式如下。

$$构成比率 = \frac{某个组成部分数值}{总体数值} \times 100\%$$

例如，企业资产中流动资产、固定资产和无形资产占资产总额的百分比（资产构成比率），企业负债中流动负债和长期负债占负债总额的百分比（负债构成比率）等。利用构成比率，可以考察总体中某个部分的形成和安排是否合理，以便协调各项财务活动。

（2）效率比率

效率比率是某项财务活动中所费与所得的比率，反映投入与产出的关系。利用效率比率指标，可以进行得失比较，考察经营成果，评价经济效益。

例如，将利润项目与营业成本、营业收入、资本金等项目加以对比，可以计算出成本利润率、营业利润率和资本金利润率等指标，从不同角度分析企业的盈利能力及其增减变化情况。

（3）相关比率

相关比率是以某个项目和与其有关但又不同的项目加以对比所得的比率，反映有关经济活动的相互关系。利用相关比率指标,可以考察企业相互关联的业务安排是否合理,以保障经营活动顺畅进行。

例如,将流动资产与流动负债进行对比,计算出流动比率,可以判断企业的短期偿债能力;将负债总额与资产总额进行对比,计算出资产负债率,可以判断企业的长期偿债能力。

采用比率分析法时,应当注意对比项目的相关性、对比口径的一致性及衡量标准的科学性。

9.1.5 财务分析的局限性

财务分析对于了解企业的财务状况和经营成果,评价企业的偿债能力和营运能力,帮助制定经济决策,有着显著的作用。但由于种种因素的影响,财务分析也存在一定的局限性。

1. 资料来源的局限性

(1)报表数据的时效性问题

财务报表中的数据,均是企业过去经济活动的结果和总结,用它们来预测企业未来的发展趋势,只有参考价值,并非绝对合理。

(2)报表数据的真实性问题

在企业形成其财务报表之前,信息提供者往往对信息使用者所关注的财务状况及对信息的偏好进行仔细分析和研究,并尽力满足信息使用者对企业财务状况和经营成果信息的期望。其结果极有可能使信息使用者所看到的报表信息与企业实际状况相距甚远,从而误导信息使用者的决策。

(3)报表数据的可靠性问题

财务报表虽然是按照会计准则编制的,但不一定能准确反映企业的客观实际。例如,报表数据未按通货膨胀进行调整;某些资产以成本计价,并不代表其现在的真实价值;许多支出在记账时存在灵活性,既可以作为当期费用,也可以作为资本项目在以后年度摊销;很多资产以估计值入账,但未必客观;偶然事件可能歪曲本期的收益,不能反映盈利的真实水平。

(4)报表数据的可比性问题

根据会计准则的规定,不同的企业或同一个企业的不同时期都可以根据情况采用不同的会计政策和会计处理方法,从而使报表上的数据在企业不同时期和不同企业之间的对比在很多时候失去意义。

(5)报表数据的完整性问题

由于报表本身的原因,其提供的数据是有限的。对报表使用者来说,可能有不少需要的信息在报表或附注中根本找不到。

2. 财务分析方法的局限性

对于比较分析法来说,在实际操作时,比较的双方必须具备可比性才有意义。对于比率分析法来说,比率分析是针对单个指标进行分析的,综合程度较低,在某些情况下无法得出令人满意的结论;比率指标的计算一般都是建立在以历史数据为基础的财务报表之上的,这使比率指标提供的信息与决策之间的相关性大打折扣。对于因素分析法来说,在计算各因素对综合经济指标的影响时,主观假定各因素的变化顺序而且规定每次只有一个因素发生变化,这些假定往往与事实不符。无论何种分析法都是对过去经济事项的反映,随着环境的变化,这些比较标准也会发生变化。而在分析时,分析者往往只注重数据的比较,而忽略经营环境的变化,这样得出的分析结论也是不全面的。

3. 财务分析指标的局限性

(1) 财务指标体系不严密

每一个财务指标只能反映企业的财务状况或经营成果的某一方面,每一类指标都过分强调本身所反映的方面,导致整个指标体系不严密。

(2) 财务指标所反映的情况具有相对性

在判断某个具体财务指标是好还是坏或根据一系列指标形成对企业的综合判断时,必须注意财务指标本身所反映情况的相对性。因此,在利用财务指标进行分析时,必须掌握好对财务指标的"信任度"。

(3) 财务指标的评价标准不统一

例如,对流动比率,一般认为指标值为2比较合理,速动比率则认为1比较合适,但许多成功企业的流动比率都低于2,不同行业的速动比率也有很大差别,如采用大量现金销售的企业,几乎没有应收账款,速动比率大大低于1是很正常的。相反,一些应收账款较多的企业,速动比率可能要大于1。因此,在不同企业之间用财务指标进行评价时没有一个统一标准,不便于不同行业间的对比。

(4) 财务指标的比较基础不统一

在对财务指标进行比较分析时,需要选择比较的参照标准,包括同业数据、本企业历史数据和计划预算数据。横向比较时需要使用同业标准。同业平均数只有一般性的指导作用,不一定有代表性,也不一定是合理性的标志。选择同行业一组有代表性的企业计算平均数作为同业标准,可能比整个行业的平均数更有意义。近年来,分析人员更重视以竞争对手的数据作为分析基础。不少企业实行多种经营,没有明确的行业归属,对此类企业进行同业比较更加困难。

趋势分析应以本企业历史数据作为比较基础,而历史数据代表过去,并不代表合理性。经营环境变化后,今年比上年利润提高了,并不一定说明已经达到了应该达到的水平,甚至不一定说明管理有了改进。会计标准、会计规范的改变会使财务数据失去直接可比性,而要恢复可比性成本很大,甚至缺乏必要的信息。

实际与计划的差异分析应以预算为比较基础。实际与预算出现差异,可能是执行中有问题,也可能是预算不合理,两者的区分并非易事。

总之,对比较基础本身要准确理解,并且要在限定意义上使用分析结论,避免简单化和绝对化。

9.2 偿债能力分析

9.2.1 偿债能力分析的意义

偿债能力是指企业偿还到期债务的能力。企业偿还债务能力的强弱,是判断企业财务状况好坏的主要标准之一。

债务是企业在未来要偿还的以前的经济业务所承担的经济责任,这种经济责任的履行会导致企业经济资源的减少。如果不能按期足额偿付债务,企业会面临一系列的损失,即所谓的财务风险,经营者会特别关注企业的偿债能力。对于债权人来说,如果债务人不能按期足额偿还债务,也会给债权人带来损失。因此,偿债能力分析,不管是对管理者,还是对债权人都很重要。但是对于近期需要偿还的债务和远期才需要偿还的债务,主要资金来源是不同的。在进行偿债能力分析时,可以分长期偿债能力和短期偿债能力分别进行。

9.2.2 短期偿债能力分析

短期偿债能力是指企业流动资产对流动负债及时足额偿还的保证程度,是衡量企业当前财务能力,特别是流动资产变现能力的重要标志。企业短期偿债能力的衡量指标主要有流动比率、速动比率和现金比率等。

1. 流动比率

流动比率是流动资产与流动负债的比率,它表明企业单位流动负债有多少流动资产作为偿还的保证,反映企业使用短期内变现的流动资产偿还到期流动负债的能力。流动比率的计算公式如下。

$$流动比率 = \frac{流动资产}{流动负债}$$

【例9-3】某公司2×21年年底的流动资产总额为900万元,流动负债总额为380万元。试计算该企业2×21年的流动比率。

解 该企业2×21年的流动比率计算如下。

$$流动比率 = \frac{900}{380} = 2.10$$

流动比率是衡量企业偿债能力的重要指标。对于债权人而言,流动比率越高,其对于短期债务的偿还越有保障,对其越有利;但对于企业而言,流动资产太多,会造成资产的盈利能力下降,也有可能是企业资产流动不畅的表现。一般而言,流动比率为2是比较适宜的。在以流动比率作为分析短期偿债能力的指标时,要注意以下问题。

(1) 结合所在行业评价企业偿债能力

虽说流动比率的经验数据是2,但不同的行业其标准值会有所不同,根据流动比率判断企业偿债能力要结合行业特征来进行。属于不同行业的企业,虽然其流动比率相同,但其偿债能力可能迥然不同,如钢铁行业的流动比率的经验数据大概是2,而商业企业的流动比率的经验数据却只有1.2左右。所以,根据流动比率判断企业偿债能力,要结合行业标准来分析。

(2) 人为因素的影响

流动比率是流动资产除以流动负债的比值,正常情况下应该大于1,在2附近。如果某一经济业务导致流动资产或流动负债变动或者两者同时变动,都会在一定程度上使流动比率的数值发生变动。例如，企业在期末借款、下期还款的方式就可以人为地提高流动比率。

（3）流动资产质量

事实上，即使企业的流动比率较高，如果流动资产的质量很差，不能变现，则仍然不能保证流动负债的到期偿还。另外，企业的经营性质及资产的结构状况也会影响资产的流动性。

2. 速动比率

流动比率虽然能在一定程度上表明流动资产对流动负债偿还的保障程度，但由于流动资产包含的范围很广，特别是包括不能变现或变现能力差别很大的项目，这就造成了不同企业其流动比率可能不具有可比性。将流动资产变现能力差或者没有变现能力的资产剔除，即用速动资产除以流动负债来衡量速动资产对于流动负债的保障程度，这样的指标称为速动比率。速动比率是指企业速动资产与流动负债之间的比率，其计算公式如下。

$$速动比率 = \frac{速动资产}{流动负债}$$

$$速动资产 = 流动资产 - 存货$$

【例9-4】某公司 2×21 年年末流动资产总额为 900 万元，其中存货为 400 万元；流动负债总额为 380 万元。试计算该公司的速动比率。

解 2×21 年该公司速动比率计算如下。

$$速动比率 = \frac{900 - 400}{380} = 1.05$$

一般认为，速动比率为 1 比较合适。如果大于 1，说明企业有足够的偿还短期债务的能力，同时也说明企业拥有较多的不能盈利的资产；如果小于 1，则企业将依赖出售存货或举借新债来偿还到期债务，就有可能造成急需出售存货而带来削价损失或举借新债形成利息负担，也有可能举借不到新债而使企业陷入财务困境。

3. 现金比率

在企业已将应收账款和存货作为抵押品的情况下，或者信息使用者怀疑企业存货和应收账款存在流动性问题时，评价短期偿债能力的最好指标就是现金比率。

现金比率是企业现金资产与流动负债的比率。现金资产包括货币资金和交易性金融资产等，它们或可随时提现，或可随时转让变现。现金比率的计算公式如下。

$$现金比率 = \frac{货币资金 + 交易性金融资产}{流动负债}$$

现金比率剔除了应收账款对偿债能力的影响，最能反映企业直接偿付流动负债的能力，表明每 1 元流动负债有多少现金资产作为偿债保障。由于流动负债是在一年内（或超过一年的一个营业周期内）陆续到期清偿，所以并不需要企业始终保留相当于流动负债金额的现金资产。经验表明，0.2 的现金比率是可以接受的。如果这一比率过高，就意味着企业过多资源占用在盈利能力较低的现金资产上从而影响了企业的盈利能力。

4. 到期债务本息偿付比率

到期债务本息偿付比率是企业一定时期经营活动净现金流量与债务本金利息支出之和的比率，其计算公式为

$$到期债务本息偿付比率 = \frac{经营活动净现金流量}{本期到期债务本金 + 现金利息支出} \times 100\%$$

式中数据均取自现金流量表。该指标专门用于评价企业通过经营活动创造现金独立偿还债务的能力，可以反映企业持续经营再举债的能力。该比率越高，说明企业短期偿债能力越强。如果这一比率小于1，表明企业经营活动产生的现金不足以偿还到期债务及利息支出，企业必须通过其他途径筹资才能偿还到期债务本息。

5. 现金流量比率

现金流量比率包括短期债务现金流量比率和长期债务现金流量比率。

短期债务现金流量比率的计算公式如下。

$$短期债务现金流量比率 = \frac{经营活动净现金流量}{流动负债} \times 100\%$$

该指标可以反映企业在经营活动中获得现金流量偿还短期债务的能力。只有这一比率大于或等于1时，债权人的全部流动负债才有现实保障。但有些季节性销售的企业有时会出现小于1的情况。使用该指标时，要结合企业各方面的具体情况进行分析。

长期债务现金流量比率是指企业一定时期经营活动净现金流量与全部债务的比率，其计算公式如下。

$$长期债务现金流量比率 = \frac{经营活动净现金流量}{全部负债} \times 100\%$$

该指标反映企业运用年度经营活动净现金流量偿付全部债务的能力。该比率越高，说明企业承担债务的能力越强。

6. 现金利息保障倍数

现金利息保障倍数是指企业一定时期经营活动中产生的现金流入量与应支付利息所引起的现金流出量之间的倍数关系。现金利息保障倍数的计算公式如下。

$$现金利息保障倍数 = \frac{经营活动净现金流量 + 现金利息支出 + 所得税支出}{现金利息支出}$$

式中数据均来自现金流量表。该比率原则上应大于1，如果该比率小于1，则表示筹资活动的现金流出不但耗尽了同期经营活动产生的现金流量，还动用了前期的现金及现金等价物，企业资产的流动性将受到影响。

9.2.3 长期偿债能力分析

长期偿债能力是指企业偿还长期负债的能力，它表明企业对债务负担的承受能力和偿

还债务的保障能力。长期偿债能力是反映企业财务状况稳定与安全程度的重要标志。

根据实际经验，人们对短期偿债能力的评价和对长期偿债能力的评价其重点并不相同。短期偿债能力着重考虑短期内变现资产对于即时债务的保障程度，而长期负债因为时间较长，所以要考虑以下两个方面的问题。

第一，企业未来的盈利能力。如果企业未来的盈利能力强，即使自有资金不多，也不会对到期债务的偿还带来问题；对于债权人而言，只要企业每期的可以用于偿付利息的收益能够偿付利息，以后的长期债务的偿付就没有问题。

第二，考虑企业经营风险。如果企业盈利不足以偿付每期的利息，就会出现损害债权人的情况，但是否真正损害到债权人的利益，与股东资本对债务的保证程度有关。因为如果亏损，首先损失的是股东的利益。如果股东的资本相对于债务较多，则债权人利益损害的可能性就小。

因此，衡量长期偿债能力的指标有两类：盈利性指标和资本结构指标。盈利性指标主要是利息保障倍数，而反映企业资本结构的指标包括资产负债率、产权比率、权益乘数等。

1. 利息保障倍数

利息保障倍数，又称已获利息倍数，是企业息税前利润与负债利息之比，用以衡量偿付借款利息的能力。利息保障倍数的计算公式如下。

$$利息保障倍数 = \frac{息税前利润}{应付利息}$$

$$利息保障倍数 = \frac{利润总额 + 利息费用}{应付利息}$$

其中，"息税前利润"是指利润表中扣除利息费用和企业所得税前的利润；"应付利息"是指本期发生的全部应付利息，不仅包括财务费用中的利息费用，还应包括计入固定资产成本的资本化利息。资本化利息虽然不在利润表中扣除，但仍然是要偿还的。利息保障倍数主要是衡量企业支付利息的能力，没有足够多的息税前利润，利息的支付就会发生困难。

利息保障倍数反映支付利息的利润来源（息税前利润）与利息支出之间的关系，该比率越高，长期偿债能力越强。从长期看，利息保障倍数至少要大于1（国际公认标准为3），也就是说，息税前利润至少要大于应付利息，企业才具有偿还债务利息的可能性。如果利息保障倍数过低，企业将面临亏损、偿债的安全性与稳定性下降的风险。在短期内，利息保障倍数小于1也仍然具有利息支付能力，因为计算息税前利润时减去的一些折旧和摊销费用并不需要支付现金。但这种支付能力是暂时的，当企业需要重置资产时，势必发生支付困难。因此，在分析时需要比较企业连续多个会计年度（如5年）的利息保障倍数，以说明企业付息能力的稳定性。

2. 资本结构指标

（1）资产负债率

资产负债率是负债总额与资产总额之间的比率。其计算公式如下。

$$资产负债率 = \frac{负债总额}{资产总额} \times 100\%$$

资产负债率反映总资产中有多大比例是通过负债取得的,是衡量企业总资产中所有者和债权人所投资金比例是否合理的重要财务指标。该指标一方面反映了长期债权人依赖企业资产提供的物资安全边际;另一方面,也在一定程度上反映了企业经营者经营的财务风险。

【例 9-5】某企业资产总额为 500 万元,负债总额为 300 万元,所有者权益为 200 万元。其中,流动资产为 150 万元,无形资产为 50 万元。试计算该企业的资产负债率。

解 该企业资产负债率的计算如下。

$$资产负债率 = \frac{300}{500} \times 100\% = 60\%$$

在应用资产负债率时需要注意以下两个方面的问题。

① 不同的主体对该指标的反映不同。对债权人而言,该指标越低越好。对于经营者而言,该指标太低,所起到的财务杠杆作用不明显,企业发展太缓慢甚至可能丧失一定的市场机会;该指标太高,又可能使企业面临太大的财务风险。

② 不同行业的资产负债率会有所不同,企业应当根据行业特征和市场状况对偿债能力做出评价。

(2) 产权比率

产权比率,又称资本负债率,是企业负债总额与所有者权益总额之间的比率,其计算公式如下。

$$产权比率 = \frac{负债总额}{所有者权益总额} \times 100\%$$

【例 9-6】某企业资产总额为 500 万元,负债总额为 300 万元,所有者权益为 200 万元。资产中流动资产为 150 万元,长期资产中无形资产有 50 万元。试计算该企业的产权比率。

解 该企业产权比率的计算如下。

$$产权比率 = \frac{300}{200} \times 100\% = 150\%$$

产权比率不仅反映了由债权人提供的资本与所有者提供的资本的相对关系,即企业财务结构是否稳定;而且反映了债权人资本受股东权益保障的程度,或者是企业清算时对债权人利益的保障程度。一般来说,这一比率越低,表明企业长期偿债能力越强,债权人权益保障程度越高。在分析时同样需要结合企业的具体情况加以分析,当企业的资产收益率大于负债利息率时,负债经营有利于提高资金收益率,获得额外的利润,这时的产权比率可适当高些。产权比率高,是高风险、高报酬的财务结构;产权比率低,是低风险、低报酬的财务结构。

产权比率与资产负债率对评价偿债能力的作用基本一致,只是资产负债率侧重于分析债务偿付安全性的物质保障程度,产权比率则侧重于揭示财务结构的稳健程度及自有资金对偿债风险的承受能力。

（3）其他财务指标

其他反映企业资本结构的财务指标也很多，如权益比率、权益乘数、债务与有形净值比率等。这些财务指标的计算公式如下。

$$权益比率 = \frac{所有者权益总额}{资产总额} \times 100\%$$

$$权益乘数 = \frac{资产总额}{所有者权益总额}$$

$$债务与有形净值比率 = \frac{负债总额}{股东权益 - 无形资产}$$

【例9-7】某企业资产总额为500万元，负债总额为300万元，所有者权益总额为200万元。资产中流动资产为150万元，长期资产中无形资产有50万元。试计算权益比率、权益乘数和债务与有形净值比率，同时分析这些财务指标与资产负债率、产权比率之间的相互关系。

解 这些财务指标计算如下。

$$权益比率 = \frac{200}{500} \times 100\% = 40\%$$

$$权益乘数 = \frac{500}{200} = 2.5$$

$$债务与有形净值比率 = \frac{300}{200 - 50} = 2$$

根据前面的计算有资产负债率=60%，产权比率=1.5（150%），其中有如下关系。

$$权益比率 + 资产负债率 = 1$$

$$权益乘数 = 1 + 产权比率$$

$$权益乘数 = \frac{1}{权益比率}$$

一般而言，只要企业有无形资产，产权比率就小于债务与有形净值比率。

9.3 营运能力分析

营运能力是企业对其有限资源的配置和利用能力，一般可以通过营运资产的效率和效益加以体现。一般而言，资金周转速度越快，说明企业的资金管理水平越高，资金利用效果越好，企业可以以较少的投入获得较多的收益。因此，营运能力指标是通过投入与产出之间的关系反映的。企业营运能力分析主要包括流动资产营运能力分析、固定资产营运能力分析和资产营运能力分析3个方面。

9.3.1 流动资产营运能力分析

1. 流动资产周转率分析

流动资产周转率既是反映流动资产周转速度的指标,也是综合反映流动资产利用效果的基本指标,它是一定时期流动资产周转额和流动资产平均占用额的比率,反映流动资产在一定时间内的周转速度,一般可用流动资产周转率(周转次数)或周转天数表示。在其他条件不变的情况下,流动资产周转越快说明企业经营管理水平越高,资源利用效率越高。

$$流动资产周转率(次数)=\frac{流动资产周转额}{流动资产平均余额}=\frac{营业收入}{流动资产平均余额}$$

$$流动资产周转天数=流动资产平均余额\times\frac{计算期天数}{流动资产周转额}$$

$$=流动资产平均余额\times\frac{计算期天数}{营业收入}$$

可以通过对流动资产周转率的进一步分析来了解流动资产的节约与浪费情况。

$$流动资产节约或浪费额=本期流动资产实际周转额\times(本期流动资产实际占用率-上期流动资产实际占用率)$$

$$流动资产占用率=1/流动资产周转率(次数)$$

即每一元流动资金周转额所占用的流动资金。

从上式可以看出,在营业收入既定的条件下,流动资产周转速度越快,投资于流动资产的资金就越少;反之,则越多。

2. 存货周转率分析

存货周转率是企业一定时期内的营业成本与存货平均余额之间的比率,其计算公式为

$$存货周转率(次数)=\frac{营业成本}{存货平均余额}$$

$$存货周转天数=\frac{计算期天数}{存货周转次数}$$

式中

$$存货平均余额=\frac{期初存货+期末存货}{2}$$

存货周转率是从存货变现速度的角度评价企业的销售能力及存货适量程度的财务指标。存货周转次数越多,存货的变现速度越快,说明企业销售能力越强,营运资金积压在存货上的量越少;反之,存活周转次数越少,存货的变现速度越慢,说明企业销售能力越弱,存货积压,营运资金沉淀于存货的量越多。需要注意的是,衡量和评价存货周转率没有一个绝对的标准,因行业而异。

【例9-8】某企业年末流动负债为60万元,速动比率为1.5,流动比率为2.0,营业成

本为 81 万元，已知期初和期末的存货相同。试计算该企业的存货周转率。

解 该企业存货周转率的计算如下。

$$流动比率 = \frac{流动资产}{60} = 2.0$$

$$流动资产 = 2.0 \times 60 = 120（万元）$$

$$速动比率 = \frac{速动资产}{60} = 1.5$$

$$速动资产 = 1.5 \times 60 = 90（万元）$$

$$存货期末余额 = 120 - 90 = 30（万元）$$

$$存货期初余额 = 存货期末余额 = 存货平均余额 = 30（万元）$$

$$存货周转率 = \frac{81}{30} = 2.7（次）$$

3. 应收账款周转率分析

应收账款周转率是指企业在一定时期内的赊销收入净额与应收账款平均余额之间的比率，其计算公式如下。

$$应收账款周转率（次数）= \frac{赊销收入净额}{应收账款平均余额}$$

$$应收账款周转期（天数）= \frac{计算期天数}{应收账款周转率}$$

其中，赊销收入净额是指与赊销商品对应的净额，其计算公式如下。

$$赊销收入净额 = 赊销收入总额 - 销售折扣与折让$$

$$应收账款平均余额 = \frac{期初应收账款 + 期末应收账款}{2}$$

应收账款周转率是评价企业应收账款变现能力和管理效率的财务指标。应收账款周转次数越多，说明企业组织收回应收账款的速度越快，造成坏账损失的风险越小，流动资产流动性越好，短期偿债能力越强。

9.3.2 固定资产营运能力分析

固定资产周转率是指企业营业收入与固定资产平均净值的比率，其计算公式如下。

$$固定资产周转率 = \frac{营业收入}{固定资产平均净值}$$

$$固定资产平均净值 = \frac{期初固定资产净值 + 期末固定资产净值}{2}$$

这项财务指标主要用于分析厂房、设备等固定资产的利用效率，该比率越高，说明固定资产的利用率越高，管理水平越好。如果固定资产周转率与同行业平均水平相比偏低，说明企业的生产效率较低，可能会影响企业的获利能力。

9.3.3 资产营运能力分析

一般通过资产周转率来评价总资产的营运水平。资产周转率，也称资产利用率，是企业营业收入与资产平均总额的比率，其计算公式如下。

$$资产周转率 = \frac{营业收入}{资产平均总额}$$

$$资产平均总额 = \frac{期初资产总额 + 期末资产总额}{2}$$

公式中营业收入一般可用营业收入净额，即扣除销售退回、折扣和折让后的收入净额。资产周转率可以用来分析企业全部资产的使用效率。如果这个比率较低，说明企业利用其资产进行经营的效率较差，会影响其获利能力，企业应采取措施提高营业收入或处置资产，以提高资产利用率。

9.4 盈利能力分析

9.4.1 盈利能力分析的含义

盈利能力通常是指企业获取利润、实现资金增值的能力。盈利能力的大小是一个相对的概念，即利润是相对于一定的资源投入、一定的收入而言的。投资利润率越高，盈利能力越强；投资利润率越低，盈利能力越低。通过对盈利能力的分析，可以反映和衡量企业的经营业绩，并发现经营管理中的问题；对于债权人而言，利润是企业偿债能力的重要来源，特别是对长期债务而言，所以债权人会特别关注盈利能力分析。对股东（投资人）而言，盈利能力的分析也是至关重要的。他们的股息和企业的盈利能力有关，并且他们也可以因为盈利能力好而使股价上涨从而获得资本利得收益。投资利润率指标根据不同的角度、不同的分析目的可以有不同的形式，如资本经营盈利能力、资产经营盈利能力、商品经营盈利能力和上市公司盈利能力等。

9.4.2 资本经营盈利能力分析

资本经营盈利能力是指企业所有者的投入资本经营所取得利润的能力。反映资本经营盈利能力的基本指标是净资产收益率。净资产收益率，又称权益净利率或权益报酬率，是净利润与平均所有者权益的比值，表示每一元权益资本赚取的净利润，反映权益资本经营的盈利能力。其计算公式如下

$$净资产收益率 = \frac{净利润}{平均所有者权益} \times 100\%$$

该指标是企业盈利能力指标的核心，也是杜邦财务指标体系的核心，更是投资者关注

的重点。一般来说，净资产收益率越高，所有者和债权人的利益保障程度越高。如果企业的净资产收益率在一段时期内持续增长，说明权益资本盈利能力稳定上升。但净资产收益率并不是一个越高越好，分析时要注意企业的财务风险。

9.4.3 资产经营盈利能力分析

1. 资产报酬率

资产经营盈利能力是指企业营运资产产生利润的能力。反映资产经营盈利能力的指标是资产报酬率，即息税前利润与平均总资产之间的比率，其计算公式如下。

$$资产报酬率 = \frac{息税前利润}{平均总资产} \times 100\%$$

$$平均总资产 = \frac{期初资产总额 + 期末资产总额}{2}$$

因为利润中没有扣除自有资本（所有者权益）的等价报酬（红利），为了一致也不应扣除债务的等价报酬（利息），从企业对社会的贡献来看，利息与利润具有同等重要的意义。还有一种表述是两者都扣除，即

$$资产净利率 = \frac{净利润}{平均总资产} \times 100\%$$

目前衡量资产经营盈利能力的财务指标通常是后者，即利息和税收都扣除后的净利润。资产报酬率越高，说明企业资产的运用效率越好，也意味着企业资产盈利能力越强，所以这个比率越高越好。

2. 资产现金报酬率

资产现金报酬率是指企业一定时期经营活动净现金流量与资产平均余额的比率，其计算公式如下。

$$资产现金报酬率 = \frac{经营活动净现金流量}{资产平均余额} \times 100\%$$

式中

$$资产平均余额 = \frac{期初资产总额 + 期末资产总额}{2}$$

这一指标旨在衡量企业运用全部经济资源进行经营、创造现金的能力。它是一个综合指标，反映企业资产利用的综合效果。这一比率越高，表明企业资产的综合利用效率越高。

9.4.4 商品经营盈利能力分析

商品经营盈利能力是相对资产经营盈利能力和资本经营盈利能力而言的，它不考虑企业资金来源问题，只研究利润和收入或成本之间的比率关系。因此，反映商品经营盈利能

力的指标包括反映利润与收入之间的比率和利润与成本之间的比率。

1. 营业净利率

营业净利率反映净利润与营业收入之间的比率，其计算公式如下。

$$营业净利率 = \frac{净利润}{营业收入} \times 100\%$$

营业净利率反映每一元营业收入最终赚取了多少利润，用于反映产品最终的盈利能力。营业净利率是正指标，指标值越大越好。分析时可以根据分析目的与要求，确定适当的标准值，如行业平均值、全国平均值或企业目标值等。

2. 营业毛利率

营业毛利率是营业毛利与营业收入之间的比率，其计算公式如下。

$$营业毛利率 = \frac{营业毛利}{营业收入} \times 100\% = \frac{营业收入 - 营业成本}{营业收入} \times 100\%$$

营业毛利率反映企业营业成本与营业收入之间的比例关系。营业毛利率越大，说明在营业收入中营业成本所占的比重越小，企业通过销售获取利润的能力越强。将营业毛利率与行业水平进行比较，可以反映企业产品的市场竞争地位。那些营业毛利率高于行业水平的企业意味着实现一定的收入占用了更少的成本，表明它们在资源、技术或劳动生产率方面具有竞争优势。而那些营业毛利率低于行业水平的企业则意味着在行业中处于竞争劣势。此外，将不同行业的营业毛利率进行横向比较，也可以说明行业间盈利能力的差异。

3. 成本费用净利率

成本费用净利率是净利润与成本费用总额的比率，其计算公式如下。

$$成本费用净利率 = \frac{净利润}{成本费用总额} \times 100\%$$

式中，成本费用是企业为了取得利润而付出的代价，主要包括营业成本、销售费用、营业税金、管理费用、财务费用和所得税等。这一比率越高，说明企业为获得收益而付出的代价越小，企业盈利能力越强。因此，通过这个比率不仅可以评价企业盈利能力的高低，也可以评价企业对成本费用的控制能力和经营管理水平。

9.4.5 上市公司盈利能力分析

由于上市公司的自身特点，其盈利能力除了可以通过一般企业盈利能力指标分析外，还应进行一些特殊指标的分析，特别是一些与企业股票价格或市场价值相关的指标分析，如每股收益、每股股利、股利支付率、市盈率等。

1. 每股收益

每股收益，也称每股利润或每股盈余，是指净利润扣除优先股股利后的余额与发行在外普通股平均股数的比例。它反映每股发行在外的普通股所能分摊到的净收益。这个指标对于股东的利益关系极大，他们往往根据该指标进行投资决策。其计算公式如下。

$$每股收益 = \frac{净利润 - 优先股股利}{发行在外普通股平均股数}$$

2. 每股股利

每股股利是普通股分配的现金股利总额除以发行在外的普通股股数,它反映了普通股获得现金股利的多少。其计算公式如下。

$$每股股利 = \frac{现金股利总额 - 优先股股利}{期末发行在外普通股股数}$$

每股股利的高低,不仅取决于公司盈利能力的强弱,还取决于公司的股利政策和现金是否宽裕。

3. 股利支付率

股利支付率是普通股每股股利与每股利润的比率,它表明股份公司净收益中有多少用于股利的分派。其计算公式如下。

$$股利支付率 = \frac{每股股利}{每股利润} \times 100\%$$

股利支付率主要取决于公司的股利政策,没有一个具体的标准判断股利支付率是大好还是小好。一般而言,如果一家公司的现金流量比较充裕,并且目前没有更好的投资项目,则会倾向于发放现金股利;如果公司有较好的投资项目,则会少发股利,而将资金用于投资。

4. 市盈率

市盈率,也称价格盈余比率或价格与收益比率,是指普通股每股市价与每股利润的比率。其计算公式如下。

$$市盈率 = \frac{每股市价}{每股利润}$$

市盈率反映股份公司普通股每股市价与每股收益之间的关系,可以用来判断企业股票与其他企业股票相比较潜在的价值。该指标几年的数据能够表明企业盈利能力的稳定性,在一定程度上反映了企业管理部门的经营能力、盈利能力及潜在的成长能力。同时,该指标还反映股票市价是否具有吸引力。把多个企业的股票市盈率进行比较,并结合对其所属行业经营前景的了解,可作为投资目标选择的依据。需要说明的是,市盈率一方面反映了某企业被大家看好的程度(大家越看好,市盈率越高),但同时,市盈率越高,投资者在企业盈余不变的情况下,收回投资所需的年限越长,风险越大。

9.5 财务状况综合分析

前面从企业的偿债能力、营运能力、盈利能力等方面对企业财务状况进行了分析。但如果想知道企业综合财务状况如何,还需要用综合财务分析方法对企业财务状况进行综合评价。这里仅介绍财务比率综合评分法和杜邦财务分析法两种综合评价方法。

9.5.1 财务比率综合评分法

亚历山大·沃尔在 20 世纪出版的《信用晴雨表研究》和《财务报表比率分析》中提出了信用能力指数的概念，即首先选定流动比率、产权比率、固定资产周转率、存货周转率、应收账款周转率、固定资产比重、净资产周转率七项财务指标，并分别给定各自在总体中的比重，总和为 100 分；然后确定各指标的标准比率，并将实际比率与标准比率相比较，得出关系比率；最后将关系比率按照权重加权，确定各指标的得分及总体指标的累计分数，从而对企业总体水平做出评价。表 9-7 是 ABC 公司 2×21 年沃尔比重评分表。

表 9-7　ABC 公司 2×21 年沃尔比重评分表[①]

财务比率	比重 （1）	标准比率 （2）	实际比率 （3）	关系比率 （4）=（3）/（2）	实际评分 （1）×（4）
流动比率	25	2	2.19	1.09	27.25
产权比率	25	2	1.35	0.67	16.75
固定资产比重	15	2.5	2.4	0.96	14.4
存货周转率	10	8	9.65	1.2	12
应收账款周转率	10	8	14.9	1.86	18.6
固定资产周转率	10	4	4.84	1.21	12.1
净资产周转率	5	3	3.57	1.19	5.95
合　计	100				107.05

沃尔评分法发展到如今的财务比率综合评分法，应该注意以下事项。

① 在选择财务指标时已经不再局限于当初沃尔所选用的 7 个指标，而应该是按照一定的目的选定分析所用的指标。

② 指标选定时要注意全面性。全面性要求所选定的评价指标包括偿债能力、营运能力和盈利能力 3 类。

③ 指标选定时要注意代表性。代表性要求选择的指标是能够说明问题的财务指标。

④ 指标选定时要注意变化方向的一致性。变化方向的一致性要求选择的指标如果是正指标都应是正向指标（即越大越好）；如果是负指标，则应都是负指标（越小越好），否则会因为指标选择的问题而不能得出有效的结论。

⑤ 得出评价结果后注意根据标准值的特征得出相应的结论。如果选定的标准是合格标准，并且选定的都是正指标，则评分在 100 分以上才是可以接受的；如果选定的是正指标，而标准是优秀的标准，综合评分虽然越大越好，但能达到 80~90 分已经是可以接受的了。如果是负指标，则要注意指标综合评分值是越小越好。所以，财务比率综合评分法在应用时不能仅仅根据算出的综合评分就得出财务状况优劣的结论，还需要结合标准比率及指标的正负情况进行分析，这样才能得出合理的结论。

---

① 王玉春. 财务管理. 北京：中国经济出版社，2005.

9.5.2 杜邦分析法

财务比率综合评分法可以对企业的综合财务状况有一个总体的了解,但不能找出问题的原因,不能发现各财务状况之间的内在关系。由于企业财务状况是一个完整的系统,内部的各种因素相互依存、相互作用,任何因素的变动都可能引起整体财务状况的改变。杜邦分析法就是揭示不同财务状况之间内部关系的一种方法。该方法首先由美国杜邦公司率先使用,故称杜邦分析法。

杜邦分析法的特点是将若干反映企业盈利能力、财务状况和经营状况的指标按其内在关系有机结合起来,形成一个完整的指标体系,并最终通过股东权益报酬率(净资产收益率)这一核心指标综合反映。在杜邦财务分析体系中,主要包含以下几种主要比率关系。

$$股东权益报酬率(净资产收益率)=总资产报酬率\times权益乘数$$
$$总资产报酬率=营业净利率\times总资产周转率$$
$$营业净利率=\frac{净利润}{营业收入净额}$$

从杜邦财务分析图(图9–3)中,可以直观地看出以下几种主要指标之间的关系。

① 净资产是收益率是所有比率中综合性最强、最具有代表性的指标,是杜邦财务分析体系的核心。通过对净资产收益率的分解,可以确定各项指标彼此之间的相互依存关系,从而揭示企业的获利能力及使净资产收益率指标发生升降变化的具体原因。站在股东的角度,财务管理的目标就是实现股东财富最大化,净资产收益率的高低反映了股东投入资本的获利能力及企业筹资、投资等各项经营活动的效率。

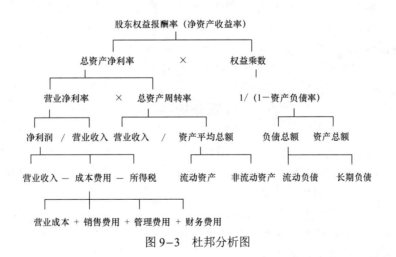

图 9–3 杜邦分析图

② 总资产净利率是反映企业资产盈利能力的一项重要财务比率,它揭示了企业生产经营活动的效率,具有较强的综合性。企业的营业收入、成本费用、资本结构、资产管理效率等各种因素,都直接影响该指标的高低。总资产净利率是营业净利率与总资产周转率

的乘积，因此必须从企业的营业活动状况与资产管理效率两方面进行分析。

③ 权益乘数主要受资产负债率的影响，反映所有者权益与总资产的关系。权益乘数越大，说明企业有较高的负债程度，这样会给该企业带来较大的财务杠杆利益，同时也给企业带来较大的风险。因此在总资产需要量既定的前提下，企业应适当开展负债经营，合理使用全部资产，妥善安排资本结构，努力实现财务管理目标。

④ 营业净利率反映了企业净利润与营业收入的关系。提高营业净利率是提高企业盈利能力的关键，企业必须一方面开拓市场，增加营业收入；另一方面必须加强成本费用控制，降低各种耗费，增加利润。经理人员可以根据企业的一系列内部报表和资料对营业收入和成本费用两个方面进行更详细的分析。

⑤ 总资产周转率揭示企业运用资产实现营业收入的综合能力。企业应该认真分析影响企业总资产周转率的各项因素，联系营业收入分析企业使用资产的状况及对资产的各构成部分占用量是否合理，还可以通过对应收账款周转率、存货周转率、固定资产周转率等有关资产组成部分使用效率的分析，发现企业资产管理方面存在的主要问题，以加强管理，提高资产的利用效率。

杜邦财务分析体系是以系统理论为基础，用联系的观点分析问题，通过自上而下因素层层地分解、探究深层次原因。其作用是揭示指标变动的原因和变动趋势，为决策者优化经营管理、提高经营绩效提供了思路。

复习思考题

1. 什么是财务分析？简述财务分析的主要作用。
2. 财务分析的主要方法有哪些？这些方法有什么局限性？
3. 短期偿债能力分析指标与长期偿债能力分析指标分别有哪些？
4. 盈利能力分析有哪些指标？
5. 营运能力分析有哪些指标？
6. 什么是杜邦分析法？杜邦分析法的核心指标是什么？

计算分析题

1. 某公司流动资产由速动资产和存货构成，年初存货为 145 万元，年初应收账款为 125 万元，年末流动比率为 3，年末速动比率为 1.5，存货周转率为 4 次，年末流动资产余额为 270 万元。一年按 360 天计算。

（1）计算该公司流动负债年末余额。

（2）计算该公司存货年末余额和年平均余额。

（3）计算该公司本年销货成本。

（4）假定本年销售净额为 960 万元，应收账款以外的其他速动资产忽略不计，计算该公司应收账款周转期。

2. 某商业企业 2×21 年赊销收入净额为 2 000 万元，营业成本为 1 600 万元；年初、年末应收账款余额分别为 200 万元和 400 万元;年初、年末存货余额分别为 200 万元和 600 万元;年末速动比率为 1.2,年末现金比率为 0.70。假定该企业流动资产由速动资产和存货组成,速动资产由现金和应收账款组成。一年按 360 天计算。

(1) 计算 2×21 年应收账款周转天数。

(2) 计算 2×21 年存货周转天数。

(3) 计算 2×21 年年末流动负债余额和速动资产余额。

(4) 计算 2×21 年年末流动比率。

3. 已知某公司 2×21 年会计报表的有关资料如表 9-8 所示。

表 9-8　某公司 2×21 年会计报表有关资料　　　　　　单位:万元

资产负债表项目	年初数	年末数
资产	8 000	10 000
负债	4 500	6 000
所有者权益	3 500	4 000
利润表项目	上年数	本年数
营业收入净额	(略)	20 000
净利润	(略)	500

(1) 计算杜邦财务分析体系中的下列指标:净资产收益率、总资产净利率、营业净利率、总资产周转率、权益乘数。

(2) 列出净资产收益率与上述其他各项指标之间的关系式,并用数据加以验证。

4. 某公司 2×21 年资产负债表及利润表有关项目资料如表 9-9 和表 9-10 所示。

表 9-9　资产负债表

2×21 年 12 月 31 日　　　　　　　　　　　　　　　　　　单位:万元

资产	金额	负债及所有者权益	金额
		流动负债:	
流动资产:		短期借款	25
货币资金	41	应付账款	65
应收账款	25	应交税费	21
应收票据	5.4	长期负债	
存货	132	长期借款	60
长期股权投资	12.5	所有者权益:	
固定资产	71.5	实收资本	100
无形资产	3.6	资本公积	10
		未分配利润	15
资产总计	296	负债及所有者权益合计	296

表 9-10 利润表

2×21 年　　　　　　　　　　　　　　　　　　　　　金额：万元

项　目	金额
一、营业收入	625
减：营业成本	375
税金及附加	25
加：其他业务利润	—
减：销售费用	10
管理费用	55
财务费用	20
加：投资收益	25
补贴收入	—
二、营业利润	165
加：营业外收入	15
减：营业外支出	12.5
三、利润总额	167.5
减：所得税	55
四、净利润	112.5

根据提供的资料计算下列各项财务指标。

（1）流动比率；

（2）速动比率；

（3）现金比率；

（4）资产负债率；

（5）产权比率；

（6）销售利润率；

（7）总资产净利率；

（8）净资产收益率；

（9）存货周转率；

（10）流动资产周转率。

5. ABC 公司 2×20 年的销售额为 62 500 万元，比上年提高了 28%，有关财务比率如表 9-11 所示。

表 9-11　ABC 公司财务资料

财务比率	2×20 年同业平均	2×20 年本公司	2×21 年本公司
应收账款回收期（天）	35	36	36
存货周转率	2.50	2.29	2.11
营业毛利率	38%	40%	40%
销售利润率（息税前）	10.00%	9.60%	10.63%

续表

财务比率	2×20年同业平均	2×20年本公司	2×21年本公司
销售利息率	3.73%	2.40%	3.82%
营业净利率	6.27%	7.20%	6.81%
总资产周转率	1.14	1.11	1.07
固定资产周转率	1.40	2.02	1.82
资产负债率	58%	50%	61%
已获利息倍数	2.68%	4.00	2.78

（1）运用杜邦财务分析原理，比较2×20年公司与同业平均的净资产收益率，分析形成差异的原因。

（2）运用杜邦财务分析原理，比较本公司2×21年与2×20年的净资产收益率，分析变化的原因。

参考文献

[1] 王玉春. 财务管理. 南京：南京大学出版社，2008.
[2] 杨雄胜. 高级财务管理. 大连：东北财经大学出版社，2004.
[3] 财政部会计资格评价中心. 财务管理. 北京：经济科学出版社，2020.